D.U.

DeutschUnterricht

Arbeitsheft 6

Bayern

W0401873

C.C.Buchner

D.U.

DeutschUnterricht
Bayern

Herausgegeben von Thorsten Zimmer

D.U. – Arbeitsheft 6
Bayern
Herausgegeben von Claudia Högemann
Bearbeitet von Aurelia Bange, Sarah Brodt, Carolin Fritz-Zikarsky, Claudia Högemann, Renate Kellner, Marion Kohlberger, Ulrich Steckelberg und Tanja Trumm

Weitere Materialien zum Arbeitsheft finden Sie unter www.ccbuchner.de.

Die Mediencodes enthalten zusätzliche Unterrichtsmaterialien, die der Verlag in eigener Verantwortung zur Verfügung stellt. Um diese Materialien zu verwenden, wird im Suchfeld auf www.ccbuchner.de/medien der jeweils angegebene Mediencode eingegeben.

1. Auflage, 1. Druck 2018
Alle Drucke dieser Auflage sind, weil untereinander unverändert, nebeneinander benutzbar.

Dieses Werk folgt der reformierten Rechtschreibung und Zeichensetzung. Ausnahmen bilden Texte, bei denen künstlerische, philologische oder lizenzrechtliche Gründe einer Änderung entgegenstehen.

© 2018 C.C. Buchner Verlag, Bamberg
Das Werk und seine Teile sind urheberrechtlich geschützt. Jede Nutzung in anderen als den gesetzlich zugelassenen Fällen bedarf der vorherigen schriftlichen Einwilligung des Verlags.
Das gilt insbesondere auch für Vervielfältigungen, Übersetzungen und Mikroverfilmungen. Hinweis zu § 52 a UrhG: Weder das Werk noch seine Teile dürfen ohne eine solche Einwilligung eingescannt und in ein Netzwerk eingestellt werden. Dies gilt auch für Intranets von Schulen und sonstigen Bildungseinrichtungen.

Redaktion: Jutta Förtsch
Layout und Satz: tiff.any GmbH, Berlin
Illustrationen: Anna Reichel, Bamberg
Umschlag: HOCHVIER GmbH & Co. KG, Bamberg
Druck: Brüder Glöckler GmbH, Wöllersdorf

www.ccbuchner.de

ISBN 978-3-661-**11046**-2

Deine Begleiter durch dieses Arbeitsheft

„Guten Tag, ich bin Charly, das Chamäleon. Ich bin ein großer Verwandlungskünstler des Tierreichs und kann je nach Stimmung und Situation meine Farbe ändern. Deshalb weiß ich auch, dass du deine Fähigkeiten durch Üben verändern kannst."

Beim Arbeiten mit diesem Heft wirst du auch immer wieder auf Paula, ihre Familie und ihre Freunde treffen. Paula geht – wie du – in die 6. Klasse. Ihr kleiner Bruder Phil nervt manchmal, wenn sich Paula mit Tarek und Jakob treffen will. Zur Clique gehören auch noch Enya und Jan.

Die Arbeit mit diesem Arbeitsheft

Gute Leistungen im Fach Deutsch kannst du erreichen, wenn du immer wieder deine Fähigkeiten trainierst. In diesem Arbeitsheft findest du Übungen zu wichtigen Bereichen, die im Deutschunterricht behandelt werden. Wenn du die Übungen machst, wird dir der Deutschunterricht immer leichter fallen.

Und so geht es:

Damit du selbstständig mit dem Heft arbeiten kannst, findest du auf der vorderen Innenklappe des Heftes und auf den Seiten „Nachschlagen" (S. 105 – 112) alle nötigen Arbeitstechniken sowie Regeln oder Hilfen zu den einzelnen Lernbereichen.
Jedes der drei Kapitel behandelt einen Bereich, zu dem du gezielt Aufgaben bearbeiten und so bestimmte Fähigkeiten und Fertigkeiten trainieren kannst.
Damit du sofort erkennst, zu welchem Lernbereich du arbeitest, hat jedes Kapitel eine eigene Farbe. Die Kapitel sind farblich so gekennzeichnet wie die Bereiche, die du aus dem Schülerbuch kennst:

- Schreiben
- Sprachgebrauch und Sprache untersuchen und reflektieren
- Lesen – mit Texten und Medien umgehen

Achtung: Vor manchen Kapitelüberschriften findest du zweifarbige Quadrate (Beispiel: ■■). Diese zeigen dann an, dass du in diesem Kapitel zu zwei verschiedenen Lernbereichen trainierst.

Die Kapitel sind immer gleich aufgebaut:

- Ein Vorspann sagt dir,
  - wo du die nötigen Informationen für das Übungskapitel im Schülerbuch findest,
  - welche (Teil-)Kompetenzen du in diesem Kapitel trainierst,
  - wo du hier im Arbeitsheft Tipps und Informationen findest, die dir beim Bearbeiten der Aufgaben helfen.
- Bevor du mit dem Üben beginnst, testest du deinen Lernstand. Dafür schätzt du hier zunächst selbst ein, wie fit du bereits in der genannten Kompetenz bist.
- Dann geht es los mit den einzelnen Übungen. Die Aufgaben steigern sich im Schwierigkeitsgrad von leichteren bis zu anspruchsvollen Übungen. Bei einigen Aufgaben kannst du dich entscheiden, welches Niveau du bearbeiten möchtest. Diese Aufgaben sind wie auf der Skipiste markiert: ■ leicht, ■ mittel, ■ schwer.
- Nach dem Üben prüfst du in einem Kompetenztest, ob du dich durch das Training verbessert hast: Entscheide dort bei jeder Aufgabe mit einem selbstgezeichneten Smiley 🙂 oder 😐, ob du die Aufgabe schon sehr gut gelöst hast oder ob du noch trainieren musst. Am Ende des Tests findest du bei einem 😐, also bei zusätzlichem Trainingsbedarf, Hinweise darauf, wo du deine Lücken schließen kannst.
- Deine Lösungen kannst du mithilfe des Lösungsheftes kontrollieren.
- Nach jedem Lernbereich findest du dort noch Tipps, wie du weiterüben kannst, wenn du beim Lösen der Aufgaben noch Probleme in bestimmten Lernbereichen hattest.

Und was musst du sonst noch wissen?

Längere Aufgaben schreibst du nicht in das Arbeitsheft, sondern in dein Heft. Benutze Materialien, mit denen du gerne arbeitest. Lieblingsstifte und schöne Hefte steigern den Spaß an der Arbeit! Und das brauchst du:

- einen Bleistift
- einen Füller
- einen Radiergummi
- Buntstifte
- ein Schreibheft (einige Übungen musst du dort eintragen)
- Karteikarten (für Stichwörter, Lerntipps, Merksätze …)

Schaffe zum Lernen eine gemütliche Atmosphäre. Das hilft dir, locker zu bleiben und ohne schlechte Laune zu trainieren.
Trau dir etwas zu! Vergiss den Satz „Ich kann das nicht“. Du kannst alles trainieren.
Nun wünschen wir dir viel Spaß beim Training!

Dein Autorenteam und Charly

1.1 Erzählende Texte planen, gestalten und überarbeiten

Hier findest du Informationen im Schülerbuch: *S. 32–51*

Diese Kompetenzen trainierst du: *Schreibanlässe erfassen, eine Erzählung planen, Erzählperspektive und Erzählabschnitte verändern, durch die Zeitgestaltung Stimmungen und Gefühle vermitteln, die sprachliche Gestaltung einer Erzählung überarbeiten*

Hier findest du Hilfestellungen: *Arbeitsheft S. 105 und Schülerbuch S. 268–270*

Wie gut kennst du dich mit Erzählungen aus?

Teste deinen Lernstand

1 Kannst du erkennen, ob eine Erzählung gelungen ist und woran das liegt? Unterstreiche die für dich zutreffende Antwort und vervollständige die Satzanfänge in deinem Heft.

A **Tarek:** An einem schönen Samstagnachmittag waren wir im Kletterpark. Da geschah etwas Schreckliches. Ich brach mir ein Bein.

- Ich finde Tareks Erzählung gelungen/nicht gelungen, weil …
- Tarek sollte beim nächsten Mal darauf achten, dass …

B **Paula:** „Guten Morgen!“, sagte meine Mutter. „Guten Morgen!“, antwortete ich. „Bitte komm gleich frühstücken, in einer halben Stunde fahren wir los!“ Wir wollten in den Kletterpark. Ich stand also auf, putzte mir die Zähne und wusch mich. Lange überlegte ich, ob ich die Jeans oder doch lieber eine kurze Hose anziehen sollte. Ich entschied mich endlich für die Jeans und ein rotes T-Shirt. Ich ging die Treppe hinunter in die Küche. Dort nahm ich eine Schüssel aus dem Schrank und schüttete Cornflakes hinein und goss Milch darüber.

- Ich finde Paulas Erzählung gelungen/nicht gelungen, weil …
- Paula sollte beim nächsten Mal darauf achten, dass …

C **Enya:** Dann sah ich die Seilbahn. Sie war lang. Sie ging über das ganze Fußballfeld, aber der Länge nach. Dann nahm ich den Bügel an mich, aber ich befestigte nur den einen Sicherheitshaken und vergaß, den anderen auch zu schließen. Es ging los. Es dauerte nicht lange, da wurden meine Hände steif. Ich konnte mich nicht mehr halten und stürzte ab.

- Ich finde Enyas Erzählung gelungen/nicht gelungen, weil …
- Enya sollte beim nächsten Mal darauf achten, dass …

2 Eine Erzählung sollte nicht nur spannend und anschaulich, sondern für ein besseres Leseverständnis auch fehlerfrei verfasst sein. Wie schätzt du den folgenden Textauszug diesbezüglich ein?

- Der Text weist wenige/viele Fehler im Bereich Grammatik/Rechtschreibung/Zeichensetzung auf.

Unterstreiche deine Einschätzung und finde, wenn möglich, zu jedem Bereich (Grammatik, Rechtschreibung, Zeichensetzung) ein Beispiel. Schreibe den korrigierten Textausschnitt richtig in dein Heft. Notiere dann, wie viele Fehler du gefunden hast.

Ich kletterte den Baum langsam hoch, den die Sprossen der Leiter waren wackelich. Schliesslich wahr ich auf der Plattform. „Trau dich!“ rufte mein Bruder. Aber ich erschrack furchtbar, als ich merckte, das das ende der Seilbahn nicht zu sehen war.

Den Schreibanlass, das Medium und den Adressaten berücksichtigen

1 Die Klasse 6a war auf einer ganz besonderen Klassenfahrt, einem Zeltlager mitten im Wald. Die begeisterten Schüler möchten ihren Verwandten, Freunden und in der Schülerzeitung von ihren Erlebnissen erzählen. Entscheide, wer vermutlich wem was in welchem Medium erzählt. Ordne die Themen 1) bis 10) den Schreibanlässen mit den jeweiligen Verfassern und Empfängern zu.

Schreibanlass a: Liam schreibt für die Schülerzeitung eine Erzählung: ______

Schreibanlass b: Paula schreibt ihrer Freundin Selina in Bamberg einen Brief: ______

Schreibanlass c: Jakob schreibt seiner Patin, die Försterin ist, eine Postkarte: ______

Themen:
1) Auszeichnung als bester Holzhacker gewonnen
2) Der unheimliche Mann vorm Zelt
3) Gruselgeschichten beim Lagerfeuer vorlesen
4) Begegnung mit Wildschweinen und Baumbestimmungstour
5) Sprung vom Fünfmeterturm im Schwimmbad
6) Bei der Nachtwanderung Anschluss an die Gruppe verloren
7) Nächtlicher Überfall durch die Pfadfinder vom Nachbarzeltplatz
8) Das harte Zeltlagerleben
9) Der Unfall bei den Geländespielen
10) Tipps für Teilnehmer am nächsten Zeltlager

2 Mithilfe eines Fotos versetzt sich Liam wieder zurück ins Zeltlager. Betrachte das Foto genau und stelle dir vor, du sitzt mit am Lagerfeuer. Überlege dir, was du siehst, hörst, riechst und was gerade passieren könnte. Notiere zunächst einfach Stichpunkte in deinem Heft. Übertrage dann die begonnene Mind-Map in dein Heft und ergänze sie.

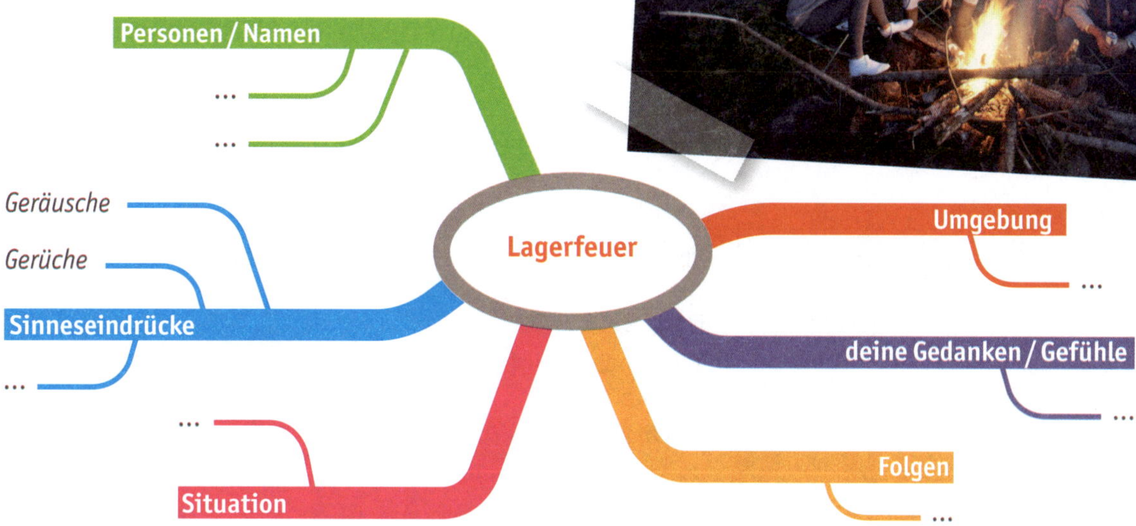

3 Liam, Paula und Jakob haben für ihre Erzählungen Schreibpläne entworfen und sogar Spannungsbögen gezeichnet. Wähle eine der drei Aufgaben aus:

■ Ergänze den Schreibplan für Jakobs Postkarte an seine Patin gemäß dem Spannungsbogen.

Erzählsituation	**Ereignis**	**Ausgang**
Gruppe geht auf gemeinsame Erkundungstour durch den Wald		

möglicher Spannungsbogen:

■ Hilf Liam bei seiner Erzählung für die Schülerzeitung und ergänze die Erzählschritte in deinem Heft.

Erzählsituation	**Ereignis**			**Ausgang**
Klassenfahrt/ Zeltlager	1. Aufgabe (1. Episode)	2. Aufgabe (2. Episode)	? (3. Episode)	*Vorfreude auf Besuch*
	?	?	?	

möglicher Spannungsbogen:

■ Hilf Paula beim Brief an ihre Freundin Selina, indem du die Erzählschritte in deinem Heft ergänzt und einen passenden Spannungsbogen für die Geschichte zu Paulas Brief zeichnest.

Erzählsituation	**Ereignis**					**Ausgang**
Wie geht's? *Ferienerlebnisse Überleitung: Klassenfahrt/ Zeltlager*	1. Erzähl-schritt	2. Erzähl-schritt	3. Erzähl-schritt	4. Erzähl-schritt	5. Erzähl-schritt	*Am nächsten Morgen: nur ein Busch*
	Lagerfeuer, Herr Kornblum liest Grusel-geschichten vor	*Bettruhe, Paula kann nicht einschlafen*	*?*	*?*	*?*	

Spannend erzählen

Die erste Nacht im Zelt

In einer Gegend, wo sich die Füchse „Gute Nacht“ sagen, bauten wir das Zelt auf, weit oben am Hang. Ein Windstoß hätte es davongepustet, doch wir waren froh, dass es überhaupt stand, und krochen hinein. Der Boden hauchte eine nasse Kälte aus. Es war unsere erste Nacht im Zelt und weil wir zwölfjährige Knirpse waren, dachten wir, das alles müsste so sein, und heuchelten Begeisterung.

Wir lagen Rücken an Rücken wie zwei hochkant stehende Bretter. Die Kälte kroch uns bis ins Mark; wir schwiegen endlich, weil wir keinen Satz mehr herausbrachten, ohne dabei mit den Zähnen zu klappern.

Dann lugte der Mond zwischen den Waldbergen hervor und in seinem fahlen Licht sah ich den Mann, der auf unser Zelt zukam. Er war noch weit entfernt. Seine Umrisse verschwammen bisweilen in den Nebelschleiern, die über den Boden geisterten.

Der Schreck fuhr mir so in die Knochen, dass ich der Erscheinung starr entgegensah und noch nicht einmal den kleinen Finger rühren konnte.

„Ben“ – Endlich hatte ich den Namen meines Freundes herausgewürgt. „Ein Mann!“

Ich krächzte wie ein Rabe.

1 Wie sollte die Geschichte weitergehen? Wähle eine der folgenden Aufgaben:

- Wähle eine der Fortsetzungen a), b) oder c) aus und begründe, warum du diese spannend findest.
- Entscheide und begründe bei allen Fortsetzungen, ob und warum diese spannend sind oder nicht.
- Schreibe selbst eine spannende Fortsetzung mit ca. drei Sätzen.

a) „Ach, da sollten wir mal nachsehen“, meinte Ben, „da wird schon nichts sein.“

Spannend? ________________ **Begründung:** ______________________________

____

b) „Was hast du gesagt ... ?“, brummte er schläfrig. „Pssst!“, unterbrach ich ihn, „sei leise!“

Spannend? ________________ **Begründung:** ______________________________

____

c) „Wo?“, quetschte er aus trockener Kehle hervor. Nach einer endlosen Pause, in der wir nur den Wind in den Bäumen hörten, flüsterte er noch: „Bist du sicher?“

Spannend? ________________ **Begründung:** ______________________________

____

Eigene Fortsetzung: ____

____

____

2 Jakob hat die Geschichte fortgeführt, ist aber nicht zufrieden mit dem Ergebnis. Ergänze seinen Text an den entsprechenden Stellen, um Spannung aufzubauen. Die Begriffsspeicher können dir dabei helfen.

- Wir lagen eine Weile in unseren Schlafsäcken und lauschten angestrengt in die Nacht. Ich hörte ...

- Aber nichts war zu sehen. Doch da: Auf einmal stand er wieder riesengroß auf der Wiese. Ich sah ...

- Was würde geschehen, wenn er uns entdeckte? Meine Gedanken überschlugen sich: ...

Doch auf einmal lachte Ben auf. „Es ist doch nur ein Büschel Halme, das sich im Wind bewegt. Wir Angsthasen!“ Da musste ich auch lachen. Beruhigt kuschelten wir uns in die warmen Schlafsäcke und schliefen tief und fest bis zum nächsten Morgen.

Begriffspeicher

Geräusche: Knacken – Wind rauscht – Käuzchen schreit unheimlich – Zweige schlagen aneinander – Rascheln der Blätter

Begriffspeicher

Beschreibung der Gestalt: riesiger Schatten – Arme bewegen sich – rührt sich nicht vom Fleck – dunkler Schatten

Begriffspeicher

Gedanken und Gefühle: Nur ein Spuk? – Wer ist das? – nichts wie weg – gelähmt vor Angst – Alptraum

Die Erzählzeit gestalten

Das musst du wissen

Man kann Vorgänge knapp und gerafft oder gedehnt, d. h. wie in Zeitlupe, erzählen. Dehnendes Erzählen erhöht die Spannung und Anschaulichkeit. Dazu beschreibt man genau, was geschieht:

- **Zeitraffung:** *Tom legte sich den Ball für den Elfmeter zurecht.*
- **Zeitdehnung:** *Langsam und betont lässig ging Tom zum Elfmeterpunkt. Ohne auf die finsteren Blicke des Torwarts zu achten, legte er den Ball auf den Punkt, drehte ihn noch ein paarmal, dass er wirklich sicher lag, und grinste dann den gegnerischen Torwart selbstsicher an.*

1 Erzähle jeweils anschaulich mit Zeitdehnung in deinem Heft. Nutze die Speicher als Hilfen.

a) Tom schoss aufs Tor, aber der Ball flog ins Wasser.

Wortspeicher

gewaltiger Schuss – weit übers Tor – hört nicht auf zu fliegen – Aufschrei der Jungen – lautes Platschen – mitten in den Wasserpflanzen

b) Er hüpfte ins Wasser und watete zu dem hineingefallenen Ball.

Wortspeicher

vorsichtig in den Teich steigen – keine Wellen verursachen – spitze Steinchen

c) Er kämpfte sich durch die Wasserpflanzen hindurch.

Wortspeicher

glitschig – bewegen sich wie Seeschlangen – umschlingen Beine – reißt sich mühsam los

d) Tom sank in den Schlick auf dem Grund des Tümpels ein.

Wortspeicher

knöcheltiefer, ekliger Schlamm – braune Schlammwolken im Wasser – mühsames Herausziehen der Füße – nur langsames Vorankommen

2 Forme in deinem Heft die beiden folgenden Sätze so um, dass sie anschaulicher und spannender werden.

a) Tom blieb im Schlick stecken und fiel in den Teich.

b) Er tauchte auf, schwamm zum Ball und warf ihn an Land.

Die sprachliche Gestaltung einer Erzählung überarbeiten

1 Paula will in einem Brief an ihre Oma ihr Erlebnis im Schwimmbad erzählen. In ihrer ersten Version finden sich jedoch noch einige Fehler, vor allem im Ausdruck und auch in der Grammatik. Markiere diese.

ACHTUNG FEHLER!

Liebe Oma,

bei deiner Geburtstagsfeier habe ich ja versprochen, dass ich dir während dem Zeltlager einen Brief schreibe. Deshalb möchte dir heute mal von meiner Mutprobe erzählen. Denn jeder aus der Klasse sollte im Zeltlager eine Mutprobe bestehen, die man sich selber aussuchen gedurft hat. Alle anderen hatten ihre schon bestanden. Nur ich hatte keinen Plan, was ich machen sollte, bis wir am vorletzten Tag ins Freibad gingen. Dort gab es einen riesen Sprungturm, der sogar ein Fünfmeterbrett hatte. Wir gingen sofort zum Sprungturm und sprangen ganz viel vom Dreimeterbrett. Da hat mich der Tarek gedisst: „He Paula, was ist den jetzt mit deiner Mutprobe? Wie wär's denn mit dem Fünfmeterbrett? Aber das traust du dich doch nicht.“ Da war ich stinkesauer und ohne nachzudenken, habe ich laut gesagt: „Na klar trau ich mich!“ Da haben mich alle aus der Klasse angeschaut und Chiara hat zu Mia geflüstert, dass ich eh nur angeben täte. Es gab kein Zurück mehr. Also los! Umso näher ich dem Sprungturm kam, umso größer wurde er. Langsam ging ich hinter ein paar großen Jungen die vielen Stufen rauf. Hinter mir sagte jemand: „Die Kleine traut sich was“, aber mutig fühlte ich mich schon lange nicht mehr. Dann war ich oben. Als ich in die Tiefe schaute, lief es mir eiskalt den Rücken runter und die Haare standen zu Berge, so hoch war das. Dann war ich an der Reihe. Ich hatte tausend Schmetterlinge in meinem Bauch. Ich ging langsam am Geländer lang bis zum vorderen Rand. Dann war ich vorne und sah hinab. „Jetzt mach halt endlich“, sagte jemand hinter mir. Dann hörte ich Tarek unten lachen und der Junge hinter mir sagte dann noch: „Geh halt wieder runter, wenn du Angst hast! Da wurde ich aber sowas von verärgert. Jetzt war alles egal. Ich kniff meine Augen zusammen, hielt mir die Nase zu und sprang ins Nichts.

Als ich wieder auftauchte und an den Beckenrand schwamm, brannten die Fußsohlen zwar etwas, aber ich dachte mir, dass das alles nicht so schlimm gewesen war. Enya klatschte ganz doll in die Hände und auch Tarek sah mich beeindruckend an: „Wow, Paula, das hätte ich dir nicht zugetraut. Du bist ganz schön mutig!“

Ich glaube, ich war noch nie so stolz.

Viele Grüße

Deine Paula

2 Paula hat das Adverb *dann* in ihrem Brief sehr häufig verwendet. In der Silbenschlange unten haben sich Wörter versteckt, die man stattdessen verwenden kann. Schreibe sie in dein Heft.

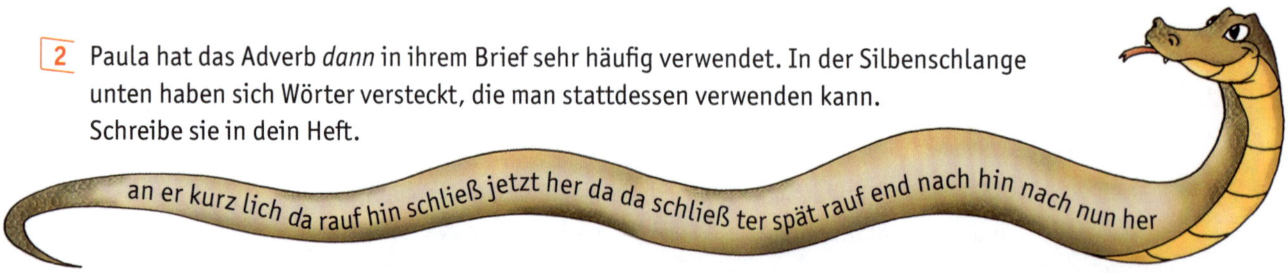

3 Paula verwendet auch sehr oft das Verb *gehen*. Markiere alle Verwendungen mit einer Farbe und überlege dir andere Ausdrucksmöglichkeiten dafür. Notiere sie in deinem Heft.

4 Schreibe nun eine verbesserte Fassung in dein Heft. Schaffe Abwechslung bei *gehen* und *dann* und korrigiere Rechtschreib- und Ausdrucksfehler.

Die Erzählperspektive verändern

Hadley Irwin

„Scheues Reh" in der Schule der Weißen (1988)

„Scheues Reh" ist der Name eines Indianermädchens vom Stamme der Mesquakie, das mit seinem Volk in ein Reservat nach Kansas ziehen musste. Ihre Großmutter, „Graue Möwe", bleibt in Iowa zurück. Im Reservat richten die Weißen auch eine Schule ein und verlangen von den Kindern der Indianerstämme, diese zu besuchen.

So ging ich mit den anderen, den Ottawa, Kansa, Chiwere, zu der Schule der Weißen. Einen Tag. Das war genug.

Wir saßen auf Holzbänken, die so hart und glatt wie im Regen gewaschene Steine waren. Wir saßen in Reihen wie der gepflanzte Mais und nicht im Kreis. Wir durften uns nicht bewegen.

Graue Möwe hatte eines gelehrt. Der weiße Lehrer lehrte vieles.

Der weiße Lehrer war seltsam. Seine Augen waren so blass wie der Himmel, dessen Farbe durch Wolken verdeckt wird. Sein Haar war gelb wie wilder Senf. Seine Lippen waren dünn, und wenn er den Mund öffnete, so glich er einem Karpfen, der vom Pfeil getroffen auf dem trockenen Ufer liegt.

Er hielt die Flagge der Weißen hoch und sagte: „A-me-ri-ka. A-me-ri-ka."

Wir sprachen nach: „A-me-ri-ka. A-me-ri-ka."

Dann deutete er auf jeden von uns und sagte: „A-me-ri-ka-ner", und jeder von uns sprach es ihm nach. Er deutete auf mich: „A-me-ri-kaner. A-me-ri-ka-ner."

„Mesquakie", sagte ich.

Wir wiederholten das einige Male, bis sein Gesicht rot wurde und er sich entschied, Steinen Namen zu geben. Er setzte die Steine in eine Reihe auf die Tischplatte, und während er sie hinlegte, nannte er sie: „Eins. Zwei. Drei. Vier. Fünf." Er machte das mehrmals, und die anderen wiederholten seine Worte. Er deutete auf jeden, und jeder sagte seine Worte.

Er deutete auf mich. Ich sprach nicht. Warum sollte ich den Steinen Namen geben? Ich könnte alt und blind dabei werden, nur die Steine am Steinigen Fluss zu benennen. Den Rest des Tages saß ich in der Ecke auf einem hohen Stuhl. Jeder konnte sehen, ich war eine Mesquakie. Ich lernte an diesem Tag auch noch andere Worte: „Unzivilisiert". „Squaw". Es waren keine schönen Worte. Ich sprach zu meinem Vater Großer Bär: „Ich kann nicht mehr in die Schule der Weißen gehen. Auch wenn wir verhungern, ich gehe nicht mehr hin. Un-zi-vi-lisiert."

1 Bestimmt erinnerst du dich an deinen ersten Schultag am Gymnasium. Vergleicht in der Klasse eure Erinnerungen mit denen von „Scheues Reh“. Übertrage die nachfolgende Tabelle in dein Heft und notiere dann stichpunktartig deine Erlebnisse und diejenigen von „Scheues Reh“.

Erster Schultag von „Scheues Reh“	Mein erster Tag im Gymnasium

2 „Scheues Reh“ möchte, dass ihr erster Schultag gleichzeitig der letzte ist. Aber ihr Vater gibt sich mit der Antwort „unzivilisiert“ natürlich nicht zufrieden. Sammle Gründe, warum „Scheues Reh“ die Schule der Weißen für unzivilisiert hält und sie nicht mehr besuchen möchte. Notiere stichpunktartig ■ drei weitere Gründe / ■ vier weitere Gründe / ■ fünf weitere Gründe, die „Scheues Reh“ anführen könnte.

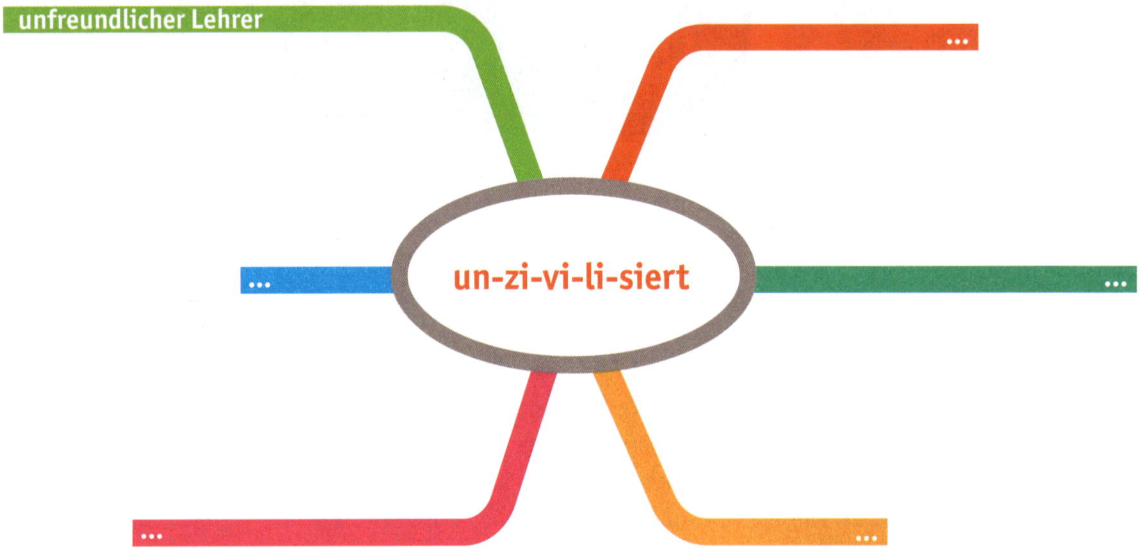

3 Schreibe die Geschichte mit einem Dialog zwischen „Scheues Reh“ und ihrem Vater in deinem Heft zu Ende.

4 „Schwarze Feder“, ein Indianerkind aus dem Stamm der Ottawa, ist schon seit Längerem in der Schule. Schreibe aus der Perspektive von „Schwarze Feder“ über den ersten Schultag von „Scheues Reh“. Arbeite in deinem Heft.

So kannst du beginnen:

Heute kam eine Neue in unsere Klasse und verursachte allerhand Ärger ...

Das musst du wissen

Unter der **Erzählperspektive** versteht man die Sicht, aus der ein Geschehen erzählt wird. Man unterscheidet dabei Innensicht und Außensicht.

Innensicht: Der Erzähler kennt auch die Gedanken und Gefühle der Figur.

Außensicht: Der Erzähler sagt nichts über Gedanken und Gefühle der Figur(en).

Eine Erzählung beurteilen und überarbeiten

1 Enya und Jakob haben Erzählungen über eine Wanderung im Zeltlager geschrieben. Bewerte die beiden Texte, indem du den Beurteilungsbogen auf Seite 16 ausfüllst. Verwende für jeden Schüler eine andere Farbe.

Enyas Aufsatz: Wir, die Klasse 6 und unser Lehrer, Herr Kornblum, waren schon über eine Stunde unterwegs und freuten uns auf den Rastplatz am Wetzenstein. Jakob war etwas zurückgefallen und lief nicht bei uns in der Gruppe. Wir waren im Wald schon eine Weile unterwegs, als jemand plötzlich rief: „Seht mal, ein Wildschwein!" Wir wurden alle nervös und starr vor Schreck. Das Wildschwein war keine zehn Meter entfernt. Es war riesig mit blitzenden Hauern. Wir waren in Sekundenschnelle leise und versuchten uns daran zu erinnern, wie man sich verhalten soll, wenn man im Wald auf wilde Tiere trifft. Aber uns fiel nichts ein. Alle standen dicht beisammen, wir rührten uns nicht und waren mucksmäuschenstill. Gott sei Dank lief es an uns vorbei. Ich merkte, wie meine Hände klamm und feucht wurden. Mir standen Schweißperlen auf der Stirn. Wir sahen das Unglück kommen und konnten nichts dagegen tun. Zu spät! Das Wildschwein lief schon auf ihn zu. Immer näher kommt es zu der Stelle, wo Jakob sein müsste. Plötzlich hören wir einen lauten Schrei. Das ist er! Jetzt hat er das Wildschein gesehen. Aber was macht der denn? Jakob hört ja gar nicht auf zu brüllen. Er fuchtelt mit den Armen und schreit das Wildschwein an. Das Wildschwein bleibt stehen und schaut ihn verdutzt an. Dann schnaubt es auf und entscheidet sich vor diesem merkwürdigen Menschen auszureißen. Puuh, das war knapp. Langsam gingen wir auf Jakob zu, der uns angrinste: „Alter Trick, den mir meine Tante beigebracht hat", sagte er. „Die ist nämlich Försterin in Österreich."

Jakobs Aufsatz: Als wir am Dienstag aufwachten schien die Sonne. Beim Zähneputzen freute ich mich schon auf die Wanderung zum Wetzenstein. Im Wald gab es fiele Tiere, sogar Wildschweine und Hirsche, hatte Herr Kornblum gesagt. Ich war total aufgeregt. Ich würde so gerne mal ein Wildschwein in freier Wildbahn sehen. Nach dem Frühstück brachten wir unsere Zelte in Ordnung und maschierten los. Überall hatten die Wildschweine den Waldboden umgepflügt. Ich beschlos hinter den anderen zu bleiben. Da waren die Chancen eines zu sehen sicher besser. Doch auf einmal hatte ich so ein komisches Gefühl. Vor mir konnte ich die anderen sehen. Sie standen ganz still und bewegten sich nicht. Ich fragte mich was da los war. Plötzlich hörte ich ein Knacken und Schnauben. Und dann sah ich es auch. Vor mir war ein riesen Keiler und bewegte sich langsam auf mich zu. So nahe wollte ich Wildschweinen auch wieder nicht kommen. Was tun? Da fiel mir der Trick von Tante Claudi ein die sich mit Wildschweinen gut auskennt. Ich schrie so laut ich konnte und fuchtelte mit den Armen. Das wirkte. Der Keiler drehte sich um und verschwand im Dickicht. Puuh dass war noch einmal gut gegangen! Die anderen kamen zu mir und waren ziemlich verwundert bis ich ihnen erklärte das man so Wildschweine verjagen kann.

Beurteilungsbogen zur Erlebniserzählung

Beurteile die Qualität von Enyas und Jakobs Texten auf einer Skala von 1 (= trifft voll zu) bis 5 (= trifft überhaupt nicht zu) und formuliere bei eher schlechten Einschätzungen eine erklärende Bemerkung.

Farbe für Enya: ____________________ Farbe für Jakob: ____________________

	1	2	3	4	5	Bemerkung
In der Erzählsituation wird zügig in das Geschehen eingeführt.	○○	○○	○○	○○	○○	
Die Erzählschritte bauen aufeinander auf.	○○	○○	○○	○○	○○	
Es gibt keine unlogischen Erzählschritte.	○○	○○	○○	○○	○○	
Die Geschichte wird immer spannender.	○○	○○	○○	○○	○○	
Am Höhepunkt wird Präsens verwendet.	○○	○○	○○	○○	○○	
Der Ausgang der Erzählung ist ausführlich genug.	○○	○○	○○	○○	○○	
Der Ausgang der Erzählung passt zur Erzählung.	○○	○○	○○	○○	○○	
Gefühle und Gedanken werden beschrieben.	○○	○○	○○	○○	○○	
Der Ausdruck ist abwechslungsreich.	○○	○○	○○	○○	○○	
Es wird wörtliche Rede verwendet.	○○	○○	○○	○○	○○	
Es werden Nebensätze verwendet.	○○	○○	○○	○○	○○	
Die Rechtschreibung ist korrekt.	○○	○○	○○	○○	○○	

Enya, das hat mir an deiner Erzählung besonders gut gefallen:

____

Enya, das hat mir nicht so gefallen:

____

Enya, das ist ein Überarbeitungstipp für dich:

____

____

Jakob, das hat mir an deiner Erzählung besonders gut gefallen:

____

Jakob, das hat mir nicht so gefallen:

____

Jakob, das ist ein Überarbeitungstipp für dich:

____

____

2 Jakobs Aufsatz weist eine Reihe von Fehlern im Ausdruck, der Rechtschreibung und der Zeichensetzung auf. Markiere sie und verbessere sie auf den Schreibzeilen neben Jakobs Text.

1.2 Informierende Texte schreiben

Hier findest du Informationen im Schülerbuch: *S. 52–71*

Diese Kompetenzen trainierst du: *Informierende Texte situations- und adressatengerecht gestalten, in Briefen von Ereignissen berichten, den Aufbau einer Vorgangsbeschreibung kennen, Informationen sammeln und sortieren, Details genau und verständlich wiedergeben, sachlich schreiben, formale Merkmale einhalten, einen Schreibplan verfassen, Texte ordentlich und übersichtlich gestalten*

Hier findest du Hilfestellungen: *Arbeitsheft S. 106 und Schülerbuch S. 272 f.*

Wie gut kennst du dich mit informierenden Texten aus?

Teste deinen Lernstand

1 Kannst du informierendes und erzählendes Schreiben voneinander unterscheiden? Kreuze die für dich passende Aussage an und ergänze diese gegebenenfalls.

- ◯ Ich erkenne keinen Unterschied zwischen informierendem und erzählendem Schreiben.
- ◯ Mir ist der Unterschied nicht ganz klar, denn …
- ◯ Es gibt einen deutlichen Unterschied zwischen informierendem und erzählendem Schreiben, nämlich …

2 Du beobachtest folgendes Geschehen:

Im Pausenhof gibt es einen Streit unter Klassenkameraden. Sie schubsen sich und ein Mitschüler fällt mit dem Gesicht auf die Kante der Tischtennisplatte. Er verletzt sich an der Nase und seine Brille zerbricht. Eine Lehrerin kümmert sich sofort um den verletzten Schüler und redet beruhigend auf ihn ein.

Je nachdem, ob man jemandem von einem Vorfall **erzählt** oder davon **berichtet**, verfolgt man unterschiedliche Ziele und kann auf passende sprachliche Gestaltungsmittel zurückgreifen. Ordne die unter der Tabelle stehenden Punkte sinnvoll in die Tabelle ein. Sie müssen zur jeweiligen Kommunikationssituation passen.

Wenn ich den Vorfall meinem Freund/meiner Freundin erzähle, muss ich …	Wenn ich der Schulleitung von dem Vorfall berichte, muss ich …

a) über das Ereignis informieren

b) den Ablauf genau erklären

c) spannend schreiben

d) wörtliche Rede verwenden

e) Sinneseindrücke schildern

f) die zeitliche Reihenfolge beachten

g) szenisches Präsens einsetzen

h) Fachbegriffe verwenden

i) das Ergebnis formulieren

j) die eigene Aufregung mitteilen

k) die eigene Meinung vertreten

l) sachlich schreiben

Von Ereignissen berichten

1 Tareks und Marias Klasse war auf Klassenfahrt in einem Freizeitpark in Holland. Bei einer Picknickpause ist Tarek ein Missgeschick mit Marias Smartphone passiert. Aufgelöst ruft er seinen Vater an. Leider ist Tarek ziemlich durcheinander und berichtet völlig chaotisch von dem Geschehen, sodass sein Vater kaum versteht, was vorgefallen ist. Notiere stichpunktartig den Hergang in der richtigen Reihenfolge.

„Ich wollte mir nur Marias neues Handy anschauen; dann hat einer mit dem Fußball auf meinen Arm geschossen. • Wir haben versucht es an- und auszuschalten; das geht. • Bestimmt nicht mit Absicht, aber das Handy ist mir aus der Hand gerutscht, direkt in mein Glas Cola. • Sollen wir es trocken fönen? • Musikabspielen geht auch nicht. • Habe es sofort mit dem T-Shirt abgetrocknet. • Man kann beim Telefonieren aber nichts hören. • Maria ist total unglücklich."

2 Wahrscheinlich wird die Haftpflichtversicherung von Tareks Familie die Kosten für die Reparatur des Smartphones übernehmen. Tarek weiß, dass er deshalb den Vorfall in einem Bericht schildern und dabei auf die W-Fragen Antwort geben muss. Ergänze dazu passend die folgende Mind-Map.

3 Erarbeite nun für Tarek einen Schreibplan, indem du alle notwendigen Informationen in Stichpunkten in die Tabelle notierst.

Einleitungssatz (Was? Wer? Wann? Wo?)	
Hauptteil (Was genau? Wie?)	
Schluss (Welche Folgen?)	

4 Formuliere nun Tareks offiziellen Brief an die Versicherung, in dem du von dem Missgeschick berichtest und eine Schadensübernahme beantragst. Schreibe ihn in dein Heft.

Einen Unfallbericht er- und überarbeiten

1 Enya hat auf dem Schulweg einen Unfall beobachtet und wird nun von der Polizei als Zeugin befragt. Sie soll zunächst eine Aussage darüber machen, ob sich die vom Rollerbesitzer aufgezeichneten Skizzen zum Unfallhergang mit ihren Erinnerungen decken. Leider sind die Skizzen durcheinandergeraten. Rekonstruiere das Unfallgeschehen, indem du die Bilder in die richtige Reihenfolge bringst.

2 Notiere nun für Enya in Stichpunkten unter den Bildern, was passiert ist.

3 Formuliere einen Einleitungssatz aus den folgenden Satzfetzen:

13.3. | Spätnachmittag | Auffahrunfall | Bahnübergang | Autofahrer telefonierte | Obstlaster | München-Solln

Fehlerquellen:
1) Information fehlt
2) falsche Reihenfolge
3) kein Präteritum
4) unsachliche Sprache
5) nicht relevante Information

4 Enya hat anhand der Bilderfolge einen Bericht für die Polizei verfasst und möchte ihn jetzt noch mithilfe der folgenden Textlupe überarbeiten. Notiere in Klammern die Fehlernummern und verbessere die Textstellen in der Spalte daneben.

	Fehlerkorrektur
Um 15.32 Uhr ereignete sich gestern ein Verkehrsunfall. Ein	______________
Transporter, der viele Obstkisten geladen hatte, fuhr die Hecken-	______________
straße in Richtung Stadion entlang und musste plötzlich scharf	______________
bremsen. (__________)	______________
Hinter ihm fuhr ein roter Kleinwagen mit überhöhter Geschwin-	______________
digkeit. Da wummste dessen Fahrer auf den Transporter	______________
(__________). Dabei krachte die Kühlerhaube des Kleinwagens	______________
in die hintere Ladeklappe des Transporters. Die ganze Ladung des	______________
Transporters ist dann heruntergefallen (__________), das waren	______________
mindestens zehntausend Äpfel! (__________)	______________
Die herabfallenden Obstkisten stürzten auch auf den am Stra-	______________
ßenrand geparkten Motorroller, der dabei umfiel und beschädigt	______________
wurde. Die Polizei sicherte die Unfallstelle ab und nahm den Un-	______________
fall auf. Der Unfall ist nur passiert (__________), weil der Fahrer	______________
des roten Autos telefonierte und abgelenkt war (__________).	______________
Dabei war es doch noch gar nicht dunkel und man hätte gut alles	______________
sehen können (__________). Der Sachschaden am Transporter,	______________
am Kleinwagen und am Motorroller beläuft sich auf insgesamt	______________
9500 €, Personenschaden entstand nicht.	______________

5 Schreibe den Bericht (mit Einleitungssatz) nun noch einmal verbessert in dein Heft.

Vorgänge beschreiben

1 Liam hat ein Foto von diesem Nagelbild gesehen, das mithilfe von Nägeln und Fäden die Kontinente der Erde auf einem Holzbrett „abbildet“, und möchte es unbedingt selbst nachbauen. Er hat schon begonnen aufzuschreiben, was er dazu braucht. Ergänze noch die beiden fehlenden „Werkzeuge“:

- Nägel, 2 mm stark, 20 mm lang
- Weltkarte (1 : 33 000 000)
- Holzbrett (1,40 m × 0,90m)
- 1 Kohlepapier (1,40 m × 0,90 m)
- Bleistift
- Radiergummi
- ____________________
- ____________________

2 Liam hat sich die drei wichtigsten Arbeitsschritte notiert, die nötig sind. Er merkt jedoch schnell, dass er sein Projekt deutlich detaillierter planen muss, bevor er beginnen kann. Hilf ihm dabei und wähle dafür eine der folgenden Aufgaben. (■: Aufgabe ohne Hilfen, ■: Aufgabe mit wenig Hilfen, ■: Aufgaben mit viel Hilfe)

1. Umrisse der Kontinente auf Holz übertragen
2. Nägel einschlagen
3. Fäden spannen

■ Formuliere – ohne zusätzliche Hilfen – zu den drei Schritten jeweils (mindestens) vier Unterpunkte, die das „Was“ und das „Wie“ genau beschreiben.

1) • ____________________

• ____________________

• ____________________

• ____________________

2) • ___

• ___

• ___

• ___

3) • ___

• ___

• ___

• ___

Wenn du dir noch unsicher bist, wie du die einzelnen Schritte in Worte fassen kannst, erhältst du hier Hilfe:

Formuliere zu den drei Schritten jeweils (mindestens) vier Unterpunkte, die das „Was" und das „Wie" genau beschreiben.
Folgende Ausdrücke helfen dir, die Vorgänge zu versprachlichen:

Wortspeicher

Nagel einschlagen – Garn spannen – Kohlepapier auflegen – Umrisse nachfahren – Schlinge ziehen

Ordne folgende Unterpunkte den drei Schritten zu. Ergänze die, die noch fehlen:

- das Garn quer über die Kontinente spannen
- die Nägel an den Umrissen entlang mit Wolle umwickeln
- für jeden Kontinent einen neuen Faden beginnen
- Garn um den ersten Nagel knoten
- immer an Eckpunkten 5 mm tief einschlagen
- Kohlepapier auflegen
- Nägel in kleinen Abständen (ca. 1 cm) einschlagen
- um jeden weiteren Nagel eine Schlinge ziehen
- Umrisse der Kontinente nachfahren

3 Liam erzählt seinem Cousin Michael am Telefon von seinem Projekt:
Formuliere das Ziel von Liams Arbeit in zwei Sätzen.

„Ich möchte ___

___

___

___."

4 Für eine Do-it-Yourself-Homepage möchte Liam sein Projekt nun detailliert beschreiben und macht sich Notizen.

Erkläre, weshalb die folgenden Sätze (noch) nicht für eine Vorgangsbeschreibung geeignet sind:

- *Du musst die Kontinente auf das Holzbrett übertragen.*

  Fehler: ______________________________

  Verbesserung: ______________________________

  ____

- *Das Projekt hat mich echt angestrengt.*

  Fehler: ______________________________

  Verbesserung: ______________________________

  ____

- *Dann musst du den Faden von Kontinent zu Kontinent spannen.*

  Fehler: ______________________________

  Verbesserung: ______________________________

  ____

- *Das Nagelbild stellt haargenau die Küstenlinien der Kontinente dar.*

  Fehler: ______________________________

  Verbesserung: ______________________________

  ____

5 Um Vorgangsbeschreibungen präzise zu gestalten, kannst du verschiedene sprachliche Mittel nutzen. Vervollständige den folgenden Kasten.

Wenn ich Arbeitsschritte miteinander verbinden möchte, helfen mir bestimmte Wortarten:
Mit ______________________________ kann ich präzisere Angaben machen, z. B. zum Ort oder zur Zeit. Mit ______________________________ und ______________________________ kann ich Einzelsätze und Satzteile verknüpfen und inhaltliche Zusammenhänge darstellen.

6 Ordne die folgenden Wörter aus dem Wortspeicher diesen drei Wortarten in der Tabelle zu:

Konjunktion	Subjunktion	Adverb

Wortspeicher

anschließend – um ... zu – und – oder – später – sodass – während – oben – denn – sowie – damit – sonst

Tipp: Wenn du noch unsicher bist, kannst du auch die Übungen zu Konjunktionen und Subjunktionen auf → Seite 50 f. bearbeiten.

7 Hilf nun Liam, indem du die folgenden Informationen mithilfe eines Wortes aus Aufgabe 6 verbindest.

- Fahre mit dem Bleistift genau die Umrisse der Erdteile nach, ______________________ die Linien auf dem Holzbrett maßstabsgetreu wiedergegeben werden.

  Schlage die Nägel mindestens 5 mm tief in das Brett, ______________________ sie stabil sind.

  ______________________ nimmst du die Wolle ______________________ beginnst mit dem Umwickeln.

8 Schreibe nun Liams Vorgangsbeschreibung in dein Heft. Nutze deine Notizen aus Aufgabe 2 als Schreibplan.

9 Überarbeite deinen Text mithilfe der folgenden Checkliste: Kreuze an, was du bereits verwirklicht hast, was du teilweises berücksichtigt hast und was noch fehlt. Verbessere deinen Text entsprechend.

Meine Vorgangsbeschreibung ...	ja	teilweise	nein
... beschreibt alle Schritte einzeln und in der richtigen Reihenfolge.	○	○	○
... erklärt nicht nur, *was* getan werden muss, sondern auch *wie*.	○	○	○
... ist durchgängig sachlich formuliert.	○	○	○
... verzichtet auf überflüssige Informationen, Meinungen und Wertungen.	○	○	○
... verwendet abwechslungsreiche Satzanfänge.	○	○	○
... nutzt viele Adverbien, Subjunktionen und Konjunktionen, um Zusammenhänge darzustellen.	○	○	○

Vorgänge beschreiben und darüber berichten

Paula weiß immer das Neueste.
Sie erzählt es Tarek:

„Hast du schon gehört? Stell dir vor, Tarek, heute Nacht war unsere Schule ein Tatort! Ein Dieb, Derek Diebel heißt er, wie ich herausbekommen habe, hat auf dem Schulgelände einen Ring versteckt! Diesen hat er aus der Weihnachtsauslage des Juweliers Rheinstein mitgehen lassen, du weißt schon, den Juwelier in der Tannenstraße 24, meine ich. Die Polizei hat zwar den Dieb festgenommen, aber den Ring haben die Polizeibeamten erst nach langem Suchen gefunden, indem sie Derek Diebels Spuren verfolgt haben."

1 Streiche aus dem Text alles, was Paulas Erzählung spannend macht, aber in einer berichtenden Zeitungsnotiz über den Vorfall nichts zu suchen hat.

2 In Paulas Hände ist sogar ein Bild vom Versteck des Rings gelangt. Sie hat herausgefunden, wo der Dieb sich aufgehalten und den Ring versteckt hat.
Beantworte anhand des Bildes die folgenden Fragen, damit du genauso gut informiert bist wie Paula. Notiere die Antworten zunächst in Stichpunkten.

(1) Gelangte der Dieb erfolgreich ins Schulgebäude?

(2) Welche möglichen „Ringräuber" wollte er mit dem Wurf von zwei Schneebällen vertreiben?

(3) Warum drehte er sich, obwohl er schon auf dem Weg zur Ausgangstür war, noch einmal um?

(4) Warum hat sich Derek vorgenommen, bald zurückzukehren, um seine Beute zu holen, statt wochenlang zu warten?

Notizen: ______________________________

____

____

____

____

3 Verfasse nun Paulas Beschreibung des Ortes für Tarek in deinem Heft.

Lösungen und Tipps zum Weiterarbeiten für das Arbeitsheft 6

Schreiben

Seite 6

1.1 Erzählende Texte planen, gestalten und überarbeiten

Lernstand **Aufgabe 1**

Individuelle Einschätzung, dennoch sollten folgende Aspekte bei den einzelnen Texten erkannt werden:

- Tarek hat den Fehler gemacht, dass er schon in der Erzählsituation verrät, was passiert. Außerdem ist sein Text nicht sehr originell formuliert. Er könnte z. B. mit wörtlicher Rede beginnen.
- Paulas Erzählsituation ist missglückt, weil sie viel zu lang ist, Unwichtiges erzählt wird und die wörtliche Rede am Anfang den Einstieg nicht spannend, sondern langatmig macht.
- Enya baut ihren Text nicht sehr spannend auf, da sie immer wieder auf dieselben Satzanfänge zurückgreift und eher einzelne Schritte aneinanderreiht. Den Höhepunkt gestaltet sie nicht aus.
- Tipps für die Überarbeitung:
  Tipp zu Inhalt und Aufbau:
  - Gestalte den Höhepunkt besser aus!
  - Baue Spannung auf!
  - Verrate nicht schon vorher, was passiert!
  - Schildere innere Handlung!

  Tipps zur sprachlichen Gestaltung:
  - Vermeide Wiederholungen (wie z. B. am Satzanfang *dann, es*) und immer gleiche Satzkonstruktionen!
  - Bemühe dich darum, Details so genau wie nötig zu schildern und überflüssige Details, die langweilen, wegzulassen.

Aufgabe 2

Die korrekte Version des Textes lautet: Ich kletterte den Baum langsam hoch, denn die Sprossen der Leiter waren wackelig. Schließlich war ich auf der Plattform. „Trau dich!", rief mein Bruder. Aber ich erschrak furchtbar, als ich merkte, dass das Ende der Seilbahn nicht zu sehen war.

Seite 7

Den Schreibanlass, das Medium und den Adressaten berücksichtigen

Aufgabe 1

Individuelle Lösungen: Zu berücksichtigen ist, dass auf Jakobs Postkarte nur eine kurze Erzählung passt. Die Postkarte an die Patin, die Försterin ist, wird am wahrscheinlichsten von dem Wildschwein und der Baumbestimmung erzählen. Dafür interessiert sich die Försterin sicher auch. Und der Schreiber soll ja das erzählen, was beim Adressaten vermutlich auf Interesse stößt.
Die Veröffentlichung in der Schülerzeitung ist länger und enthält damit mehr Details. Auf alle Fälle sind dort die Tipps für die nächsten Teilnehmer an einem Zeltlager sinnvoll platziert. Der Brief von Paula ist am unspezifischsten und kann die meisten Details enthalten, weil die beiden Freundinnen am besten einschätzen können, was sie interessiert.

Aufgabe 2

Individuelle Lösungen: Es ist darauf zu achten, dass möglichst ausdrucksstark und anschaulich formuliert wird, besonders bei Sinneseindrücken (beißender Geruch von feucht brennendem Holz o. Ä.) und Gedanken und Gefühlen (Vertrautheit unter Freunden, dennoch leise Anspannung in der dunklen Nacht am Feuer o. Ä.)

Seite 8 **Differenzierte Aufgabe 3**

Beispiellösung für Jakobs Schreibplan für die Postkarte an seine Patin gemäß dem vorgegebenen Spannungsbogen:

Erzählsituation	Ereignis	Ausgang
Gruppe geht auf gemeinsame Erkundungstour durch den Wald	*Während die Gruppe um einen seltenen Baum zur Bestimmung steht, nähert sich ein Wildschwein.* *Wildschwein verzieht sich dank der besonnen Reaktion der Gruppe*	*Viel gelernt über Bäume und Wildschweine*

Beispiellösung für Liams Erzählung für die Schülerzeitung gemäß dem vorgegebenen Spannungsbogen:

Erzählsituation	Ereignis			Ausgang
	Erste Aufgabe (1. Episode)	Zweite Aufgabe (2. Episode)	Preis gewonnen (3. Episode)	*Vorfreude auf Besuch und Tipps für die nächste Klasse im Zeltlager*
Klassenfahrt/ Zeltlager	*Zelte aufbauen und Ordnung halten*	*Problem der sanitären Einrichtungen; Abspülen …*	*Bester Holzhacker*	

Beispiellösung für Paulas Brief an Selina mit dem passenden Spannungsbogen:

Erzählsituation	Ereignis					Ausgang
Wie geht's? *Ferienerlebnisse* *Überleitung:* *Klassenfahrt / Zeltlager*	1. Erzählschritt	2. Erzählschritt	3. Erzählschritt	4. Erzählschritt	5. Erzählschritt	*Am nächsten Morgen:* *nur ein Busch*
	Lagerfeuer, Herr Kornblum liest Gruselgeschichten vor	*Bettruhe, Paula kann nicht einschlafen*	*merkwürdige Geräusche in der Nacht*	*Paula schaut nach draußen, sieht Schatten eines Mannes*	*Paula weckt Freundin, beide haben Angst – was tun?*	

Seite 9
Spannend erzählen
Differenzierte Aufgabe 1

a kann als Spannungsbremse gesehen werden, weil nicht auf Bens Angst eingegangen wird; es kann aber auch im Gegenteil als spannungssteigernd eingestuft werden, weil der Freund ihn erst einmal beruhigen will – das hängt vom weiteren Verlauf der Erzählung ab. b baut Spannung auf. Bei c glaubt der Leser, dass der Erzähler etwas gehört hat, und erwartet etwas Unheimliches.

Beispiellösung: „Ben, wach doch auf!". Ich rüttelte an seiner Schulter. „Was'n los?", brummte dieser wütend, weil ich ihn aus dem Schlaf gerissen hatte. „Da steht einer vor dem Zelt. Was sollen wir denn jetzt bloß tun?" „Sei nicht so laut", zischte nun Ben. „Ich mache ganz leise den Reisverschluss auf und du bist hinter mir mit der Taschenlampe verteidigungsbereit, okay?" „Okay!" ...

Seite 10 Aufgabe 2
Beispiellösung: Wir lagen eine Weile in unseren Schlafsäcken und lauschten angestrengt in die Nacht. Ich hörte, **wie die Blätter unheimlich im Wind raschelten und Äste aufeinander schlugen. Irgendwo im Dunkeln knackte etwas. Aber nichts war zu sehen. Doch da:** Auf einmal stand er wieder riesengroß auf der Wiese. Ich sah **einen riesigen dunklen Schatten, dessen Arme sich merkwürdig bewegten.** Was würde geschehen, wenn er uns entdeckte? Meine Gedanken überschlugen sich: **War das ein Spuk? Nichts wie weg. Aber wie in einem Alptraum waren meine Beine wie gelähmt.** Doch auf einmal lachte Ben auf. „Es ist doch nur ein Büschel Halme, das sich im Wind bewegt. Wir Angsthasen!" Da musste ich auch lachen. Beruhigt kuschelten wir uns in die warmen Schlafsäcke und schliefen tief und fest bis zum nächsten Morgen.

Seite 11
Die Erzählzeit gestalten
Aufgabe 1

Beispiellösung a) Es war ein gewaltiger Schuss, aber er ging in einem hohen Bogen weit übers Tor hinaus. Der Ball wollte nicht aufhören zu fliegen. Ein Aufschrei der Jungen begleitete seinen Flug, bis er mit einem lauten Platschen in den Wasserpflanzen im Teich landete.

Beispiellösung b) Vorsichtig stieg er in den Teich und watete langsam zum Ball, mit dem Ziel, Wellen zu verursachen, damit der Ball nicht weiter hinaus trieb. Die spitzen Steinchen stachen in seine Fußsohlen.

Beispiellösung c) Mühsam kämpfte er sich durch die glitschigen Wasserpflanzen hindurch, die seine Beine umschlungen hielten.

Beispiellösung d) Seine Knöchel sanken tief in den kühlen Schlick hinein. Der Schlamm fühlte sich eklig zwischen seinen Zehen an. Bei jedem Schritt tauchten braune Schlammwolken im Wasser auf. Nur mühsam konnte er die Füße aus dem Schlick ziehen. Langsam, ganz langsam kam er voran.

Aufgabe 2

Beispiellösung a) Auf einmal blieb er stecken und konnte seinen Fuß nicht mehr bewegen. Tom wurde panisch, verzweifelt versuchte er, den Fuß herauszuziehen. Da löste sich plötzlich sein Fuß, er verlor das Gleichgewicht und fiel mit einem lauten Platschen in den Teich.

Beispiellösung b) Prustend kämpfte er sich zur Wasseroberfläche, schüttelte sich. Jetzt würde er schwimmen und nicht mehr durch den Morast waten. Langsam schwamm er zum Ball, schnappte ihn sich und warf ihn dann im hohen Bogen unter dem Applaus seiner Mitspieler ans Land.

Seite 12
Die sprachliche Gestaltung einer Erzählung überarbeiten
Aufgabe 1

Liebe Oma, bei deiner Geburtstagsfeier habe ich ja versprochen, dass ich dir während ~~dem Zeltlager~~ **während des Zeltlagers / im Zeltlager** einen Brief schreibe. Deshalb möchte dir heute mal von meiner Mutprobe erzählen. Denn jeder aus der Klasse sollte im Zeltlager eine Mutprobe bestehen, die man sich selber aussuchen ~~gedurft hat~~ **durfte**. Alle anderen hatten ihre schon bestanden. Nur ich hatte ~~keinen Plan~~ **keine Idee**, was ich machen sollte, bis wir am vorletzten Tag ins Freibad gingen. Dort gab es einen ~~riesen~~ **riesigen** Sprungturm, der sogar ein Fünfmeterbrett hatte. Wir gingen sofort zum Sprungturm und sprangen ~~ganz viel~~ **immer wieder** vom Dreimeterbrett. Da hat mich der Tarek ~~gedisst~~ **gehänselt / geärgert**: „He Paula, was ist **denn** jetzt mit deiner Mutprobe? Wie wär's denn mit dem Fünfmeterbrett? Aber das traust du dich doch nicht." Da war ich ~~stinkesauer~~ **wurde ich wütend** und ohne nachzudenken, habe ich laut gesagt: „Na klar trau ich mich!" Da haben mich alle aus der Klasse angeschaut und Chiara hat zu Mia geflüstert, dass ich eh nur angeben ~~täte~~ **würde**. Es gab kein Zurück mehr. Also los! ~~Umso~~ **Je** näher ich dem Sprungturm kam, umso größer wurde er. Langsam ging ich hinter ein paar großen Jungen die vielen Stufen ~~rauf~~ **hinauf**. Hinter mir sagte jemand: „Die Kleine traut sich was", aber mutig fühlte ich mich schon lange nicht mehr. Dann war ich oben. Als ich in die Tiefe schaute, lief es mir eiskalt den Rücken ~~runter~~ **hinunter** und die Haare standen **mir** zu Berge, so hoch war ~~das~~ **ich**. Dann war ich an der Reihe. Ich hatte tausend Schmetterlinge in meinem Bauch. Dann ging ich langsam am Geländer ~~lang~~ **entlang** bis zum vorderen Rand. Dann war ich vorne und sah hinab. „Jetzt mach halt endlich", sagte jemand hinter mir. Dann hörte ich Tarek unten lachen und der Junge hinter mir sagte dann noch: „Geh halt wieder runter, wenn du Angst hast!" Da wurde ich aber sowas von ~~verärgert~~ **ärgerlich**. Jetzt war alles egal. Ich kniff meine Augen zusammen, hielt mir die Nase zu und sprang ins Nichts.

Als ich wieder auftauchte und an den Beckenrand schwamm, brannten die Fußsohlen zwar etwas, aber ich dachte mir, dass das alles nicht so schlimm gewesen war. Enya klatschte begeistert die Hände und auch Tarek sah mich ~~beeindruckend~~ **beeindruckt** an: „Wow, Paula, das hätte ich dir nicht zugetraut. Du bist ganz schön mutig!" Ich glaube, ich war noch nie so stolz. Viele Grüße deine Paula

Aufgabe 2

alternative Wörter für *dann*: anschließend, daraufhin, jetzt, nun, kurz darauf, später, danach, hinterher, nachher, schließlich

Aufgabe 3

ins Freibad gingen – das Freibad **besuchten**; wir gingen sofort zum Sprungturm – wir **liefen** sofort zum Sprungturm; aber niemand ging aufs Fünfmeterbrett – aber niemand **traute sich** aufs Fünfmeterbrett; langsam ging ich hinter ein paar großen Jungen die vielen Stufen – langsam **stieg** ich die vielen Stufen; dann ging ich langsam am Geländer – dann **schlich** ich langsam am Geländer

Aufgabe 4

Individuelle Lösungen

Seite 14

Die Erzählperspektive verändern

Aufgabe 1

Beispiellösung: Ähnlichkeiten: neue Situation, vieles unverständlich und ungewohnt; **Unterschiede:** Verhalten des Lehrers; harte Strafe, weil Scheues Reh etwas nicht verstanden hat

Differenzierte Aufgabe 2

Mögliche Gründe sind 1. das unfreundliche Verhalten des Lehrers, 2. der ihr sinnlos erscheinende Stoff, 3. die Bestrafung, 4. die Weigerung, sich als Amerikanerin zu fühlen, da sie stolz darauf ist, eine Mesquakie zu sein, und 5. die Beleidigungen des Lehrers.

Aufgabe 3

Individuelle Lösungen

Aufgabe 4

Individuelle Lösungen: Möglich ist, dass Schwarze Feder Mitleid mit Scheues Reh hat und ihr helfen möchte. Denkbar ist aber auch, dass das Verhalten von Scheues Reh als arrogant und dumm ausgelegt wird.

Seite 15

Kompetenztest: Eine Erzählung beurteilen und überarbeiten

Aufgabe 1

Beispiellösungen:

Überarbeitungsbogen: Farbe für Enya: rot   Farbe für Jakob: blau

	1	2	3	4	5	Bemerkung
In der Erzählsituation wird zügig in das Geschehen eingeführt.	○	⊗ (rot)	○	⊗ (blau)	○	Einleitung zu lang (blau)
Die Erzählschritte bauen aufeinander auf.	○	⊗ (blau)	⊗ (rot)	○	○	
Es gibt keine unlogischen Erzählschritte.	○	⊗ (blau)	○	⊗ (rot)	○	Gefahr für Jakob unklar (rot)
Die Geschichte wird immer spannender.	⊗ (rot)	⊗ (blau)	○	○	○	
Am Höhepunkt wird Präsens verwendet.	⊗ (rot)	○	○	○	⊗ (blau)	
Der Ausgang der Erzählung ist ausführlich genug.	○	⊗ (blau)	○	⊗ (rot)	○	Schluss ist zu kurz (rot)
Der Ausgang passt zur Erzählung.	○	⊗ (blau)	○	⊗ (rot)	○	Schöner Ausblick! (blau)
Gefühle und Gedanken werden beschrieben.	⊗ (rot)	○	⊗ (blau)	○	○	
Der Ausdruck ist abwechslungsreich.	⊗ (rot)	○	○	⊗ (blau)	○	
Es wird wörtliche Rede verwendet.	⊗ (rot)	○	○	○	⊗ (blau)	
Es werden Nebensätze verwendet.	○	⊗ (rot)	○	⊗ (blau)	○	
Die Rechtschreibung ist korrekt.	⊗ (rot)	○	○	⊗ (blau)	○	

Enya, das hat mir an deiner Erzählung gut gefallen:
die anschaulichen Beschreibungen und die Schilderung der Gefühle

Enya, das hat mir nicht so gefallen:
Die Gefahr für Jakob müsste deutlicher herausgearbeitet werden.

Enya, das ist mein Tipp für dich:
Die Schilderung der Erzählsituation und der Ausgang der Geschichte sollten sich enger auf den Höhepunkt beziehen.

Jakob, das hat mir an deiner Erzählung gut gefallen:
Sie ist logisch aufgebaut.

Jakob, das hat mir nicht so gefallen:
die vielen Rechtschreibfehler

Jakob, das ist mein Tipp für dich:
Verwende Nebensätze und wörtliche Rede. Beschreibe Gedanken und Gefühle.

Seite 16 **Aufgabe 2**
Als wir am Dienstag aufwachten, schien die Sonne. Beim Zähneputzen freute ich mich schon auf die Wanderung zum Wetzenstein. Im Wald gab es viele Tiere, sogar Wildschweine und Hirsche, hatte Herr Kornblum gesagt. Ich war ~~total~~ sehr aufgeregt. Ich würde so gerne mal ein Wildschwein in freier Wildbahn sehen. Nach dem Frühstück brachten wir unsere Zelte in Ordnung und marschierten los. Überall hatten die Wildschweine den Waldboden umgepflügt. Ich beschloss hinter den anderen zu bleiben. Da waren die Chancen eines zu sehen sicher besser. Doch auf einmal hatte ich so ein komisches Gefühl. Ich hörte die anderen nicht mehr. Aber vor mir konnte ich sie sehen. Sie standen ganz still und bewegten sich nicht. Ich fragte mich, was da los war. Plötzlich hörte ich ein Knacken und Schnauben. Und dann sah ich es auch. Vor mir war ein ~~riesen~~ riesiger Keiler und bewegte sich langsam auf mich zu. So nahe wollte ich Wildschweinen auch wieder nicht kommen. Was tun? Da fiel mir der Trick von Tante Claudi ein, die sich mit Wildschweinen gut auskennt. Ich schrie so laut ich konnte und fuchtelte mit den Armen. Das wirkte. Der Keiler drehte sich um und verschwand im Dickicht. Puuh, das war noch einmal gut gegangen! Die anderen kamen zu mir und waren ziemlich verwundert, bis ich ihnen erklärte, dass man so Wildschweine verjagen kann.

Seite 17

1.2 Informierende Texte schreiben

Lernstand

Aufgabe 1
Individuelle Lösung: Bei den Unterschieden kann z. B. auf verschiedene Funktionen (Information vs. Unterhaltung) oder sprachliche Besonderheiten (sachlich/knapp vs. ausschmückend; wörtliche Rede bei erzählenden Texten) verwiesen werden.

Aufgabe 2

Wenn ich den Vorfall meinem Freund/meiner Freundin erzähle, muss ich …	Wenn ich dem Direktor von dem Vorfall berichte, muss ich …
j) die eigene Aufregung mitteilen	a) über das Ereignis informieren
c) spannend schreiben	b) den Ablauf genau erklären
k) die eigene Meinung vertreten	f) die zeitliche Reihenfolge beachten
e) Sinneseindrücke schildern	i) das Ergebnis formulieren
d) wörtliche Rede verwenden	l) sachlich schreiben
g) szenisches Präsens einsetzen	h) Fachbegriffe verwenden

Seite 18

Von Ereignissen berichten

Aufgabe 1
1. Ich wollte mir nur Marias neues Handy anschauen.
2. Jemand hat mir mit dem Fußball auf den Arm geschossen.
3. Bestimmt nicht mit Absicht, aber das Handy ist mir aus der Hand gerutscht, direkt in mein Glas Cola.
4. Habe es sofort mit dem T-Shirt abgetrocknet.
5. Wir haben versucht, es an- und auszuschalten, das geht.
6. Man kann beim Telefonieren aber nichts hören.
7. Musikabspielen geht auch nicht.
8. Maria ist total unglücklich.
9. Sollen wir es trocken fönen?

Aufgabe 2

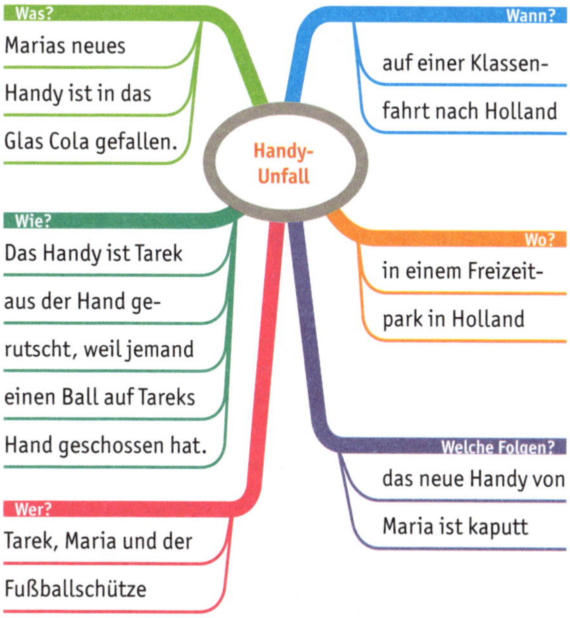

Seite 19 Aufgabe 3

Einleitungssatz: 25.9.2017, 16 Uhr, Klassenfahrt: Freizeitpark in Holland, Handyunfall, ich: Tarek Öznur

Hauptteil:

- ich sitze am Tisch und schaue Marias Handy an
- Klassenkameraden spielen Fußball
- Ball prallt mit Schwung gegen meinen Arm
- Handy fällt ins Glas mit Cola, ist nass
- Sofort abgetrocknet

Schluss: An-/Austaste funktioniert, Musik nicht abspielbar, man hört nichts

Aufgabe 4

Beispiellösung:

Tarek Öznur — Nürnberg, 30. 09. 2018
Löwenzahnweg 17a
90405 Nürnberg

VWG Versicherungsgesellschaft
Willy-Zunk-Str. 33
85053 Ingolstadt

Schadensbericht und Beantragung einer Schadensübernahme

Sehr geehrte Damen und Herren,

hiermit informiere ich Sie über einen Schadensfall vom 22. 09. 2015, der auf der Klassenfahrt nach Holland geschehen ist. Weil mir jemand mit einem Fußball auf den Arm geschossen hat, während ich das neue Handy meiner Klassenkameradin Maria angeschaut habe, ist es mir versehentlich in ein Glas mit Cola gefallen. Obwohl ich es sofort herausholte und abtrocknete, ist es dadurch beschädigt worden. Zwar kann man einige Funktionen noch bedienen, aber der Lautsprecher zum Telefonieren ist wahrscheinlich kaputt gegangen.
Ich bitte Sie, den Schaden als Haftpflichtfall anzuerkennen und eine Schadenübernahme zu tätigen.

Mit freundlichen Grüßen
Tarek Öznur

Seite 20

Einen Unfallbericht er- und überarbeiten

Aufgabe 1

4 – 3 – 2 – 1

Aufgabe 2

1) Schranke an Bahnübergang schließt sich, Obsttransporter, dahinter roter PKW fahren auf die Schranke zu
2) Fahrer des PKW telefoniert und ist abgelenkt, hält zu wenig Abstand zum Transporter, Transporterfahrer muss bremsen
3) PKW-Fahrer fährt auf Transporter auf, Ladung fällt herunter, trifft am Straßenrand abgestellten Roller
4) Roller fällt um, Polizei sichert die Unfallstelle, PKW muss abgeschleppt werden, Sachschaden: 3000 € roter PKW, 2000 € Transporter, 500 € Roller

Aufgabe 3

Beispiellösung: Am Spätnachmittag des 13.3. ereignete sich in München-Solln ein Verkehrsunfall an einem Bahnübergang, bei dem ein telefonierender Autofahrer auf einen Obstlaster auffuhr.

Seite 21

Aufgabe 4

Um 15.32 Uhr ereignete sich gestern ein Verkehrsunfall. Ein Transporter, der viele Obstkisten geladen hatte, fuhr die Heckenstraße in Richtung Stadion entlang und musste plötzlich scharf bremsen, **weil sich die Schranke an dem Bahnübergang vor ihm senkte.** (1)
Hinter ihm fuhr ein roter Kleinwagen mit überhöhter Geschwindigkeit, **sodass dessen Fahrer wegen der Bremsung des Transporters mit diesem zusammenstieß.** ~~Da wummste dessen Fahrer auf den Transporter~~ (4). Dabei krachte die Kühlerhaube des Kleinwagens in die hintere Ladeklappe des Transporters. Die ganze Ladung des Transporters**, die aus ca. 10.000 Äpfeln bestand, fiel dabei heraus** ~~ist dann heruntergefallen~~ (3)~~, das waren mindestens zehntausend Äpfel!~~ (4)
Die herabfallenden Obstkisten stürzten auch auf den am Straßenrand geparkten Motorroller, der dabei umfiel und beschädigt wurde. Die Polizei sicherte die Unfallstelle und nahm den Unfall auf. Der Unfall ~~ist nur passiert~~ **passierte nur** (3), weil der Fahrer des roten Autos telefonierte und abgelenkt war **(Satz umstellen: nach vorne stellen zum Unfallgeschehen)** (2). ~~Dabei war es doch noch gar nicht dunkel und man hätte gut alles sehen können~~ (5). Der Sachschaden am Transporter, am Kleinwagen und am Motorroller beläuft sich auf insgesamt 9500 €, Personenschaden entstand nicht.

Aufgabe 5

Beispiellösung: Am Spätnachmittag des 13.3. ereignete sich in München-Solln ein Verkehrsunfall an einem Bahnübergang, bei dem ein telefonierender Autofahrer auf einen Obstlaster auffuhr.
Der Transporter, der viele Obstkisten geladen hatte, fuhr die Heckenstraße in Richtung Stadion entlang und musste plötzlich scharf bremsen, weil sich die Schranke an dem Bahnübergang vor ihm senkte. Hinter ihm fuhr ein roter Kleinwagen mit überhöhter Geschwindigkeit, sodass dessen Fahrer wegen der Bremsung des Transporters mit diesem zusammenstieß. Dabei krachte die Kühlerhaube des Kleinwagens in die hintere Ladetür des Transporters. Zum Unfallzeitpunkt war der Fahrer abgelenkt, weil er telefonierte. Die ganze Ladung des Transporters, die aus ca. 10.000 Äpfeln in Kisten bestand, fiel dabei heraus. Die herabfallenden Obstkisten stürzten auch auf den am Straßenrand geparkten Motorroller, der dabei umfiel und beschädigt wurde. Die Polizei sicherte die Unfallstelle und nahm den Unfall auf. Der Sachschaden am Transporter, am Kleinwagen und am Motorroller beläuft sich auf insgesamt 9500 €, Personenschaden entstand nicht.

Seite 22

Vorgänge Beschreiben

Aufgabe 1

Wolle, Hammer

Seite 22/23

Aufgabe 2

1.
- Kohlepapier und Landkarte übereinander auf Holzbrett legen
- Landkarte auf Kohlepapier legen
- Umrisse der Kontinente mit Bleistift abpausen
- Kohlepapier und Landkarte dürfen dabei nicht verrutschen
- Kohlepapier und Karte wegnehmen, Umrisse sind nun auf Holzbrett übertragen

2.
- Nägel und Hammer bereit legen
- Nägel entlang der Umrisse einschlagen
- (ca. 5 mm tief, im Abstand von ca. 1 cm)
- immer an Eckpunkten einschlagen

3.
- Faden um den ersten Nagel eines Kontinents knoten
- Faden zum nächsten Nagel führen, diesen einmal umschlingen
- alle Nägel an der Küstenlinie eines Kontinents verbinden
- dann Faden quer über den Kontinent spannen, aber nie von Kontinent zu Kontinent

Aufgabe 3

Beispiellösung: „Ich möchte aus einem Brett eine Weltkarte erstellen. Dazu mache ich die Umrisse der Kontinente mit Wolle sichtbar."

Seite 24

Aufgabe 4

- Du musst die Kontinente auf das Holzbrett übertragen. **Fehler:** zu ungenau, das „Wie" fehlt; **Verbesserung:** Um die Umrisse der Kontinente auf das Holzbrett zu übertragen, ...
- Das Projekt hat mich echt angestrengt. **Fehler:** persönl. Wertung nicht sinnvoll. **Verbesserung:** Satz streichen.
- Dann musst du den Faden von Kontinent zu Kontinent spannen. **Fehler:** sachlich falsch; **Verbesserung:** Dann musst du den Faden innerhalb eines Kontinents von Nagel zu Nagel spannen.
- Das Nagelbild stellt haargenau die Küstenlinien der Kontinente dar. **Fehler:** sachlich falsch; **Verbesserung:** Das Nagelbild bildet ungefähr die Küstenlinien ab.

Aufgabe 5

Adverbien – Konjunktionen – Subjunktionen

Seite 25

Aufgabe 6

Konjunktionen: und, oder, denn, sowie
Subjunktionen: sodass, während, damit, um ... zu
Adverbien: anschließend, später, oben, sonst

Aufgabe 7

sodass – damit – anschließend – und

Aufgabe 8

Beispiellösung: Um eine plastische Weltkarte aus Wolle und Nägeln herzustellen, braucht man ein Holzbrett (1,40 m × 0,90 m), ein Paket Nägel (2 mm stark, 20 mm lang), eine Weltkarte (Maßstab 1 : 33 000 000), ein Kohlepapier (1,40 m × 0,90 m), Wolle in beliebiger Farbe, einen Bleistift und einen Radiergummi.
Damit man die Kontinente auf das Holzbrett übertragen kann, legt man zuerst das Kohlepapier und dann die Weltkarte auf das Holzbrett. Dann zeichnet man mit dem Bleistift genau die Umrisse der Kontinente nach, sodass sie durch das Kohlepapier hindurch auf dem Brett sichtbar werden.
Nun können Karte und Kohlepapier beiseite gelegt und Hammer und Nägel zur Hand genommen werden. Am Eckpunkt eines Kontinents schlägt man nun den ersten Nagel ca. 5 mm tief in das Brett ein. Entlang der Umrisse und im Abstand von ca. 1 cm folgen die weiteren Nägel, bis die Umrisse aller Kontinente mit Nägeln versehen sind.
Anschließend wird der Faden gespannt: Man knotet zunächst den Faden am ersten Nagel fest, bevor man ihn von dort zum nächsten Nagel führt und um diesen eine Schlinge legt. So spannt man den Faden von Nagel zu Nagel an der Küstenlinie des ersten Kontinents entlang. Ist dieser vollständig umrundet, spannt man den Faden nun quer über den Kontinent zu einem Nagel auf der anderen Seite. Dies wiederholt man so lange, bis auch die Fläche des Kontinents mit dem Faden bespannt ist. Dann wird der Faden um einen Nagel geknotet und abgeschnitten.
Anschließend wiederholt man den gesamten Vorgang beim jeweils nächsten Kontinent. Wichtig dabei ist, für jeden Kontinent mit einem neuen Faden zu beginnen, sodass zwischen den Kontinenten keine Verbindungen entstehen und die Meere frei bleiben.
So entsteht Schritt für Schritt eine hübsche Weltkarte, die du in deinem Zimmer aufhängen kannst. Es ist auch möglich, die Meere anschließend noch mit blauer Acrylfarbe zu bemalen.

Aufgabe 9

Individuelle Lösung

Seite 26

Kompetenztest: Vorgänge beschreiben und darüber berichten

Aufgabe 1

~~„Hast du schon gehört? Stell dir vor, Tarek,~~ heute Nacht war unsere Schule ein Tatort! Ein Dieb, Derek Diebel heißt er, ~~wie ich herausbekommen habe,~~ hat auf dem Schulgelände einen Ring versteckt! Diesen hat er aus der Weihnachtsauslage des Juweliers Rheinstein mitgehen lassen, ~~du weißt schon,~~ den Juwelier in der Tannenstraße 24, ~~meine ich~~. Die Polizei hat zwar den Dieb festgenommen, aber den Ring haben die Polizeibeamten ~~erst nach langem Suchen~~ gefunden, indem sie Derek Diebels Spuren verfolgt haben."

Aufgabe 2
Stichpunkte:
(1) nein – gelangte nicht ins Schulgebäude, blieb vor der verschlossenen Eingangstür kurz stehen, lief dann weiter
(2) wollte die Vögel vertreiben
(3) hat schon aufgegeben, ein geeignetes Versteck zu finden, aber dann fällt ihm Schneemann bzw. Schneehund ein, dort Ring versenkt
(4) muss bald zurückkehren, weil Schnee schmelzen könnte

Aufgabe 3
Beschreibung Paulas (Beispiellösung):
Man sieht die linke Eingangstür zum Schulhof, die Vorderseite des Schulgebäudes mit der Eingangstür und einem Teil des Dachs. Auch ein Teil der rechten Hausseite ist abgebildet, an die die rechte Ausgangstür anschließt. Vor dem Gebäude liegt der Pausenhof, wo ein Schneemann und ein Schneehund aufgebaut sind. Auf dem Dach des Schulhauses sitzen drei Raben. Ein weiterer fliegt herum. Beide Türen zum Pausenhof sind geöffnet.
Außerdem sind Fußspuren zu erkennen, die der Dieb hinterlassen hat. Sie verlaufen durch die linke Tür in den Pausenhof zur Eingangstür des Gebäudes. Von dort gehen sie in einem Bogen zur Vorderseite des Schneemanns. Vor ihm sieht man am Boden mehrere Fußspuren auf einem Fleck. Die Fußabdrücke weisen anschließend ein Stück Richtung Ausgang, dann aber drehen sie für ein paar Schritte um. Seitlich des Schneehunds häufen sich erneut die Fußabdrücke. Letztlich führen die Fußspuren zur rechten Ausgangstür und verlassen das Schulgelände.

Seite 27
Aufgabe 4
Nachdem Derek Diebel am 20.12. einen Diamantring aus der Weihnachtsauslage des Juweliers Rheinstein in der Tannstraße 24 gestohlen hatte, ereignete sich auf dem Schulhof des Goethe-Gymnasiums Folgendes:
Diebel versuchte in das Schulgebäude einzudringen, aber es war verschlossen. Anschließend wollte er die Krähen mit zwei Schneebällen vertreiben, um zu verhindern, dass diese den Ring aus dem Versteck stehlen. Nachdem er den Ring im Schneehund versteckt hatte, versuchte er durch den Hinterausgang zu flüchten. Da sah er, dass eine Krähe auf dem Schneehund herumpickte. Deshalb drehte er sich noch einmal um, um sie zu verscheuchen. Die Krähe blieb aber sitzen und deshalb wusste Diebel zum Zeitpunkt seiner Flucht nicht, ob die Krähe den Ring davontragen würde.
Aufgrund dieser Ereignisse war es ein Glück, dass die Polizei den Ring schließlich doch noch fand. Der Dieb konnte allerdings aufgrund des rekonstruierten Tathergangs in Untersuchungshaft genommen werden.

Aufgabe 5
Individuelle Lösungen

Seite 28
1.3 Argumentierende Texte schreiben

Lernstand
Aufgabe 1
Individuelle Lösungen
Bei der Regel ist an bekannte Gesprächsregeln (z. B. Ich lasse den anderen aussprechen., Ich höre aufmerksam zu., Ich werte die Meinung eines anderen nicht ab.) zu denken.
Will man andere von seiner Meinung überzeugen, dann ist es am wichtigsten, **gute Gründe für seine Ansicht zu finden und diese mit passenden Beispielen zu untermauern.**

Aufgabe 2
Beim Argumentieren versuchst du deine Meinung (1) klar und sachlich (2) zu begründen (3). Dabei helfen dir Beispiele (4), die möglichst konkret (5) sein sollten. Nie (6) darfst du die Gegenseite unhöflich oder abwertend behandeln. Pro ist derjenige, der für eine Sache eintritt, contra derjenige, der dagegen argumentiert.

Seite 29
Sich eine Meinung zu einem Thema bilden und sie angemessen vertreten
Differenzierte Aufgabe 1
Jakobs Begründung ist völlig unsachlich, sie basiert nur auf Gefühlen und überzeugt deshalb nicht.
Paulas Begründung ist sinnvoll, weil eine nachvollziehbare Tatsache angeführt wird.
Enyas Begründung ist unsachlich, da sicher niemand verlangt, dass die Schüler im Regen stehen. Bei schlechtem Wetter gibt es sicher eine besondere Regelung.
Tareks Grund ist zwar sehr emotional und unsachlich formuliert (So ein Mist). Aber in der Sache trifft er wohl doch auch zu.
Liam: Auch sein Grund beruht auf einer sehr persönlichen Vorliebe, die für die Schulleitung nicht relevant sein dürfte, weil dabei die Gesundheit der Schüler außer Acht bleibt.

Aufgabe 2
..., weil die Begründungen nicht sachlich formuliert werden.

Seite 30 **Differenzierte Aufgabe 3**
Ungeeignete Begründungen: „Ungerechtigkeit an der Schule" ist zu allgemein und pauschal. Auch die Unterpunkte für „Freunde treffen in der Mensa" werden die Schulleiterin nicht überzeugen.

Geeignete Begründungen: „Mittel- und Oberstufe machen auch Lärm und Dreck", „Wer Essen kauft, braucht auch einen Ort zum essen" und grundsätzlich auch das Treffen mit Freunden. Weitere mögliche Begründungen sind: Gleichbehandlung aller Schüler, Schule muss für Aufenthaltsmöglichkeiten in den Pausen sorgen, Mensa für alle Schüler gedacht.
Müllvermeidung: Pappteller, Servietten usw. möglichst reduzieren;
Beispiellösung: Mensa muss als Pausenort zur Verfügung stehen, wenn das Wetter für Aufenthalt draußen nicht geeignet ist: es ist entweder zu heiß oder es regnet stark.

Aufgabe 4

Beispiellösung A) Auch ältere Schüler verhalten sich nicht immer vorbildlich. Auf ihren Tischen findet sich manchmal Müll und manche unterhalten sich laut. Das kann man jeden Tag nach der Pause beobachten. Es kommt nicht auf das Alter an, sondern auf die Person.

Beispiellösung B) Ich bin kein Stubenhocker. Aber nicht immer hat man Lust, nach draußen zu gehen. Es gibt Tage, da sitze ich lieber an einem Tisch mit Freunden zusammen.

Beispiellösung C) Schließlich möchten wir auch in Ruhe unser Essen genießen. Selbst wenn man sich nur einen Donut und einen Saft kauft, hat man schon die Hände voll.

Aufgabe 5

Beispiellösung:

Sehr geehrte Frau Klarmann,
wir finden es sehr ungerecht, dass sich Unterstufenschülerinnen und -schüler künftig in den Pausen nicht mehr in der Mensa aufhalten dürfen, Mittel- und Oberstufenschüler dagegen schon.
Wir möchten Ihnen nun unsere Gründe vortragen, weswegen wir bitten, diese Entscheidung zurückzunehmen.
Wir sind wirklich keine Stubenhocker. Aber nicht immer hat jeder Lust, nach draußen zu gehen. Es gibt Tage – vor allem bei sehr schlechtem Wetter –, da sitzt man lieber an einem Tisch mit Freunden zusammen.
Schließlich möchten auch wir dann in Ruhe unser Essen genießen. Selbst wenn man sich nur einen Donut und einen Saft kauft, hat man schon die Hände voll.
Außerdem muss man sagen, dass auch ältere Schüler sich nicht immer vorbildlich verhalten. Auf ihren Tischen findet sich manchmal Müll und manche unterhalten sich laut. Das kann man jeden Tag nach der Pause beobachten. Es kommt nicht auf das Alter an, sondern auf die Person.
Wir finden, dass das gute Gründe sind, dass auch wir Unterstufenschüler weiterhin bei Bedarf unsere Pausen in der Mensa verbringen dürfen.

Wir danken Ihnen für Ihre Aufmerksamkeit und bitten um eine baldige Antwort.

Mit freundlichen Grüßen
Ihre 6a

Seite 31

Kompetenztest: Die Argumentation überarbeiten

Aufgabe 1

Hier geht es nicht so sehr um eine richtige Lösung, sondern darum, dass sich die Schüler mit der Frage auseinandersetzen, welche Argumente und welcher Sprachstil sie überzeugt. Entsprechend individuell können die Lösungen ausfallen.

Gelungen ist: *Überzeugt* durch lockere Sprache, gibt Einblick in Arbeit bei der Schülerzeitung, vermittelt Freude und Erfolgserlebnisse, zeigt, dass sie wichtig für die Schule ist.

Nicht gelungen ist: Stil übertrieben (Einleitung), weil Argumente schwach (Gummibärchen) und nicht klar verständlich ausgearbeitet sind (zweites Argument) bzw. zwei Argumente auf einmal behandelt werden (drittes Argument), Schleichwerbung für den Imbiss und unwichtige eigene Erfahrungen dort, schwacher Schlusssatz.

Verbesserte Formulierungen: „Hallo allerseits" – etwas unsicher, passt nicht zu Einleitung – **besser:** *Hallo liebe Mitschülerinnen und Mitschüler;* Einleitung zu übertrieben („galaktisches Niveau") – **besser:** *können wir unser gewohnt gutes;* „und das hat ja geklappt" – unklar, worauf sich das „das" bezieht – **besser:** *Bei dieser Aktion waren wir ja sehr erfolgreich;* „verdammt stolz" – umständlich übertrieben; „glaub's mir" – wirkt wichtigtuerisch – **besser:** ... *dann kannst du mit Recht stolz auf dich sein.*

Aufgabe 2

Merkmal	Anmerkungen
Die Einleitung motiviert zum Lesen, informiert und formuliert das Anliegen der Redaktion.	Dieses Merkmal ist erfüllt.
Zuerst informiert Jakob über das Arbeitsklima in der Redaktion.	Jakob stellt zwar die gute Stimmung heraus, aber das liegt wohl nicht nur an den Gummibärchen. Hier sind andere Beispiele besser.
Dann begründet Jakob, warum die Schülerzeitung wichtig für die Schule ist.	Das Beispiel ist an sich gut geeignet, müsste aber noch den Zusammenhang zwischen dem, was die Zeitung getan hat, und dem guten Ergebnis erklären.
Auch der dritte Grund ist sinnvoll aufgebaut.	Nein, denn hier werden zwei unterschiedliche Begründungen zusammengezogen: a) nette Leute kennen lernen, b) Verantwortung übernehmen.
Die Begründungen werden mit treffenden Beispielen untermauert.	Nicht in der ersten Begründung. Die zweite Begründung müsste noch ausgearbeitet werden.

Aufgabe 3

Beispiellösungen: 1. Begründung: Wir haben viel Spaß bei der Arbeit und wir arbeiten gut im Team zusammen, weil uns das gemeinsame Interesse verbindet. Auch wenn jeder seine Freiheiten hat, ist doch andererseits auch jeder für den Anderen da, wenn nötig. So herrrscht ein sehr entspanntes Arbeitsklima.

2. Begründung: Als die Stimmung wegen der Mensasache hochkochte, haben wir die Briefe der 6a, der 7e und der SMV veröffentlicht und das Streitgespräch mit Frau Klarmann organisiert. *In diesem Gespräch sind beide Seiten aufeinander zugegangen und haben den Kompromiss entwickelt, mit dem alle leben können.* Der neue Mensa-Dienst, bei dem jede Klasse einmal im Schuljahr eine Woche drankommt, funktioniert doch super. **3. Begründung:** Aufteilen in zwei Argumente, z. B. a) Man lernt interessante Leute kennen. Ich habe *auf der Suche nach* Werbekunden Mario von „Marios Pizza" persönlich kennen gelernt. *Er hat eine Anzeige aufgegeben und ich bekomme seitdem immer wieder mal ein Stück Pizza umsonst.* b) Man übernimmt Verantwortung für die Zeitung und kümmert sich um das Sammeln von Anzeigen, Schreiben und Layouten. *Wenn du dann* die fertige Zeitung von der Druckerei abholst und deinen Artikel gedruckt liest, bist du *zurecht* stolz auf dich.

Tipps

Generelle Übungsmöglichkeiten beim Erzählen:

Achte auf eine saubere Schrift:

Verbessere, indem du durchstreichst und die Korrektur über das Durchgestrichene schreibst. Ein klares Schriftbild hilft dir auch beim Überarbeiten.

Lege ein Erzählband an:

Lege quer auf einem DIN-A4-Blatt ein breites Band mit den Begriffen in den fünf Spalten an. Notiere darunter für die Planung deines (hier: Erzähl-)Textes wie im Beispiel zu sehen das Zutreffende. Verfahre bei allen Erzähltexten, die du schreiben musst, in gleicher Weise.

ERZÄHLBAND	Adressat	Textintention/ Wirkung	Textsorte/ Textmuster	Inhalt	Grammatik/Syntax/Rechtschreibung
Schülereintrag bei der Arbeit an einem Erzähltext	*Leser der Schülerzeitung*	*unterhalten, aber hier auch informieren*	Erlebnis-erzählung	*Erlebnisse bei einem Zeltlager*	*Achte auf:* • *abwechslungsreichen Satzbau (Satzreihen und Satzgefüge abwechseln),* • *v. a. auf die Zeichensetzung bei wörtlicher Rede.*

Wenn du noch Probleme beim Verfassen einer Erzählung hast:

Übertrage die Checkliste auf ein DIN-A4-Blatt und verwende sie bereits beim Planen:

Checkliste: Kriterien für eine gelungene Erzählung	
Die Erzählung hat drei Teile: Erzählsituation, Ereignis, Ausgang.	
Die Überschrift passt zum Thema des Aufsatzes.	
In der Erzählsituation werden die wichtigen Fragen Wer?, Wann?, Wo?, und Was? beantwortet.	
Der Aufsatz ist in der Zeitform Präteritum geschrieben.	
Um die Erzählung lebendig zu gestalten, wird die wörtliche Rede verwendet.	
Auch die Mimik, Gestik und die Gefühle der Personen werden beschrieben.	
Im Aufsatz kommen verschiedene Verben und viele Adjektive vor.	
Die Reihenfolge der Ereignisse ist gut nachvollziehbar.	
Der Höhepunkt, bei mehreren Episoden mehrere Höhepunkte, ist (sind) spannend geschrieben.	
Der Aufsatz hat unterschiedliche Satzanfänge und vermeidet Wiederholungen.	
Die Erzählung wird durch einen nicht zu langen Schluss abgerundet, der den Ausgang der Handlung beschreibt.	

Wenn du noch Probleme beim Argumentieren hast:

So sammelst du Ideen z.B. beim Argumentieren:

Stichwortzettel

Schreibe dein Thema oben auf ein Blatt Papier. Notiere dann alle Gedanken und Ideen als Stichwörter. Schreibe sie untereinander. Wenn du fertig bist, kannst du durchstreichen, was deiner Meinung nach überflüssig ist.

Stichwort-Blitzlicht

Schreibe fünf Minuten lang die Ideen, Gedanken und Erfahrungen zu dem Thema auf kleine Zettel oder Karteikärtchen. Dann lege alle Karten auf den Tisch oder den Fußboden und ordne sie danach, wie sie zusammengehören könnten. Jetzt kannst du sie auf ein Blatt kleben.

→

Cluster

Schreibe in die Mitte eines quer gelegten Blatts ein Thema. Zeichne einen Kreis um diesen Kern. Schreibe um die Mitte herum in Stichpunkten alles auf, was dir dazu einfällt. Umrahme jede Notiz und verbinde sie durch Linien mit dem Kern. Lass dich von deinen ersten Ideen zu neuen Gedankengruppen anregen und verbinde durch Linien, was zusammengehört. Sammle so lange weiter, bis deine Skizze wie eine Traube aussieht.

So strukturierst du Ideen beim Argumentieren:

Wenn du z. B. in einem Cluster einzelne Ideen zu einem Thema gesammelt und zu Gruppen verbunden hast, kannst du diese Gruppen durch einen Oberbegriff bündeln und in einer Mind-Map übersichtlich darstellen.

Wenn du noch Probleme beim Verfassen informierender Texte hast:

Beantworte für einen Bericht die W-Fragen:

Erstelle einen Schreibplan nach folgendem Muster:

Einleitung: **Wo?** (Ort)
Wann? (Zeit)
Wer? (Beteiligte)
Was? (Art des Geschehens, z. B. *Zusammenstoß, Sportfest ...*)

Hauptteil: Einzelheiten des Vorfalls in exakter zeitlicher Reihenfolge: **Was genau?** **Wie genau?** **Warum?**

Schluss: Folgen des Vorfalls und Ergebnisse **Welche Folgen?**

Gliedere die schriftliche Beschreibung folgendermaßen:

- Benenne in der Einleitung, welcher Vorgang beschrieben werden soll. Gib bei einer Vorgangsbeschreibung an, welche Vorbereitungen und Hilfsmittel eventuell benötigt werden.
- Beschreibe im Hauptteil nun Einzelheiten: Bei einer Vorgangsbeschreibung orientierst du dich an der zeitlichen Aufeinanderfolge der Schritte des Vorgangs.
- Runde deine Beschreibung mit einem Schlusssatz ab. Benenne zum Beispiel das Ergebnis des beschriebenen Vorgangs oder seine Folgen.
- Formuliere die Beschreibung im Präsens.

Wenn deine Schreibprodukte im Allgemeinen noch fehlerhaft sind:

Beachte beim Anlegen eines Schreibplans:

- Mache dir bewusst, ob du einen sachlich-informierenden Text schreiben sollst oder ob du einen unterhaltsamen, also z. B. einen spannenden und lebendigen Text schreiben sollst. Kläre also die Wirkungsabsicht.
- Mithilfe von Stichwörtern kannst du jetzt den Aufbau und die Inhalte des Textes planen.
- Überlege dir, welche Inhalte in die Einleitung, welche in den Hauptteil müssen und auf welche Weise du den Text im Schluss abrundest, plane also, wo was genau formuliert werden muss.
- Notiere auf deinem Schreibplan zusätzlich Hinweise, welche sprachlichen Mittel du einsetzen musst, um die Wirkungsabsicht des Textes zu erreichen.

Beachte beim Überarbeiten deiner eigenen Texte:

- Benutze ein Wörterbuch zum Überprüfen deiner Rechtschreibung.
- Mache informierende Texte (z. B. Lexikonartikel oder Bastelanleitungen) – wenn möglich – anschaulicher durch Hinzufügen von Abbildungen ...
- Überprüfe Lexikonartikel oder andere informierende Sachtexte mithilfe von Fachbüchern, Lexika ... daraufhin, ob deine Aussagen stimmen.
- Vermeide immer gleiche Satzanfänge mithilfe von Umstellproben.
- Gestalte die Wortwahl abwechslungsreich, indem du dein Wissen um Wortfelder nutzt und mit Synonymen arbeitest.

Sammle Temporaladverbien (Wann? Seit wann? Bis wann? Wie lange?):

Schreibe Adverbien auf eine Karteikarte, die eine zeitliche Abfolge wiedergeben. Beim Schreiben eines Berichts kannst du sie nutzen, um die richtige Reihenfolge des Geschehens wiederzugeben.

Beachte die Zeitformen:

Übe besonders die Zeitformen, die eine vorzeitige Handlung ausdrücken. Erstelle einen Zeitstrahl, auf dem du Präsens und Perfekt abbildest, und einen, auf dem du Präteritum und Plusquamperfekt abbildest. Trage die Verben sein und haben jeweils richtig ein.

Sprachgebrauch und Sprache untersuchen und reflektieren

Seite 32

2.1 Den Wortschatz erweitern und das Sprachbewusstsein vertiefen

Lernstand

Aufgabe 1

rufen – flüstern – schreien: Wortfeld
Gefährte – fahrlässig – Gefahr: Wortfamilie
bunt – farblos: Antonym
Fahrstuhl – Aufzug: Synonym
Ich renne so schnell wie ein Blitz. Vergleich
Die Staubflocken kitzeln mich in der Nase. Personifikation

Aufgabe 2

Vergleiche: wie ein Leierkasten, wie ein geölter Blitz
Sprichwörter: der frühe Vogel fängt den Wurm
Personifikation: wenn die Sonne ihm ins Gesicht stach

Seite 33

Den Wortschatz mittels Wortfeldern und Wortfamilien und durch Synonyme/Antonyme erweitern

Aufgaben 1 und 2

Beispiellösungen:
SB – Sandbank, Sonnenbad ... UR – Unterrichtsraum, Urheberrecht ... DA – Dachausbau, Duscharmatur ... KG – Kindergarten, Kirschgrütze ...

Aufgabe 3

Beispiellösungen:
Vogelflug – Flugzeug; Haustür – Türklingel; Stimmgabel – Gabelstapler; Wandfarbe – Farbeimer; Obstschale – Schalentier

Seite 34 **Differenzierte Aufgabe 4**

Oberbegriffe sind unterstrichen:
Immobilien: Penthouse – Einfamilienhaus – Etagenwohnung – Villa – Fabrikhalle
Werkzeug: Hammer – Zange – Bohrmaschine – Schraubenzieher
Gefühle/Eigenschaften: fröhlich – traurig – verschlossen – nett
Ballsportart: Fußball – Tennis – Handball – Volleyball
Pflanzen: Ahorn – Rittersporn – Tulpe – Dotterblume

Aufgabe 5

Beispiellösung:

Eigenschaften	Synonym	Antonym
liebenswert	freundlich	unfreundlich
einfältig	dumm	schlau
wissbegierig	interessiert	desinteressiert
fantasievoll	erfinderisch	einfallslos

Aufgabe 6

Individuelle Lösungen

Seite 35

Sprachbewusstsein vertiefen – Dialekte erforschen

Aufgabe 1

Nürnberger Trichter (deutsch: Nürnberger Trichter) ist ein scherzhafter Ausdruck für eine Methode, mit der man jemandem Wissen (sozusagen also) eintrichtern kann, (so)dass man dabei nichts verplempert/verschüttet und dass auch der Blödste/ Dümmste es kapiert/versteht.

Die Redensart geht auf ein Poetiklehrbuch des Nürnberger Dichters Georg Philipp Harsdörffer zurück.

Aufgabe 2

Nämbercher: Nürnberg: Veränderung von Konsonanten: *ch* statt *g*, *m* statt *rn*; Umlaut *ä* statt *ü*

Medoodn: Methode: *d* statt *t*, *n* am Wortende hinzugefügt, Vokallänge durch Doppel-*o* angezeigt statt durch Dehnungs-*h*

eidrichdan: eintrichtern: *d* statt *t*, *n* fällt im Wortinneren aus, *a* statt *er*

Aufgabe 3

Individuelle Lösungen

Aufgabe 4

Beispiellösung: Hallo Anton, du hattest nochmal nach meinem Dialekt gefragt. Ich spreche ihn zuhause gern, weil mir der Klang sehr vertraut ist. Es ist wie ein Stück Heimat für mich! Das Tolle ist, dass es im Dialekt immer auch Wörter gibt, die es woanders nicht gibt – manchmal führt das dann sogar zu Problemen bei der Verständigung. (Erinnerst du dich noch an den Artikel über den Nürnberger Trichter? ;-)) Am besten finde ich, dass ich je nach Situation unterscheiden kann, ob ich lieber Dialekt oder Hochdeutsch spreche ...

Aufgabe 5

Individuelle Lösungen

Seite 36

Durch sprachliche Bilder Wirkung erzielen

Aufgabe 1

1. In etwas versinken oder: dumm aus der Wäsche gucken
2. Ein Brett vor dem Kopf haben
3. Jemanden auf den Arm nehmen

Aufgabe 2

1b) 2e) 3f) 4a) 5d) 6c)

Aufgabe 3

Redewendungen sind Wortkombinationen mit einer nicht wörtlichen, sondern bildhaft-übertragenen Bedeutung *(Schmetterlinge im Bauch haben)*.
Sprichwörter sind Sätze, die bestimmte Erfahrungen im Sinne eines Merksatzes oder einer Lebensweisheit überliefern *(Morgenstund' hat Gold im Mund)*.

Aufgabe 4
Begriffe: Eisblume, Flussbett, Spiegelei, Regenwurm
Die Begriffe setzen sich aus zwei Wörtern zusammen. Das **zweite Wort** trägt die **Hauptbedeutung** (Grundwort). Das **erste Wort** (Bestimmungswort) bestimmt dieses Wort näher.

Seite 37 **Aufgabe 5**
Individuelle Lösung

Aufgabe 6
Sie ist ein scheues Reh. Er reagiert mit einer Mauer des Schweigens. Das Mädchen weinte, weil ihr Herz gebrochen war.

Differenzierte Aufgabe 7
Du rennst, als ob der Teufel hinter dir her wäre.
Im Schlafzimmer ist es so kalt wie in einem Iglu.
Die Schneeflocken tanzen wie Ballerinen.
Die Tulpen übersäen die Wiese wie Sommersprossen.
Der Schnee dämpft die Schritte wie Watte.
Die ersten Sonnenstrahlen leuchten wie Scheinwerfer/Gold.
Er schrie vor Schmerzen wie am Spieß.

Aufgabe 8
Jakob und seine kleine Schwester Mia bitten ihre Mutter vor dem Einschlafen um eine Geschichte. Sie seufzt und sagt, sie könne jetzt nicht einfach eine aus dem Ärmel schütteln, sie hätte einen so anstrengenden Tag gehabt. Doch dann willigt sie ein: „Es war einmal ein junges Mädchen, das eine große Reise machte. Mit einem Rucksack bepackt stieg es in den Zug und fuhr quer durch fünfzehn europäische Länder ... – " „Durch welche denn?", fragt Mia dazwischen. „Ach Mia, jetzt habe ich den Faden verloren. Ach ja: Das Mädchen traf im Zug zwischen Wien und Budapest einen jungen Mann, mit dem sie sich toll unterhalten hat. Irgendwann war sie aber so müde und schlief ein und als sie wieder aufwachte, war er weg. Sie wollte ihn unbedingt suchen, wusste aber, dass sie die Nadel im Heuhaufen suchte, weil sie von ihm nur wusste, dass er in Budapest ausgestiegen ist. Doch als sie diese Geschichte dem Schaffner erzählt hat, ließ er sich erweichen, ihr den Namen des jungen Mannes zu verraten, an den er sich noch erinnerte. Und so fand das Mädchen dann auch den Mann wieder und heiratete ihn schließlich." Jakob lächelt: „Ach, Mama, da hast du uns ja einen Bären aufgebunden." Seine Mutter antwortet: „Ich bin mir ganz sicher, dass diese Geschichte wahr ist und lege dafür die Hand ins Feuer. Ich habe sie nämlich selbst erlebt – der junge Mann ist euer Vater!"

Seite 38
Kompetenztest: Die sprachlichen Mittel eines Textes untersuchen und den Text gestalten
Aufgabe 1
Strahlen kitzeln heraus (Personifikation), kocht der Saal (Metapher), Raunen brandet (Metapher), drei Finger schnellen wie Pfeile (Vergleich), wie ein Löwendompteur (Vergleich)

Aufgabe 2
Beispiellösung: eine todschicke und fabrikneue Lederjacke, gefolgt von einem quietschgelben Kinderfahrrad mit Stützrädern und Lenkerkörbchen.

Aufgabe 3
Individuelle Lösung

Aufgabe 4
Individuelle Lösung: Bei der Ausarbeitung sollte deutlich werden, welche Adjektive als Synonyme und welches Adjektiv als Antonym verwendet wird.

Aufgabe 5
Individuelle Lösung: Es ist darauf zu achten, dass das am Schluss gewählte Sprichwort zum Rest der Geschichte passt.

Seite 39

2.2 Wortarten erkennen und anwenden

Lernstand
Aufgabe 1
veränderliche (flektierbare) Wortarten:
deklinierbar: Nomen, Adjektiv, Artikel, Pronomen, Numerale
konjugierbar: Verb

unveränderliche Wortarten: Präposition, Konjunktion und Subjunktion, Adverb

Aufgabe 2
(1) Possessivpronomen – (2) Adverb – (3) Personalpronomen – (4) Konjunktion (nebenordnende Konjunktion) – (5) Adjektiv – (6) Präposition – (7) Numerale (Kardinalzahl) – (8) Demonstrativpronomen – (9) Nomen (Substantiv) – (10) bestimmter Artikel

Aufgabe 3
Präsens: klingt (Z. 1), heißt (Z. 6), leistet (Z. 7), sind (Z. 8) berichtet (Z. 8), (vorstellen) kann (Z. 11), gibt (Z. 13) – Präteritum: war (Z. 1, Z. 2), reiste (Z. 5), unterstützte (Z. 6), wiederkam (Z. 9), erzählte (Z. 9) – Perfekt: hat geleitet (Z. 4) – Futur I: wird ergreifen (Z. 13)
Es gibt im Text jeweils kein Beispiel für Plusquamperfekt und die allgemein seltene Tempusform Futur II.

Seite 40
Wortarten bestimmen und nutzen
Aufgabe 1
Individuelle Lösung

Differenzierte Aufgabe 2
Beispiellösung:
Nomen: Jahre, Basketballfan + Schauspieler, Mutter, Dichter ...
Verb: bin, sind + haben, machen, arbeiten
Adjektiv: großer, amerikanischer + klug, modern, englisch
Präposition: seit, auf + unter, mit, wegen
Adverb: (Text 1) besonders, schon, trotzdem, total, ursprünglich, jetzt, fast, (Text 2) eigentlich, wirklich, sonst + gerne, bald, zunächst
Konjunktion/Subjunktion: (Text 1) aber, weil, und, und (Text 2) aber, wenn + denn, sodass, obwohl
Artikel: die, der + ein, das, deren
Numerale: 1998, einer + zwei, viel, dritte

Aufgabe 3
Individuelle Lösung: Es ist darauf zu achten, dass der Text die geforderten acht Adjektive enthält.

Seite 41
Zeitformen in Texten erkennen und gezielt verwenden
Aufgabe 1
(1) sechs (2) Vergangenheit (3) Zukunft (4) Vergangenheit (5) Präteritum (6) Plusquamperfekt (7) Präsens (8) Zukunft (9) Futur II

Aufgabe 2
Ich gehe durch die Morgensonne und denke an den gestrigen Ausflug (Präsens): Wir sind vormittags durch die Stadt gegangen (Perfekt) und haben nachmittags das Uhrenmuseum besucht. Zu diesem Zeitpunkt war mein Bruder Moritz schon gegangen (Plusquamperfekt) – er war auf dem Weg nach Frankreich zu einem Schüleraustausch. Im Museum haben mich besonders die alten Kuckucksuhren fasziniert. Sie waren teilweise schon hundertfünfzig Jahre alt und gingen noch so wie am ersten Tag (Präteritum). „Werden wir morgen noch einmal ins Museum gehen?" (Futur I), fragte ich meinen Vater am gleichen Abend und wünschte es mir sehr. „Wenn das Museum morgen aufmacht, werden wir schon nach Hause gegangen sein" (Futur II), antwortete mein Vater.

Aufgabe 3
Liebes Tagebuch,
gestern waren wir im Uhrenmuseum. Es machte / hat ... gemacht unglaublich Spaß! Moritz und ich gingen / sind ... gegangen sofort zu den vielen Kuckucksuhren, die da in einem Raum überall an der Wand hängen / hingen. Zwei Wochen vorher hatte Mama mir nämlich eine solche Uhr zum Geburtstag geschenkt. Dann erschraken wir heftig: Um Punkt 11 Uhr flogen nämlich alle 35 Kuckucks gleichzeitig aus ihren Türchen. Morgen erzähle / werde ... erzählen ich dir mehr von unserem Ausflug. Tschüss!

Seite 42 **Aufgabe 4**
schwache Verben: er fragte, er blinkte, er machte, er lernte
starke Verben: er saß, er sah, er aß, er nahm

Differenzierte Aufgabe 5
Hatschepsut
Besondere Menschen gibt und gab es zu jeder Zeit. Vielleicht hast du schon von dieser außergewöhnlichen Frau gehört, welche ungefähr 1 500 Jahre vor Christus in Ägypten lebte und die mächtigste Herrscherin ihrer Zeit war. Ihr Name lautete Hatschepsut Maatkare, was so viel bedeutete wie „Erste der Edelfrauen". Sie stieg in der Hierarchie von einer Prinzessin zur Königsgemahlin auf und ernannte sich später selbst zum Pharao von Ober- und Unterägypten. Nachdem sie einen Wunsch geäußert hatte, erfüllte man ihn ihr postwendend: Die Menschen schmückten die Tempel, stellten Obelisken auf und bauten ein neues Grab im Tal der Könige. Skulpturen zeigen sie mit dem traditionellen Königsbart oder als Mann dargestellt. Nachdem sie 20 Jahre regiert hatte, verstarb Hatschepsut. Oft behauptet man, dass ihr Stiefsohn, Thutmosis III. an ihrem Tod mitschuldig war. Dafür müssen noch Beweise erbracht werden. Nach ihrem Tod hatte er Andenken und Statuen vernichtet, sodass Forscher, Ägyptologen, Archäologen, Kunsthistoriker und Steinmetze sie erst im 19. Jahrhundert wieder entdeckten. Es hat sicherlich einige Zeit gedauert, bis man sich erklären konnte, warum die Figur des seltsamen „Königs" so weiblich aussieht, obwohl sie einen Bart trägt. Sicherlich wird man noch einiges Neue über Hatschepsut erfahren, wenn man sich weiter mit der Geschichte beschäftigt. Und eines Tages wird das Geheimnis um sie gelöst worden sein.

Präsens	gibt, trägt, zeigen, behauptet, müssen erbracht werden (Passiv), aussieht, trägt, sich beschäftigt (8)
Präteritum	gab, lebte, war, lautete, bedeutete, stieg, ernannte, erfüllte, schmückten, stellten ... auf, bauten, verstarb, war (mitschuldig), vernichtete, wiederentdeckten, (erklären) konnte
Perfekt	hast gehört, hat gedauert (2)
Plusquamperfekt	geäußert hatte, regiert hatte, hatte vernichtet
Futur I	wird erfahren, werden erbracht, wird gelöst sein (Zustandspassiv)

Seite 43
Aktiv und Passiv bilden und verwenden
Aufgabe 1
P, P, A, P, A, P, A

Aufgabe 2
Die Stalltür wird geöffnet. // Die Stalltür wurde geöffnet. // Die Stalltür ist geöffnet worden. // Die Stalltür war geöffnet worden. // Die Stalltür wird geöffnet werden. // Die Stalltür wird geöffnet worden sein.

Aufgabe 3
a) Paula führt den Hengst in seine Box.
b) Sattel und Decke werden ihm von ihr abgenommen.
c) Der Stallbursche hilft ihr dabei.
d) Galileos Hals wird vom Stallburschen getätschelt.
e) Galileo bettelt Paula um Zucker an.

Seite 44 **Aufgabe 4**
Heute wird der Sieg gefeiert. Präsens Passiv // Ich werde zum Wettbewerb auf den Sportplatz gehen. Futur I Aktiv // Er hat einen Rekord aufgestellt. Perfekt Aktiv // Die Rekorde werden gebrochen. Präsens Passiv // Es wurde gejubelt. Präteritum Passiv // Alle sind zur Siegesfeier eingeladen worden. Perfekt Passiv

Seite 45 **Aufgabe 5**
Paula führt heute den Hengst alleine aus dem Stall. (Präsens Aktiv) Das Pferd wird von ihr gründlich gestriegelt werden. (Futur I Passiv) Die weiche Bürste wird vom Stalljungen dafür benutzt werden. (Futur I Passiv) Paula wurde von allen Reitern auf dem Hof zur Weltmeisterin im Pferdepflegen ernannt.

(Passiv Präteritum) Der große Schlauch mit warmem Wasser war früher von Reitern nie verwendet worden. (Plusquamperfekt Passiv) Vor Jahren waren die Karotten für die Pferde fast nur in Plastiktüten verpackt worden. (Plusquamperfekt Passiv) In Zukunft wird jeder sein Futter in einer Papiertüte mitbringen. (Futur I Aktiv) In letzter Zeit ist Zucker in Zeitungspapier eingepackt worden. (Perfekt Passiv) Das Licht wurde früher beim Verlassen des Reitstalls von Reitern nie ausgeschaltet. (Präteritum Passiv) Heute müssen sie Strom sparen. (Präsens Aktiv) Der Schlüssel wird beim Verlassen der Ställe von jedem umgedreht. (Präsens Passiv) Vor wenigen Jahren hatte niemand über das Eindringen in Ställe nachgedacht. (Plusquamperfekt Aktiv) Aber Pferde werden auch in 50 Jahren von Menschen noch geliebt werden. (Futur I Passiv)

Differenzierte Aufgabe 6

Zunächst wurde die Laufbahn geharkt, dann wurde sie mit Kreide markiert, anschließend wurden Hürden auf die Bahn gestellt. Die Zuschauer wurden bereits hereingelassen.

Vorgangspassiv	Zustandspassiv
Die Laufbahn wurde geharkt.	Die Laufbahn ist geharkt.
Die Laufbahn wurde markiert.	Die Laufbahn ist markiert.
Die Hürden wurden gestellt.	Die Hürden sind gestellt.
Die Zuschauer wurden hereingelassen.	Die Zuschauer sind hereingelassen.

Lösung für Zusatzaufgabe

Tempus	Vorgangspassiv	Zustandspassiv
Präsens	wird geharkt	ist geharkt
Perfekt	ist geharkt worden	ist geharkt gewesen
Präteritum	wurde geharkt	war geharkt
Plusquamperfekt	war geharkt worden	war geharkt gewesen
Futur I	wird geharkt werden	wird geharkt sein
Futur II	wird geharkt worden sein	wird geharkt gewesen sein

Seite 46 **Aufgabe 7**

VP, ZP, VP, VP, VP, VP
1. Lücke: werden 2. Lücke: sein

Aufgabe 8

1C – 3A – 2D – 4E – 5B

Aufgabe 9

Beispiellösungen: 1C) vorhanden // 3A) In der Aufwärmphase wird ein Ball genommen und es werden Laufpässe mit einem Partner gespielt. // 2D) Für die nächste Übung wird aufs Tor geschossen. Geschicklichkeit wird trainiert, damit die Hürden umspielt werden können und die Aktion mit einem Torschuss beendet werden kann. // 4E) Die Bälle werden ins Tor geköpft. // 5B) Abschließend wird mit der eigenen Mannschaft ein Übungsspiel gespielt.

Seite 47

Mit Adjektiven und Adverbien Texte gestalten

Aufgabe 1

Zu markieren sind: Man kann sie steigern. – Adjektive kommen in drei Verwendungsweisen vor (attributiv, prädikativ, adverbial). – Sie sind flektierbar. – Mit ihnen kann man Personen, Gegenstände, Gefühle ... genauer beschreiben.

Differenzierte Aufgabe 2

und berühmte, begnadete, **einzigartige** (bewertendes Adjektiv), legendär, **besessene** (charakterisierendes Adjektiv), beliebten, lange (informierendes Adjektiv)

Beispiellösung: berühmt, sehr bekannt // begnadet – von Gott gesegnet, hier vor allem: außerordentlich begabt // einzigartig – einmalig // legendär – sagenumwoben // besessen – fanatisch // beliebt – umschwärmt // lange – (hier:) große

Aufgabe 3

a, c, a, a, b, a, a, b, a

Seite 48 **Aufgabe 4**

Adverbien kann man nicht deklinieren. Sie können auch nicht sinnvoll vor ein Nomen gestellt werden.

Aufgabe 5

Adjektiv: außergewöhnlich, verregnet, gut, laut, grell, laut
Adverb: sofort, größtenteils, reihenweise, oben, besonders

Aufgabe 6

Individuelle Lösung

Aufgabe 7

Individuelle Lösung

Seite 49

Mit Pronomen den Textzusammenhang herstellen

Aufgabe 1

Pronomen	deutsche Fachbegriffe	lateinischer Fachbegriff
Das ist der beste Freund, *den* ich je hatte.	bezügliches Fürwort	Relativpronomen
Ihr Name ist Enya.	besitzanzeigendes Fürwort	Possessivpronomen
Dieses Lineal gehört Tarek.	hinweisendes Fürwort	Demonstrativpronomen
Welchen Lehrer bekommen wir in Deutsch?	Fragefürwort	Interrogativpronomen
Ihr hört *eure* Musik.	besitzanzeigendes Fürwort	Possessivpronomen
Unsere Eltern fahren gerne nach Paris.	besitzanzeigendes Fürwort	Possessivpronomen
Ich liebe *dich*.	persönliches Fürwort	Personalpronomen
Jeder mag Schokocreme.	unbestimmtes Fürwort	Indefinitpronomen

Differenzierte Aufgabe 2
Der Eiffelturm
er (Z. 1), seiner (Z. 1), den (Z. 3), der (Z. 3), er (Z. 4), dieser (Z. 6) (+ Reflexivpronomen sich (Z. 6))
Personalpronomen, Possessivpronomen, Relativpronomen, Relativpronomen, Personalpronomen, Demonstrativpronomen
Beispiellösung:
Gustave Eiffel wurde in Dijon geboren. Er schloss 1855 das Studium an der Schule für Technik und Handwerk als Ingenieur ab. Er arbeitete einige Jahre im Südwesten Frankreichs, wo er die Eisenbahnbrücke von Bordeaux baute. Gustave Eiffel setzte sich für die Verwendung des neuen Materials Eisen ein, das eine hohe Widerstandsfähigkeit, Elastizität und Leichtigkeit besitzt und das man gut lagern und montieren kann. Gustave Eiffel errichtete Hunderte von Stahlkonstruktionen in der ganzen Welt. Er baute auch den Budapester Bahnhof (1876) und die von Bartholdi entworfene Freiheitsstatue, deren stählerne Innenkonstruktion vom ihm stammt. Das bekannteste Bauwerk ist der Eiffelturm, der für die Weltausstellung von 1889 erbaut wurde.

Seite 50
Mit Konjunktionen und Subjunktionen in Texten logische Verknüpfungen herstellen
Aufgabe 1
Obwohl Internet und Fernsehen die am meisten benutzten Medien sind, erfreuen sich auch Jugendzeitschriften bei Jugendlichen noch großer Beliebtheit. Jugendliche lesen Jugendzeitschriften, **obwohl** ihre Eltern das manchmal gar nicht gut finden. Sie lesen sie, **damit** sie über alles Bescheid wissen.
Sie kaufen sie am Kiosk, **denn** diese liegen häufig auf täglich begangenen Wegen. Sie kaufen sie regelmäßig, **obwohl** sie ganz schön teuer sind.
Manchmal lesen sie sie auch verbotenerweise im Unterricht, **während** die anderen im Arbeitsheft arbeiten. **Weil** sie mitreden wollen, lesen sie bestimmte Artikel über Stars.

Es handelt sich um die Wortart Konjunktion.

Aufgabe 2
Beispiellösung:
Enya hängt das neue Poster auf, **nachdem** sie Zuhause angekommen ist. // Paula liest die Brava, **obwohl** ihr Vater es verboten hat. // Jakob kauft Jugendzeitschriften, **damit** er mitreden kann. // Tarek hat die Zeitschrift schon gelesen, **bevor** er zur Schule geht. // Sarah kauft nur jede zweite Ausgabe, **weil** sie nicht so viel Geld hat.

Aufgabe 3
Jugendzeitschriften werden viel gelesen, **denn** sie bringen interessante Themen.
Jugendzeitschriften werden viel gelesen, **weil** sie interessante Themen bringen.

Viele Jugendliche leihen sich untereinander Zeitschriften aus **und** sie bekommen einen Überblick über andere Themen.
Viele Jugendliche leihen sich untereinander Zeitschriften aus, **sodass** sie einen Überblick über andere Themen bekommen.

Die Jugendlichen kaufen die Zeitschriften regelmäßig, **doch** manche Eltern verbieten das Lesen der Zeitschriften.
Die Jugendlichen kaufen die Zeitschriften regelmäßig, **obwohl** manche Eltern das Lesen der Zeitschriften verbieten.

Die lebensgroßen Poster der Stars rufen bei Fans Begeisterung hervor, **aber** andere finden sie entsetzlich.
Die lebensgroßen Poster der Stars rufen bei Fans Begeisterung hervor **während** andere sie entsetzlich finden.

Einmal steht die finite Verbform an zweiter Stelle im Satz (die Konjunktion verbindet zwei Hauptsätze), das andere Mal am Satzende (die Konjunktion verbindet Hauptsatz und Nebensatz.)

Seite 51 **Differenzierte Aufgabe 4**

Konjunktionen	Subjunktionen
und, denn	obwohl, dass, weil, ob

Das Motto „jung **und** schön ist sympathisch **und** erfolgreich" kommt für die Darstellung der Menschen in der Werbung zur Anwendung, **denn** es garantiert hohe Verkaufszahlen. Das ist keineswegs nur bei Werbeanzeigen in Jugendzeitschriften so, **obwohl** junge Menschen noch stärker mit ihrem Äußeren beschäftigt sind als die meisten Erwachsenen. Gerade in Frauenzeitschriften kritisieren viele Leserinnen, **dass** die dargebotene Mode nur von ganz schlanken Frauen getragen werden kann, **denn** bei Menschen mit normaler Figur sehen die Kleidungsstücke mitunter sonderbar aus. **Obwohl** die Wünsche der Verbraucher bekannt sind, reagieren Werbefachleute **und** Zeitungsmacher nicht darauf. **Weil** schlanke Models zum Kauf anregen würden, werden schwergewichtige Models selten eingesetzt. Möglicherweise sollten alle Beteiligten darüber nachdenken, **ob** es nicht eine goldene Mitte gibt. Konjunktionen verbinden Hauptsätze, Subjunktionen verbinden Nebensätze.

Aufgabe 5
Beispiellösung:
Tarek las in einer Sportzeitschrift und Enya blätterte in einer Modezeitschrift. Tarek las in einer Sportzeitschrift, aber Enya blätterte in einer Modezeitschrift. Tarek las in einer Sportzeitschrift, während Enya in einer Modezeitschrift blätterte. Tarek las in einer Sportzeitschrift, da Enya in einer Modezeitschrift blätterte. Tarek las in einer Sportzeitschrift, als Enya in einer Modezeitschrift blätterte. Tarek las in einer Sportzeitschrift, nachdem Enya in einer Modezeitschrift geblättert hatte. Tarek las in einer Sportzeitschrift, solange Enya in einer Modezeitschrift blätterte.

Aufgabe 6
Individuelle Lösung

Seite 52

Kompetenztest: In Texten das jeweils richtige Wort in der richtigen Form verwenden

Aufgabe 1

Eine Fahrt nach Stuttgart **ist** für mich als Kind etwas ebenso **Besonderes** wie eine Reise in ein **fernes** Land. Bei einem dieser seltenen und **wundervollen** Ausflüge durfte ich mit zu einem Konzert mit **bekannten** Musikgruppen.

Aufgabe 2

Es **gibt** viele verschiedene Musikstile zum Beispiel Rock, Pop, Klassik, Techno, elektronische Musik, Volksmusik und andere. Ich **bevorzuge** Rock, Pop und elektronische Musik. Meine Lieblingsgruppen **waren** früher Keane und The Killers. Letztes Mal **habe** ich Mark Forster **gesehen**. Das Konzert **wurde** im Stadion **aufgeführt**. Am Tag zuvor **hatte** ich noch überraschend Karten **bekommen**, obwohl sie eigentlich ausverkauft **waren**. Nächstes Mal **werde** ich zu einem Voice Wettbewerb **gehen**.

Aufgaben 3 und 4

Beispiellösung: Am Ende (Nomen) der **Veranstaltung** von (Präposition) Mark Forster – sie (Personalpronomen) war tatsächlich **nicht** ganz **voll** – **ist** noch etwas Tolles passiert (Verb/Perfekt/Aktiv): Der (Artikel) **Rapper Iggy** sang (Verb/Präteritum) als **Zugabe** sein aktuelles (Adjektiv) Lied. Ich war total begeistert und habe sogar **mitgesungen**. Das hat mir gut **gefallen**. Aber dennoch machte das **Konzert** insgesamt nicht so viel Spaß, weil (Subjunktion) meine **Freunde** nicht dabei waren. Denn (Konjunktion) sie waren an diesem Abend lieber zu einem Konzert von Sarah Connor gegangen, die ja jetzt **deutsche Lieder singt**. Ich kann (Verb/Präsens) aber echt niemandem **empfehlen**, alleine zu einem Konzert zu gehen, auch wenn man totaler **Fan** der Gruppe ist. Das macht einfach keinen richtigen Spaß. Am Hallenausgang war aber Gott sei Dank schon der **Auftritt der Lieblingsgruppe** unserer ganzen Klicke angekündigt (Verb im Zustandspassiv). Dafür werden gleich morgen (Adverb) die Karten gekauft. (Verb im Vorgangspassiv)

Seite 53

2.3 Satzglieder und Satzbau wiederholen und vertiefen

Lernstand

Aufgabe 1

Individuelle Lösung: Am einfachsten ist es hier, Sätze zu formulieren und dann die Satzglieder zu markieren und zu benennen.

Aufgabe 2

Zur Bestimmung der Satzglieder kann man die Umstellprobe nutzen.

Aufgabe 3

(1) Subjekt/(Prädikatsteil 1)/temporale adverbiale Best./Akkusativobjekt/(Prädikatsteil 2)
(2) Subjekt/(Prädikat)/Dativobjekt/Akkusativobjekt
(3) Subjekt/(Prädikat)/Prädikativ
(4) Subjekt/(Prädikatsteil 1)/modale adverbiale Bestimmung/Präpositionalobjekt/(Prädikatsteil 2).

Aufgabe 4

finite Verbform – Subjunktion – adverbiale Bestimmung – Relativpronomen

Seite 54

Objekte und adverbiale Bestimmungen erkennen

Aufgabe 1

- Die Besiedlung Amerikas erfolgte/von Osten nach Westen.
- Abenteuerlustige Trapper erkundeten/zunächst/die unbekannten Gebiete.
- Die Siedler folgten/später/mit ihren Planwagen/auf deren Route.
- Karawanen von Händlern nutzten/ebenfalls/diese Wege/zum Transport ihrer Ware.
- Indianerangriffe und das extremen Wetter machten/diese Reise/zu einem gefährlichen Abenteuer.
- Die Siedler mussten sich/am Ziel der Reise/ganz allein/eine neue Heimat/aufbauen.

Aufgabe 2

- Dieses Unterfangen war gefährlich, weil es den Indianern nicht gefiel Fremde in ihrem Territorium zu sehen. – Wem gefiel es nicht, Fremde zu sehen? – Dativobjekt
- Oft lockten sie die Neulinge in einen Hinterhalt und nahmen sie gefangen. – Wen oder was lockten sie in einen Hinterhalt? – Akkusativobjekt
- Die Indianer bezichtigten die Trapper des Verrats. – Wessen bezichtigten die Indianer die Trapper? – Genitivobjekt
- Ursprünglich sicherte man ihnen den Besitz des Landes zu. – Was sicherte man ihnen zu? – Akkusativobjekt
- Doch jetzt will die Regierung nichts mehr von dieser Vereinbarung wissen. – Wovon will die Regierung nichts mehr wissen? – Präpositionalobjekt

Aufgabe 3

Beispiellösung: Die Indianer liebten die Natur, mit der sie bis dahin als Einheit gelebt hatten. Sie konnten es nicht verstehen, dass die Siedler ihnen das Land abkaufen wollten. Am Ende wurden sie mit Waffengewalt dazu gezwungen, Verkaufsverträge zu unterschreiben.

Seite 55

Präpositionalobjekte von adverbialen Bestimmungen (Adverbialien) unterscheiden

Aufgabe 1

Der Archäologe Howard Carter entdeckte im Jahr 1922 im Tal der Könige das Grab des berühmten Pharaos Tutanchamun. Wegen seiner Amtsübernahme mit nur neun Jahren ist er etwas ganz Besonderes. In seiner Amtszeit brachte er durch Reformen den Frieden nach Ägypten.

Aufgabe 2

- Der Nil fließt **durch Ägypten**.
  Frage: Wo fließt der Nil? (lokale Adverbialbestimmung)

- Die Uferregion des Nils ist aufgrund der jährlichen Überschwemmungen sehr fruchtbar.
  Frage: Warum ist die Uferregion des Nils sehr fruchtbar? (kausale Adverbialbestimmung)
- Vor 5 000 Jahren vereinigten sich Unter- und Oberägypten zu einer Nation.
  Frage: Wann vereinigten sie sich zu einer Nation? (temporale Adverbialbestimmung)
- Mit speziellen Techniken mumifizierten die Ägypter ihre Toten.
  Frage: Wie mumifizierten die Ägypter ihre Toten? (modale Adverbialbestimmung)

Aufgabe 3

- Die Mumie Dummie klettert wegen des Blitzschlages aus ihrem Sarkophag. (Grund)
- Die Mumie Dummie klettert mit einem Grinsen aus ihrem Sarkophag. (Art und Weise)
- Die Mumie Dummie klettert sofort aus ihrem Sarkophag. (Zeit)
- Die Mumie Dummie klettert im Laderaum aus ihrem Sarkophag. (Ort)
- Voller Ungeduld entfernt Dummie die Stoffbinden von seinem Körper. (Art und Weise)
- Auf der Ladefläche entfernt Dummie die Stoffbinden von seinem Körper. (Ort)
- Wegen des heftigen Juckreizes entfernt Dummie die Stoffbinden von seinem Körper. (Grund)
- Seit zwei Stunden entfernt Dummie die Stoffbinden von seinem Körper. (Zeit)

Seite 56 Aufgabe 4
Individuelle Lösung

Aufgabe 5
Worauf vertraut Kleopatra? → Präp.Obj.; Auf wen/worauf wartet Kleopatra? → Präp. Obj.; Wo wartet Kleopatra? → lokale Adverbialbestimmung; Wofür sorgt Rosenwasser? → Präp.Obj.; Wann sollte man auf … achten? → temporale Adverbialbestimmung

Seite 57
Attribute erkennen und bestimmen
Aufgabe 1

1. Das blaue Haus ist noch frei.
2. Der Mann mit dem großen Schnurrbart ist unser Sheriff.
3. Das Wasserloch des Salonbesitzers ist für jedermann vorgesehen.

Aufgabe 2
Frische Pfannkuchen – ein außergewöhnlicher Genuss.
Herrliche Stoffe garantiert ohne kratzige Fasern!
Hosenträger – die Erfindung des 19. Jahrhunderts.
Hausgemachte Kekse in vier Geschmacksrichtungen

Art des Attributs	Beispiele
Adjektivattribut	frisch, außergewöhnlich, herrliche, kratzige,
Partizipialattribut	garantiert (ohne kratzige Fasern), hausgemachte
Genitivattribut	des 19. Jahrhunderts
Präpositionalattribut	ohne kratzige Fasern, in vier Geschmacksrichtungen
Apposition	ein außergewöhnlicher Genuss, die Erfindung des 19. Jahrhunderts

Aufgabe 3
Beispiellösung: Ausgezeichnete Äpfel für höchsten Genuss. Erstklassige Schaufeln. Legefreudige Hühner der Spitzenklasse. Traumhafte Hüte in großer Auswahl. Stiefel aus echtem Büffelleder. Starke Seile für höchste Ansprüche. Beste Kleiderkollektion des Jahres. Gemütliche Schaukelstühle in großer Auswahl.

Seite 58 Aufgabe 4
Achtung – Der Tresor des Saloons/wurde/zum zweiten Mal/leergeräumt. Besonders Städte im Westen/wurden/in den vergangenen Wochen/ausgeraubt! Alle Wertsachen der Gäste/wurden/ebenso/gestohlen. Gesucht wird/ein schwarzhaariger Mann, der/gestern/sein Pferd/um Mitternacht/am Brunnen des Dorfplatzes (Der ganze Relativsatz „der … Dorfplatzes" gehört als Attributivsatz zum Kern „Mann".)/festband. Der Räuber, ein extrem großer Mann/, trägt/schwarze, zerschlissene Kleidung und einen beigen Cowboyhut/. Das linke Bein, ein Holzbein/, lässt/ ihn/humpeln. Vorsicht/– Seine Waffe/trägt/er/in einem Versteck im Hemd/und/er/zögert/keine drei Sekunden/diese/zu benutzen. Hinweise/bitte/umgehend/an den Sheriff/!

Differenzierte Aufgabe 5

Attribut und Bezugswort	Form des Attributs
Tresor des Saloons der Schmuck der Rancherin	Genitivattribut
zweiten Mal am dritten Tag	Zahlwort
Städte im Westen Schnee im April	Präpositionalattribut
vergangenen Wochen gefrorenes Eis	Partizip
Die Wertsachen der Gäste siehe: der Schmuck der Rancherin	Genitivattribut
schwarzhaariger Mann putziges Kind	Adjektiv
der gesten sein Pferd … festband Marie, die immer lachte, …	Attributsatz zu „Mann"
sein Pferd unser Auto	Pronomen

am Brunnen des Dorfplatzes siehe: der Schmuck der Rancherin	Genitivattribut
ein extrem großer Mann Paul, ein guter Schüler	Apposition zu „Räuber"
extrem großer Mann ein selten großer Mann	1. Adjektiv attribuiert das 2. Adjektiv
schwarze, zerschlissene Kleidung schönes, klares Wetter	2 Adjektive in Reihe
beigen Cowboyhut siehe: putziges Kind	Adjektiv
linke Bein siehe: putziges Kind	Adjektiv
Bein, ein Holzbein der Lehrer, Herr Müller,	Apposition
Seine Waffe siehe: unser Auto	Pronomen
Versteck im Hemd siehe: Schnee im April	Präpositionalattribut
drei Sekunden siehe: am dritten Tag	Zahlwort

Aufgabe 6

Beispiellösung: Hallo Paula, Enya und Tarek,
hier, im Westerndorf Black Hill, ist es toll. Es gibt viele gleichaltrige Kinder, mit denen man super spielen kann. Wir wohnen in einem richtigen Blockhaus, das knallrot ist. Dort haben wir auch eine eigene Kutsche, die wie ein Planwagen aussieht. Es gibt sogar zwei Pferde, Shadow und Black, die die ganze Woche nur uns gehören. Mit ihnen können wir den ganzen Tag die tolle Gegend erkunden. In der Stadt gibt es jede Menge Cowboys, die mit ihren Pferden auf den Straßen unterwegs sind. Das sieht so toll aus. Neben einem Tante-Emma-Laden, in dem man alles, was man so braucht, kaufen kann, gibt es auch einen richtigen Saloon. Dort spielt jeden Abend ein Mann auf dem Klavier und überall wird Karten gespielt oder gesungen. Der Sheriff, ein richtig großer, mürrischer Kerl, sitzt meistens vor dem Sheriff-Office und behält die Straßen im Auge. Das hat jedoch nicht so viel gebracht, denn gestern auf dem großen Frühlingsfest wurden der Saloon und alle Gäste von einem Banditen ausgeraubt. Jo McMoney heißt der und er wird sogar per Steckbrief gesucht. So mussten wir uns, gemeinsam mit den Indianern, auf die Suche nach diesem Schurken machen.
Fortsetzung individuelle Lösung: Verwende viele anschauliche Attribute und beende den Brief mit einer passenden Schlussformulierung.

Seite 59

Satzglieder und Attribute bestimmen

Aufgabe 1

Mit großer* Vorsicht	fährt	Van Houten	zum Museum.
Modaldverbiale	*Prädikat*	*Subjekt*	*Lokaladverbiale*

Nach dem Unfall	ist	der Laster	des Museums
Temporaladverbiale	*Prädikat*	*Subjekt*	*Attribut*

ein Totalschaden.
Prädikativ

Die Mumie	ist	aufgrund der elektrischen* Ladung
Subjekt	*Prädikat*	*Kausaladverbiale*

lebendig	geworden.
Prädikativ	*Prädikat*

[Die jetzt überaus lebendige* Mumie Dummie]
Attribut *Attribut*
[*Subjekt*]

dankt	dem Gewitter	für den Blitz.
Prädikat	*Dativobjekt*	*Präpositionalobjekt*

großer/elektrischen/lebendige *sind jeweils Adjektivattribute,*
jetzt/überaus *sind Adverbien als Attribute*

Differenzierte Aufgabe 2

(1) Im norddeutschen Diepholz – Lokaladverbiale (kurz für: lokale Adverbialbestimmung, hier und in der Folge) (2) mit merkwürdigen Schriftzeichen – Attribut (3) mit nichts Aufregendem – Präpositionalobjekt (4) völlig verblüfft – Prädikativ (5) in einer der Kisten – Lokaladverbiale (6) kunstvoll verziert - Prädikativ (7) an eine mannshohe, bemalte Rolle Küchenpapier – Präpositionalobjekt (8) des Jungen – Attribut (9) in den 50er Jahren – Temporaladverbiale (10) auf dem Dachboden verstaut – Attribut (11) an die Kisten – Präpositionalobjekt (12) jetzt – Temporaladverbiale (13) ins archäologische Institut nach Berlin – Lokaladverbiale (14) schnell – Modaladverbiale (15) nur ein Plastikskelett – Prädikativ (16) ungewiss – Prädikativ

Beispiellösung: Wie war nur die Mumie auf den Dachboden **seines Elternhauses (Genitivattribut)** gelangt? Max wusste, dass sein Großvater **nach dem Krieg (temporale Adverbialbestimmung)** einige Jahre **in Ägypten (lokale Adverbialbestimmung)** gelebt hatte. Max Großvater war dort **Botschafter (Prädikativ)** gewesen. Trotzdem hatte Max nicht **mit einem solchen Fund (Präp.Obj.)** gerechnet.

Seite 60

Gliedsätze und Gliedteilsätze (Attributsätze) unterscheiden und bestimmen

Aufgabe 1

Gliedsatz: Funktion eines Satzglieds – Subjekt, Objekt oder adverbiale Bestimmung in Satzform – durch Komma vom Hauptsatz abgetrennt

Attributsatz: Gliedteilsatz, da Satzgliedteil – ergänzende Informationen zu Satzglied – häufig als Relativsatz – durch Komma vom Hauptsatz abgetrennt

Aufgabe 2

Gliedsatz, Gliedteilsatz (Attributsatz), Gliedsatz, Gliedteilsatz (hier: Partizipialkonstruktion, kein richtiger Nebensatz), Gliedsatz, Gliedteilsatz (Attributsatz), Gliedteilsatz (Attributsatz), Gliedsatz

Seite 61 Aufgabe 3

Beispiellösung:

Wer ein Astronaut werden möchte, muss vor allem neugierig sein. Er sollte vor allem wissen, dass man gut Englisch sprechen können muss. Wer an diesem Beruf Interesse hat, muss in der Schule gute Noten in Mathe und Physik haben. Man kann es kaum glauben, dass ein Astronaut eher unsportlich sein soll. Aber ein Mensch mit durchtrainiertem Körper verbraucht im Raumschiff zu viel Sauerstoff. Menschen, die keine Astronauten sind, können trotzdem an einem Astronauten-Training teilnehmen. Das setzt aber voraus, dass man den Gesundheitscheck besteht und sehr viel Geld bezahlt. Wer noch ein Kind ist, kann nicht mitmachen, man muss erwachsen sein.

Aufgabe 4

Individuelle Lösung: Unterstreiche deine gefundenen Subjekt- und Objektsätze.

Differenzierte Aufgabe 5

- Einige Menschen träumen seit Jahren davon, zum Mars zu fliegen, **weil** das der Nachbarplanet der Erde ist. (Grund – Kausalsatz)
- **Da** der Mars die weit entfernte Sonne umkreist, ist er zwischen 56 und 401 Millionen Kilometer von der Erde entfernt. (Grund – Kausalsatz)
- **Weil** die Erde blau und der Mars rot ist, sind beide Planeten vom Weltraum aus leicht zu unterscheiden. (Grund – Kausalsatz)
- **Nachdem** die Atmosphäre 100-mal dünner ist als auf der Erde und hauptsächlich aus Kohlendioxid besteht, benötigen die Astronauten Atemgeräte. (Ursache – Kausalsatz mit ungewöhnlicher Subjunktion)
- Die amerikanische Weltraumbehörde NASA hat vor einem Jahr das Roboterfahrzeug Curiosity auf den Mars geschickt, **damit** es dort den Planeten erforscht. (Zweck – Finalsatz)
- Ein Experte erforscht, ob es auf dem Mars Leben gibt oder geben könnte, **dadurch dass** er den „Mars-Schrank" entwickelt hat. (Art und Weise – Modalsatz)
- **Während** der Schrank die Bedingungen auf dem Mars simuliert, ist es darin sehr kalt und es herrscht ähnlicher Druck wie auf dem Mars. (Gleichzeitigkeit – Temporalsatz)
- Einige Forscher glauben, dass in 60 Jahren die ersten Menschen auf dem Mars landen können, **nachdem** sie in Experimenten die Voraussetzungen für lange Reisen im Weltall erforscht haben. (zeitliche Aufeinanderfolge – Temporalsatz)

Seite 62 **Differenzierte Aufgabe 6**

Beispiellösungen:

- Weil man in der Schule mit einem Supercomputer lernt (NS = kausaler Adverbialsatz), muss Unterricht nur dienstags stattfinden.
- Kein Mensch wird mehr schwer krank, weil in Labors Ersatzorgane gezüchtet werden (NS = kausaler Adverbialsatz).
- Jeder Mensch hat einen Arbeitsroboter, der alle unangenehmen Arbeiten erledigt. (NS = Attributsatz).
- Das Auto, mit dem man fliegt (NS = Attributsatz), wird vom Autopiloten gesteuert.
- Der Universalküchenschrank enthält viele Tabletten, die auf Knopfdruck zu fertigen Mahlzeiten werden. (NS = Attributsatz)
- Kein Mensch muss mehr hungern, weil neue Lebensmittel weniger Fläche brauchen als bisher (NS = kausaler Adverbialsatz).
- Dass es sehr viele Menschen auf der Welt gibt (NS = Subjektsatz), ist kein Problem, sobald auf dem Atlantik schwimmende Städte entstehen (NS = temporaler Adverbialsatz).

Individuelle Lösung: Achte auf den Komma-Einsatz.

Seite 63

Den Satzbau eigener Texte bewusst gestalten

Aufgabe 1

Beispiellösung: Der Text wirkt sehr abgehackt und es ist schwierig, ihn flüssig zu lesen.

Differenzierte Aufgabe 2

Individuelle Lösung

(1) Tarek hatte heute Nacht davon geträumt, dass man mit dem Hexenkreis durch die Zeit reisen kann. (Objektsatz)
(2) Nachdem sie von den Fahrrädern abgestiegen waren, lehnten sie diese gegen einen Baum. (Adverbialsatz)
(3) Den Hexenkreis, der eine kreisförmige Ansammlung von Pilzen ist, hatte er gestern im Wald entdeckt. (Attributsatz)

Fortsetzung individuelle Lösung: Finde ein passendes Ende. Versuche durch Nebensätze Schwerpunkte zu setzen.

Aufgabe 3

Beispiellösung: Der Text ist besser verständlich, weil gedankliche Zusammenhänge klarer hervortreten.

Seite 64

Kompetenztest: Satzbauwissen überprüfen und anwenden

Aufgabe 1

Beispiellösung:

1. **Wie kann man ein Attribut erkennen?**
   Man erkennt ein Attribut daran, dass es bei der Umstellprobe mit seinem Bezugswort umgestellt wird.
2. **Welchen Zweck haben Attribute?**
   Attribute bestimmen ein Wort oder eine Wortgruppe näher.
3. **Gibt es verschiedene Arten von Attributen? Wenn ja, welche kennst du?**
   Es gibt verschiedene Arten von Attributen. Partizip, Adjektiv, Pronomen, Zahlwort, Nomen im Genitiv, Nomen mit Präposition, Apposition, Attributsatz.

Aufgabe 2

Beispiellösungen: Die ganze Klasse hofft auf Hitzefrei. // Jeder dachte an einen Freibadbesuch. // Die Entscheidung liegt beim Schuldirektor.

Aufgabe 3

Aufgrund des plötzlichen Sandsturms konnten sich viele nur noch in Black Hills Saloon flüchten. (Adverbiale des Grundes, Adverbiale des Ortes) Eine Menge Planwagen standen kreuz und quer vor dem Haus. (Adverbiale der Art und Weise, Adverbiale des Ortes) Eilig wurden die Pferde in den Stall gebracht. (Adverbiale der Art und Weise, Adverbiale des Ortes) Danach machten es sich Mensch und Tier mit einer Extraration „Futter" gemütlich. (Adverbiale der Zeit, Adverbiale der Art und Weise)

Aufgabe 4

Beispiellösung:

Überflüssige Teilsätze gestrichen und bestimmt:

Ein Wanderprediger, ~~der nicht wusste~~ (Attributsatz), ~~wie er zu seinen „Schäfchen" kommen soll~~ (Objektsatz), will sich im Wilden Westen ein Pferd kaufen, um die Indianer zu missionieren. ~~Nachdem er sich eine Stunde im Saloon ausgeruht hat~~ (temporaler Adverbialsatz), geht er zu einem Pferdehändler, ~~der ihm auf Anhieb sympathisch ist und mit dem er gerne ein Geschäft machen will~~ (Attributsatz), und schildert ihm seine Absicht. Der Verkäufer: „Wir haben ein Pferd, ~~also genau das, was Sie brauchen~~ (Apposition mit Objektsatz). Das ist wie für Sie gemacht. Auf das Kommando „Gott sei Dank" läuft es los, bei „Amen" bleibt es stehen." Der Prediger ist ganz begeistert. ~~Noch während er im Überschwang schwelgt~~ (temporaler Adverbialsatz), macht er augenblicklich einen Proberitt: „Gott sei Dank." Das Pferd läuft los, ~~als wären Reiter und Pferd schon immer zusammen geritten~~ (modaler Adverbialsatz). Alles klappt vorzüglich, er verlässt die Stadt, es geht über die Prärie und genau hier galoppiert das Pferd geradewegs auf eine Schlucht zu. Unglücklicherweise hat der Priester das Kommando zum Anhalten vergessen. Er zerrt am Zügel, probiert alles Mögliche, aber nichts hilft. In seiner letzter Verzweiflung fängt er an zu beten: „Vater unser im Himmel, ... Dein Wille geschehe – Amen." Das Pferd hält beim „Amen" an, exakt einen Meter vor der Schlucht. Der Priester, ~~der eben doch etwas einfältig ist~~ (Attributsatz), wischt sich erleichtert den Angstschweiß von der Stirn, ~~der in Strömen läuft~~ (Attributsatz), und haucht: „Gott sei Dank."

Seite 65

2.4 Rechtschreibstrategien und Rechtschreibregeln kennen und anwenden

Lernstand

Aufgabe 1

Individuelle Lösung

Aufgabe 2

Folgende Aussagen müssen mit einem + markiert werden: 1, 2, 4, 6, 7, 8, 12

Folgende Aussagen müssen mit einem – markiert werden: 3, 5, 9, 10, 11

Aufgabe 3

zu 3) Am Wortende können auch *-s* (bis) oder *-ss* (muss) stehen.

zu 5) Zwischen Haupt- und Nebensatz steht in der Regel ein Komma.

zu 9) Man kann sich nicht mithilfe einer Regel erschließen, wann am Wortanfang **f** oder **v** steht.

zu 10) Fremdwörter sind Merkwörter, deren Schreibung man sich einprägen muss.

zu 11) Homophone sind gleichklingende Wörter mit unterschiedlicher Bedeutung.

Seite 66

Rechtschreibstrategien und -regeln wiederholen und anwenden

Aufgabe 1

Lange Lauscher

Häufik: Wortverlängerung – häufige

Kleinste Esel: Adjektiv – kleinste

stamt: kurzer Vokal – Konsonantenverdoppelung – stammt

Langor: langer Vokal – Dehnungs-h – Langohr

Temperamend: Wortverlängerung – Temperamente

Lasttir: langes i – ie – Lasttier

beliept: Wortverlängerung lieben – beliebt

individualisten: Nomen – Individualisten

treun: Sprechsilben – treu-en – treuen

koperativen: Sprechsilben – ko-o-pe-ra-ti-ven

Aufgabe 2

Kammer, Platz, nass, Blume, Zecke, Enkel, Rappe, Nerze, Karamell

Seite 67 **Aufgabe 3**

beides richtig: aufwendig – aufwenden, aufwändig – Aufwand; Stängel – Stange; abwägen – Waage, abwegig – Weg; Imbiss + Stand = Imbissstand; See + Ende = Seeende; ständig – Stand; geschenkt – schenken

Differenzierte Aufgabe 4

Hund – Hunde; rot – rote; Zwerg – Zwerge; Schrank – Schränke; Dieb – Diebe; Wert – Werte

Beispiellösung: Wand – Wände; Berg – Berge; Tank – tanken; Lied – Lieder; krank – kränker, Trog – Tröge; Trank – Tränke; tot – tote (Tiere); Sieb – Siebe; Werk – Werke

Seite 68

Dehnung der Vokale erkennen und richtig schreiben

Aufgabe 1

wiegen, Lied, ihr, fliehen, friert, ihn, Wiese

Lösung: **der Riese singt**

Differenzierte Aufgabe 2

Teer, Aal, Beere, Moor, Saat, Idee, Moos, Paar, Saal, Boot

Beispiellösungen: Staat, Waage, Haar, Fee, Klee, Heer, Zoo, doof, cool

Beispiellösungen: Wahl, fehlen, Lohn

Aufgabe 3

Senkrecht: 1. Träne, 2. Krokodil, 3. Ton, 4. Kino, 5. Detektiv, 6. Schwan

Waagerecht: 7. Tor, 8. Lokomotive, 9. Ruine, 10. Kamin, 11. Margarine, 12. Quere

Seite 69 Aufgabe 4
Haare, Plan, Rad, Zahn(spange), Waage, Zahl, Glas, Vase, Tiere, Hahn, Wal, Saal, Wahl, Fahne

Seite 70
Schärfung der Vokale erkennen und richtig schreiben
Aufgabe 1
Butter, matt, Kuss, Sessel, Sonne, Tonne, Sinne, Tanne, wann, Kanne, rennen, Tenne, See, Tee, rammen, Lasso, passen, alle, lallen, Tasse, Nuss, passen, Kuss, kess, nass, Asse

Aufgabe 2
der Balletttanz, die Gewinnnummer, der Haselnussstrauch, der Schwimmmeister, die Kontrolllampe, das Fußballländerspiel, die Brennnessel, der Rollladen, der Fetttropfen, die Schifffahrt

Differenzierte Aufgabe 3
Der Speck muss weg
Jeden Frühling der gleiche Schreck bei Enyas Oma. Der Rock will nicht mehr richtig sitzen, da gerät sie arg ins Schwitzen. Sie schimpft, macht jetzt keine blöden Witze, er ist ausgefüllt bis in die kleinste Ritze! Vorsichtig mit einer Tatze, zupft am Rock die kleine Katze. Doch da – oh Schreck, ist dort nun auch noch ein dreckiger Fleck. Ein schlechter Witz ist das, motzt Oma laut, so dass sich keiner mehr so richtig traut, sie mit einem Satz zu necken. Doch Oma hat das Herz am rechten Fleck, bald schon ist ihr Ärger weg. Sie kann schon wieder fröhlich schwatzen, aber verfüttert ihren täglichen Kuchen erst einmal an die kleinen Spatzen.
Individuelle Lösung: Bei der Fortsetzung der Geschichte sollte die Reimstruktur beachtet werden.

Seite 71
Die s-Schreibung üben und vertiefen
Aufgabe 1
1. Kürbis – Kürbisse 2. Kreis – Kreise 3. Fass – Fässer
4. Gans – Gänse 5. Bus – Busse 6. Maus – Mäuse

Differenzierte Aufgabe 2
ß: bloß, schießen, der Schoß, die Klöße, die Muße, die Buße, die Gießkanne, die Maße, die Straße, das Gefäß
ss: der Schluss, die Flosse, das Messer, krass, die Schüssel, pressen, der Schuss, verschlossen, vergessen, gelassen, auch: die Busse
ß: Strauß, Fuß, verrußt
ss Beispiellösungen: Wasser, Hass, vergessen
Individuelle Lösung: Gestalte die Sätze möglichst abwechslungsreich. Die Umstellprobe kann dir dabei helfen.

Seite 72 Aufgabe 3
dass, Das, das, Das, dass, dass, das

Aufgabe 4
Das Gratisspiel
Am Sonntagmorgen liest Jakobs Vater genüsslich seine Zeitung. Jakob spitzt kurz über seine Schulter in den Sportteil. Beim Lesen stößt er zufällig auf die Notiz, dass um 15.00 Uhr ein Fußballspiel zwischen der Mannschaft seines Ortes und einer Auswahl aus Spielern der 1. Bundesliga stattfinden soll. Der Eintritt für die ersten 100 Fans sei sogar gratis. Rasend schnell zieht er sich an und saust zur Straßenbahn. Er hofft, es noch rechtzeitig zum Einlass zu schaffen, um einen der begehrten Freiplätze zu ergattern. Welch ein Ereignis, denkt er, und ich hätte es fast verpasst. Seine Vorfreude ist riesig. Doch was war das? Fassungslos erkennt er, dass alle Tore des Stadions verschlossen sind. Keine Fanmassen, kein Gesang – nichts. Ratlos schaut Jakob sich um. Da fällt sein Blick auf ein Plakat. Missmutig liest er, dass das Spiel erst nächstes Wochenende stattfindet. Naja – wenigstens hatte er draußen ein bisschen Bewegung.

Seite 73 Aufgabe 5
ss: der Gewissensbiss – Gewissensbisse; der Bänderriss – Bänderrisse; der Einlass – Einlässe; der Riss – Risse; der Pass – Pässe

-nis: das Erlebnis – Erlebnisse; das Ärgernis – Ärgernisse; das Zeugnis – Zeugnisse; das Gefängnis – Gefängnisse; die Befugnis – Befugnisse; das Bedürfnis – Bedürfnisse; das Ergebnis – Ergebnisse; die Erlaubnis – Erlaubnisse

Aufgabe 6
Individuelle Lösung

Seiten 74 und 75
Regeln der Groß- und Kleinschreibung anwenden und vertiefen
Aufgaben 1 und 2
A = Adjektiv, V = Verb
(1) nichts Schöneres (schön – A), (2) zur Fütterung (füttern – V), (3) die größten (groß – A), (4) Das Misstrauen (misstrauisch – A), (5) die Mutigsten (mutig – A), (6) die besten, (gut – A), (7) etwas Leckeres (lecker – A), (8) das Saubermachen (saubermachen – V), (9) der strengste (streng – A), (10) allerlei Verunreinigtem (verunreinigt – A), (11) Das Festhalten (festhalten – V), (12) das Zielen (zielen – V), (13) eine Aufregung (aufregen – V), (14) blitzeblank (blitzeblank – A), (15) etwas Besonderes (besonders – Adverb!)

Differenzierte Aufgabe 3
„Wie war dein Tag der offenen Tür? Das ist doch wirklich etwas Tolles, oder?" – „Ja. Das Schönste daran ist, dass man so viel Unbekanntes ausprobieren und allerlei Neues lernen konnte." „Was hat dir am besten gefallen?" „Beim Füttern der Tiger schlug mir das Herz wirklich bis zum Hals. Aber das Beste war das Spielen mit den Affen."
etwas Tolles – toll = Adjektiv; das Schönste – schön = Adjektiv; viel Unbekanntes – unbekannt = Adjektiv; allerlei Neues – neu = Adjektiv; beim Füttern – füttern = Verb; das Beste – beste = Adjektiv
Beispiellösung: Beim Üben wurde man dauernd nass gespritzt. – Was durftest du denn alles machen? – Eine ganze Menge sogar. Zunächst einmal übernahm ich das Werfen der Ringe, die die Seehunde mit ihrer Schnauze wieder auffangen sollten. Beim Springen über eine Leine habe ich ein

Ende festgehalten. – Das klingt ja richtig spannend. Wer war denn der beste Springer? – Der **Höchste** war Karl. Er kam fast 5 Meter hoch. Die **Weiteste** war Elsa. Man hat fast gedacht, sie würde aus dem Becken springen. Das **Lustigste** war jedoch immer, wenn alle Seehunde die Rutsche hinuntergerutscht sind.

Seite 76 Aufgabe 4
kleingeschrieben, regelmäßig, bestimmten, großgeschrieben, Zusammensetzungen

Aufgabe 5
1. Ich habe jeden Tag etwas **Neues** auf meinem Stundenplan. 2. Die Arbeiten am **Vormittag** gefallen mir besser als die **nachmittags**. 3. Montagmorgen bin ich erst einmal mit dem **Saubermachen** der Gehege beschäftigt. 4. Die Hufpflege der Pferde ist immer **dienstags**. 5. Am **Mittwochmorgen** steht das **Füttern** der Nashörner an. 6. Die Elefanten werden **morgens** immer geduscht. 7. Die **einen** mögen das sehr gern, **andere** aber nicht. 8. Das **Reinigen** der Scheiben beim Eisbärengehege dauert ewig. 9. Die **meisten** Besucher sind sehr nett.

Seite 77 Aufgabe 6
Alina hatte an diesem Morgen noch nicht viel NEUES erlebt. Es war bisher nichts UNGEWÖHNLICHES passiert. Doch im Laufe des Vormittags geschah etwas TOLLES. Der Zoodirektor berief eine Versammlung ein, auf der allerlei INTERESSANTES über den Zoo besprochen wurde. Alles POSITIVE kam zuerst, danach das UNERFREULICHE. Aber alles in allem gab es viel GUTES zu vermelden. Das Beste jedoch war, dass Alina ein großes Lob und viel NETTES über sich und ihre Arbeit gesagt bekommen hat.

Aufgabe 7
viel Neues, nichts Ungewöhnliches, etwas Tolles, allerlei Interessantes, alles Positive, das wenige Erfreuliche, viel Gutes, viel Nettes

Aufgabe 8
Das schnellste Landtier ist der Gepard. Er ist am schnellsten. Er ist der Schnellste unter den Landtieren.
Das größte Tier der Welt ist der Blauwal. Er ist am größten. Er ist der Größte unter den Tieren.
Der kleinste Vogel ist der Kolibri. Er ist am kleinsten. Er ist der Kleinste unter den Vögeln.

Seite 78
Gleich- und Ähnlichklinger erkennen und richtig schreiben
Aufgabe 1
1. Saite, 2. Hai, 3. Eis, 4. Reis, 5. Seite, 6. Kaiser, 7. Ei, 8. Mai, 9. Laie, 10. gescheit

Aufgabe 2
ph: die Phase, der Asphalt , die Katastrophe, das Phantom, das Phänomen, das Alphabet, der Philosoph, der Pharao

v: der Vogel, der Vortrag, die Verbreitung, der Vater, das Verlies, die Vorbereitung, der Verlauf, der Verein

f: das Fenster, die Ferien, der Flegel, die Fortbildung, die Fortpflanzung, das Fest, die Freiheit, das Freibad

Seite 79 Aufgabe 3
Ochse, Kekse, Praxis, Nixe, Lachs, Knicks, Luchs, Klecks, Wachs, mittags

Aufgabe 4
Hexe: eine Frau, die magische Kräfte besitzt
knacksen: Geräusch, wenn man einen trockenen Ast zerbricht

Differenzierte Aufgabe 5
Block – Papiersammlung, auf der man schreiben kann; Blog – ein im Internet öffentlich geführtes Tagebuch; Lärche – Nadelbaum; Lerche – Vogel; Lid – verschließt das Auge; Lied – kann man singen; Schwämme – damit kann man etwas nass wischen; Schwemme – u. a. flache Stelle am Ufer oder im Fluss; Städte – Plural von Stadt; Stätte – Ort, der eine besondere Bedeutung hat ; leeren – den Inhalt entfernen; lehren – Wissen vermitteln; Uhrzeit – die momentane Zeit; Urzeit – sehr weit zurückliegender Zeitraum; Waagen – Plural von Waage, misst das Gewicht; Wagen – damit kann man fahren; Wälle – Plural von Wall (Erdaufschüttung); Welle – Wasserwoge; Wände – Plural von Wand; Wende – Umkehren/Richtungswechsel; Mathe – Kurzform von Mathematik; Matte – Bodenpolsterung beim Turnen; Rad – Reifen; Rat – jemanden einen Tipp/Hilfe geben; Wahl – Abstimmungsverfahren; Wal – großes Säugetier im Meer; Gewand – Kleidung; gewandt – geschickt, Rechen – Gartengerät um z. B. Laub aufzuhäufen; rächen – sich für eine böse Tat revanchieren

Seite 80
Fremdwörter richtig schreiben können
Aufgabe 1
Griechisch: Athlet, Mathematik, Physik, Atmosphäre, Theater
Lateinisch: Moment, Nation, Pionier, Pubertät
Englisch: Skateboard, Chip, Top Ten, Job, Make-up, Comic
Französisch: Baguette, Toilette, Champignon, Ingenieur, Garage, Massage

Aufgabe 2
Mögliche Beispielwörter:
griechisch: Mimik// lateinisch: Motor// englisch: cool// französisch: Croissant

Aufgabe 3
Individuelle Lösung: Damit du die Wörter leichter in deiner Geschichte verwenden kannst, ist es gut, wenn du deren Bedeutung im Vorfeld klärst.

Aufgabe 4
Individuelle Lösung

Seite 81

Zeichensetzung richtig anwenden

Aufgabe 1

a) Das Komma steht bei Aufzählungen, wenn diese nicht durch „und", „oder", „beziehungsweise", „sowie" verbunden werden.
b) Das Komma trennt Haupt- und Nebensätze.
c) Das Komma steht bei entgegensetzenden Konjunktionen („aber", „doch", „sondern").
d) Das Komma trennt die Apposition (nachgestellte Beifügung) ab.

Aufgabe 2

Ein Hund, der eigentlich ruhig, freundlich und ausgeglichen ist, schläft tief und fest auf seiner Decke. Zutraulich will ihn ein Kind streicheln, doch er schnappt auf einmal ohne Warnung zu. Aus Überraschung ist er so verunsichert, dass er sich wehrt. Aus dem gleichen Grund hackt ein ängstlicher Wellensittich seinem Besitzer eine blutende Wunde in den Finger, den dieser durch die Gitterstäbe seines Käfigs hält.

Meistens versteht das Tier in diesem Moment den Menschen falsch. Ohne dass er es weiß, sendet der Mensch nämlich dauernd Botschaften an seine Umgebung aus, die die Tiere aufgrund ihrer Instinkte deuten. Wenn er die Schultern hängen lässt oder sich ruckartig bewegt, wirkt er unsicher beziehungsweise unberechenbar. Wenn jemand dagegen durch langsame Bewegungen, eine entspannte Haltung sowie ein freundliches Lächeln Ruhe ausstrahlt, dann überträgt sich das auf die Tiere. Sie achten auf solche Zeichen, da sie sich vor allem über die Körpersprache verständigen, doch manchmal geben sie ihnen eine falsche Bedeutung. Sie reagieren dann für uns nicht nur überraschend, sondern oft sogar gefährlich. Während der viele Millionen Jahre dauernden Evolution haben sich die Instinkte der Tiere, auch der zahmen Haustiere, nämlich so ausgebildet. Daran sollten Tierfreunde denken, wenn sie sich ihnen nähern.

Seite 82 Differenzierte Aufgabe 3

Beispiellösungen:

Das ist nicht seine Lieblingsarbeit,
weil sie anstrengend ist und es stinkt.
Zur Belohnung darf er dann mit Benno
spazieren gehen, da er ihn ganz
besonders gerne mag.
Enya spielt gerne mit den Katzen,
die ihre Lieblingstiere sind.
Gerne erfindet sie für sie Spiele, weil sich
die Katzen ansonsten langweilen.
Die rote, getigerte Katze, die immer auf Enya
wartet und sofort angelaufen kommt, ist ihr Liebling.
Tarek kümmert sich am liebsten um die Papageien, denen er
sprechen beibringen will.
Der große Kakadu ist sehr frech, weswegen er beim Üben versucht, Tarek die Nüsse aus seiner Jackentasche zu stibitzen.

Aufgabe 4

Peter erbt das Haus, nicht Jakob. → Peter ist der Erbe. // Peter erbt das Haus nicht, Jakob. → Peter ist nicht der Erbe.

Der Chef sagt, der Angestellte sei ein Profi. → Der Chef lobt den Angestellten. // Der Chef, sagt der Angestellte, sei ein Profi. → Der Angestellte lobt den Chef.

Kathrin, sagt die Nachbarin, sei sehr hilfsbereit. → Die Nachbarin macht eine Aussage über Kathrin. // Kathrin sagt, die Nachbarin sei sehr hilfsbereit. → Kathrin macht eine Aussage über die Nachbarin.

Das Komma zeigt also, welche Teile des Satzes zusammengehören, also den stark unterschiedlichen Sinn der Sätze.

Aufgabe 5

- „Wenn ein Stück Land ins Meer ragt, ist das eine Landzunge", sagt die Lehrerin, „was ist es aber umgekehrt, wenn ein Stück Meer ins Land hineinragt?" Moritz meldet sich: „Dann ist das eine Seezunge."
- „Kann mir jemand zehn Tiere nennen, die am Nordpol leben?", fragt der Lehrer. „Klar", sagt Franz, „sieben Robben und drei Eisbären."
- „Nenne mir die Jahreszeiten, Carina!" „Winter, Frühling und Herbst", antwortet diese. „Und wo bleibt der Sommer?" „Ja, das habe ich mich auch schon gefragt."

Seite 83

Kompetenztest: Fehler finden und korrigieren

Aufgabe 1 und 2

Eisbär: Merkwort wie *das, es*; das: Artikel; kommt: Konsonantenverdopplung nach kurz gesprochenem Vokal; Pinguinen: Langvokal ohne Markierung; Ohren: Dehnungszeichen h; alles Mögliche: Nominalisierung nach unbestimmter Mengenangabe; ihren: Dehnungszeichen h immer bei *ihr, ihre* etc.; auszuziehen: Dehnungszeichen e; Dachse: Merkwort; abzuschrubben: Konsonantenverdopplung nach kurz gesprochenem Vokal; wiegen: Dehnungszeichen *ie*; Spaß: stimmlos gesprochenes *s* nach langem Vokal; Ziegen: Dehnungszeichen *ie*; philosophieren: Fremdwort: Mais: Merkwort bei den Ähnlichklingern; Reis: Merkwort bei den Ähnlichklingern; Bewerfen: Nominalisierung nach bestimmten Artikel; Tor: langer Vokale ohne Markierung; gefährlich: Dehnungszeichen h; Moor: doppelter Vokal als Dehnungszeichen; viel Leckeres: Nominalisierung nach unbestimmter Mengenangabe

am verrücktesten: Superlativ in Verbindung mit *am* kleinschreiben; Tiger: langer Vokal ohne Markierung; nachmittags: stets klein schreiben + Wortverlängerung Nachmittage; gefärbt: Stammprinzip von *Farbe*; wieder: Dehnungszeichen *ie* (Bedeutung: *noch einmal*) Homophon zu *wider* (Bedeutung: *gegen*); Schlimmeres: Konsonantenverdopplung nach kurz gesprochenen Vokal + Nominalisierung nach unbestimmter Mengenangabe *viel*; Wachssterne: Merkwort; Mähne: Dehnungszeichen h; Klöße: stimmlos gesprochenes *s* nach langem Vokal (9 falsche Wörter mit 11 Fehlern) + 3 Kommafehler (vor *als* in Zeile 12 und vor und hinter *der Puma*). → 14 Fehler

Generelle Übungsmöglichkeiten beim Benutzen von und Reflektieren über Sprache:

Lies viel. Beim Lesen prägst du dir Schreibweisen ein und lernst viele unterschiedliche Satzarten und Satzglieder kennen.

- Schreibe die Wortarten und Satzglieder jeweils auf einen Pappstreifen.
- Schreibe die Wörter von fünf Sätzen eines Textes einzeln auf Pappstreifen.
- Beschrifte eine Pappe mit dem Begriff Wortart und eine zweite mit dem Begriff Satzglied.
- Nun lege die Pappstreifen mit den einzelnen Wortarten und Satzgliedern passend auf die Pappe und ordne die einzelnen Wörter zu. Bei den Satzgliedern kannst du die Umstellprobe machen. Für die genaue Bestimmung helfen dir die Fragen, die du auf Seite 109 nachschlagen kannst. Wenn du bei den Wortarten unsicher bist, kannst du in einem Wörterbuch nachschauen, ob du richtig zugeordnet hast.

Wenn du deinen Wortschatz erweitern willst:

Finde Unter- und Oberbegriffe:

Schreibe die Namen deiner Hobbys, deiner Lieblingstiere oder Sportarten auf. Suche Unterbegriffe, die dazu passen. Suche in Texten aus einem Sachbuch Begriffe, die zu dem Oberbegriff des Textes passen. Lege Mind-Maps zu den Themen von Texten an und schreibe auf die Äste jeweils passende Unterbegriffe, die du im Text dazu findest.

Lege eine Fremdwortkartei an:

Schreibe dafür jedes von dir neu gelernte Fremdwort auf eine Karteikarte. Notiere darauf die Herkunft, eine „Übersetzung" (also eine deutsche Entsprechung) und einen Beispielsatz. Ordne die Karten alphabetisch.
Prüfe immer mal wieder stichprobenartig, ob du noch alle schon gelernten Fremdwörter kennst.

Wenn du die Rechtschreibung von Wörtern und Texten kontrollieren willst:

Beachte den Unterscheid zwischen Mitsprech-, Nachdenk- und Merkwörtern:

Suche in Texten durch langsames gedehntes Sprechen nach schwierigen Wörtern, die anders geschrieben werden, als man sie spricht. Schaue genau hin und höre beim Sprechen genau zu. Markiere die Schwierigkeiten, die du in Wörtern erkennst. Suche in Texten nach den Wörtern, die du häufig falsch schreibst. Wende Rechtschreibregeln an, indem du bei schwierigen Wörtern das Problem benennst (z. B. *läuft* kommt von *laufen*, deshalb *läuft* mit *äu*).
Bestimme immer wieder die Wörter, damit du ein Gefühl für schwierige Wörter bekommst.
Achte beim Lesen auf den Unterschied zwischen Sprechen und Schreiben: Wie klingt es? Wie schreibt man es?
Markiere in einem Text Mitsprech-, Nachdenk- und Merkwörter mit verschiedenen Farben.

Benutze eine Textkorrekturkarte:

Lege eine große Karte über den von dir geschriebenen Text. Decke jeweils nur ein Wort deines Textes mit der Korrekturkarte auf. So lässt du dich nicht vom Textinhalt ablenken, sondern siehst wirklich nur das Schriftbild des sichtbaren Wortes. Lies genau, was dasteht. Mache unter jedem Wort, bei dem du unsicher bist, ein Kreuz. Prüfe anschließend die Schreibung dieser Wörter, eventuell auch mit einem Wörterbuch.

Nutze beim Abschreiben von Text folgende Methode:

Lies den Text und markiere schwierige Wörter im Text. Lege den Text unter das Heft, sodass er verdeckt ist. Ziehe nun den abzuschreibenden Text langsam hervor, sodass er Wort für Wort sichtbar wird. Sprich beim Übertragen die Wörter betont langsam. Verbalisiere schwierige Stellen (z. B. Mutter – groß und mit zwei t).
Lies das geschriebene Wort. Lies im Vergleich dazu das Wort in der Textvorlage nochmals.

Kontrolliere Texte durch Rückwärtslesen:

Lies deinen Text zunächst vorwärts und achte darauf, was du geschrieben hast. Lies dann den Text rückwärts Wort für Wort mit der Korrekturkarte und achte auf die Rechtschreibung. Lies, was dasteht.

Wenn du die Bestimmung von Sätzen und Satzgliedern trainieren willst:

Untersuche Sätze mithilfe folgender Frageliste:

Steht das finite Verb an zweiter Stelle?	Hauptsatz
Steht das finite Verb an letzter Stelle?	in der Regel Nebensatz
Steht der Nebensatz für ein Satzglied?	Gliedsatz
Ist der Nebensatz nur mit einem Bezugswort umstellbar?	Attibutsatz

Bestimme Satzglieder in Übungssätzen:
Ermittle mithilfe der Umstellprobe die einzelnen Satzglieder: Satzglieder lassen sich nur geschlossen umstellen.

Ermittle die vom Prädikat abhängigen Satzglieder wie folgt:	
Wer oder was?	Subjekt
Wen oder war?	Akkusativobjekt
Wem (oder was)?	Dativobjekt
Wessen?	Genitivobjekt
Womit? Wodurch? Wovon? …	Präpositionalobjekt

Ermittle die vom Verb unabhängigen Adverbialbestimmungen wie folgt:	
Wann geschieht etwas?	temporale Adverbial-bestimmung
Wo geschieht etwas?	lokale Adverbialbestimmung
Warum geschieht etwas?	kausale Abverbialbestimmung
Auf welche Art und Weise geschieht etwas?	modale Adverbialbestimmung

Wenn du Fehler in deinen Texten korrigieren möchtest:

- Lege ein Wörterbuch auf deinen Schreibtisch. Schlage Wörter nach, wenn du bei der Schreibung unsicher bist oder wenn du die Bedeutung nicht genau kennst.
- Überprüfe deine Texte mithilfe der Thesaurusfunktion (Synonymfunktion) am PC.
- Führe in eigenen Texten die Umstellprobe und die Weglassprobe durch, damit du Wiederholungen vermeidest.
- Wende Rechtschreibstrategien beim Überarbeiten an.
- Lege Fehlerbögen an: Schreibe auf, in welchem Bereich du die meisten Fehler machst: Großschreibung, Kleinschreibung, s-Laute, Gleich- und Ähnlichklinger, Dehnung, Schärfung, Fremdwortschreibung, Zeichensetzung. Suche zu deinen Fehlern Wörter, die genauso geschrieben werden oder von denen du ableiten kannst.

Lesen – mit Texten und Medien umgehen

Seite 84

3.1 Literarische Texte unterscheiden und erschließen

Lernstand

Aufgabe 1

1 Metapher 2 Paarreim 3 Szene 4 Moral 5 Vers 6 lyrisches Ich 7 Sage 8 Rolle 9 Kreuzreim 10 Jugendbuch 11 Jambus 12 Märchen

Aufgabe 2

Individuelle Lösung: Textsorten und Merkmale sollten hier zusammenpassen, z. B. Märchen und formelhafte Wendungen, Gedicht und Reim, Fabel und sprechende Tiere etc.

Seite 85

Die Leseflüssigkeit erhöhen

Aufgabe 1

Meise – Buche, Amsel – Eiche, Fink – Kastanie, Star – Birke, Drossel – Erle, Eule – Ahorn, Specht– Pappel, Falke – Tanne

Aufgabe 2

1	2	3
mit Spaß	sehr lustig	~~viel Langeweile~~
am Meer	~~hohe Bäume~~	wilde Wellen
viele Lieder gesungen	~~buntes Bild gemalt~~	Mitglied im Chor
~~locker im Umgang~~	strenger Vater	total unterdrückt
Ferien	~~Schulstunde~~	Urlaub
weich und warm	~~schneeweiß~~	Bett

Aufgabe 3

Der Durchmesser eines Baumstammes ist morgens am größten, da er permanent Wasser aufnimmt, das er nachts aber nicht über die Blätter abgeben kann.

Seite 86

Sagen kennen und selbst schreiben

Differenzierte Aufgabe 1

- Sagen sind Geschichten (N) – die einen wahren Kern enthalten (I).
- Sie wurden zunächst mündlich überliefert (B) – und erst später schriftlich festgehalten (E).
- Das Geschehen spielt an einem konkreten Ort (L) – und zu einer bestimmten Zeit (U).
- Man kann z. B. zwischen Göttersagen (N) – und Lokalsagen unterscheiden (G).
- Lokalsagen deuten unter anderen Naturereignisse (E) – die sich Menschen früher nicht erklären konnten (N).
- Der wahre Kern (S) – wird oft mit fantastischen Begebenheiten und Figuren ausgeschmückt (A).
- Zu einzelnen Ereignissen und Figuren (G) – kann es unterschiedliche Versionen der Sage geben (E).

Lösungswort: **Nibelungensage**

Individuelle Lösungen: Beim Steckbrief muss sowohl auf die sachliche als auch auf die sprachliche Richtigkeit der Formulierungen geachtet werden.

Individuelle Lösungen: Anforderungen wie im mittleren Niveau, wobei beim Text auf die Einhaltung der Merkmale eines sachlich informierenden Textes zu achten ist.

Aufgabe 2

Individuelle Lösung

Seite 87 **Aufgabe 3**

Beispiellösung:

- tosendes Wasser, Schaumkronen, stürmisches Wetter, peitschender Regen
- Skylla: hungriges Monster, Hundeköpfe mit gefletschten Zähnen, aggressivem Blick; Fangarme wild durch die Wellen peitschend; knurrend, hechelnd
- Gefühle Odysseus: entschlossen, aufmerksam, angespannt – tapfer kämpfend, ängstlich – erleichtert, traurig, schuldbewusst, mit sich ringend

Aufgabe 4

Individuelle Lösung

Seite 88

Gedichte untersuchen und verstehen

Aufgabe 1

Individuelle Lösungen

Differenzierte Aufgabe 2

wegstreichen: Entspannung, Stille, Samenkorn

Die selbst zu findenden Begriffe sind individuell.

Die Erklärung sollte etwa Folgendes beinhalten: Alle drei Wörter passen nicht zum Inhalt des Gedichtes, *Samenkorn* kann zusätzlich keine Stimmung zum Ausdruck bringen.

Aufgabe 3

Feu er wo ge je der Hü gel
´x x ´x x ´x x ´x x

Grü nes Feu er je der Strauch
´x x ´x x ´x x ´x

Seite 89 **Aufgabe 4**

Trochäus

Einsetzen: Silbe – Ausdruckskraft oder Betonung

Aufgabe 5

Feuerwoge, Feuer, Flammenhügel, Rauch,
züngelnd brennen, kocht, feuer-
köpfige Blumen, knisternd,
schwelen, Funken,
wirbelnd, Feuerwerk

Aufgabe 6
Beispiellösung: Das lyrische Ich nimmt die Natur ganz intensiv war. Um die Kraft der Farben, die Geräusche des Sommers und die Lebendigkeit der Umgebung zu verdeutlichen, benutzt es den Bildbereich des Feuers.

Aufgabe 7
Vergleich: Wölkt der Staub wie goldener Rauch
Personifikation: Feuerköpfige Blumen rennen/Knisternd über den Wiesenpfad
Metapher: Schreiend kocht die Weizensaat

Aufgaben 8 und 9
Individuelle Lösungen

Seite 90
Einen Text szenisch gestalten
Aufgabe 1
Der zweite Sprecher lässt sich von den Aggressionen des ersten nicht abschrecken und bittet ganz sachlich um Hilfe.

Aufgaben 2 bis 4
Individuelle Lösungen

Seite 91 **Aufgabe 5**
Bei einem Film wird häufig geschnitten. Nach jedem Schnitt beginnt eine neue Einstellung. Man unterscheidet dabei zwischen einer Nahaufnahme und einer Totale. Bei Dialogen wird häufig das Mittel „Schuss-Gegenschuss" verwendet. Dabei werden die Dialogpartner abwechselnd gezeigt. Zuerst ist der sprechende Gesprächspartner A (Schuss) im Bild , dann wird die Reaktion von Darsteller B (Segenschuss) gezeigt ."

Differenzierte Aufgabe 6
Beispiellösung:
Froschperspektive: groß, übermächtig, bedrohlich, angsteinflößend, beherrschend
Augenhöhe: normal, neutral, freundlich, ebenbürdig, unbestimmt
Vogelperspektive: klein, schwach, schutzbedürftig, ängstlich, mickrig

Aufgabe 7
Beispiellösung:
stark: Froschperspektive, Einstellung: steht auf Hügel, steht in der Mitte einer Freundesgruppe
schüchtern: Vogelperspektive ODER auf Augenhöhe, Einstellung: ganz nah am unsicher zuckenden Gesicht

Seite 92
Kompetenztest: Textsortentypische Gestaltungsmerkmale erkennen
Aufgabe 1
Text A: **Gedicht:** enthält oft auf engem Raum zahlreiche sprachliche Bilder – enthält ein Metrum und einen Rhythmus – hat Strophen und Reime
Text B: **Sage:** mündlich überlieferte Geschichten aus der Vergangenheit – verschiedene Fassungen – erwecken den Anschein, dass sie Wirkliches erzählen (Landschaftsmerkmale, Namen) – Ort und Zeit sind oft unbestimmt – haben eine nacherzählbare, sich entwickelnde Handlung

Aufgabe 2
Individuelle Lösungen: Neben Unterstreichungen (z. B. der Endreime) beim Gedicht, können auch zusätzliche Kommentare oder Zeichen (z. B. Buchstaben für das Reimschema) eingefügt werden.

Seite 93
3.2 Sachtexte erschließen und beurteilen

Lernstand
Aufgabe 1
Individuelle Lösungen

Aufgabe 2
Richtige Tipps für Paula in der richtigen Reihenfolge: 9 – 6 – 4 – 5 – 7 – 8 – 10

Seiten 94 und 95
Sachtexte genau lesen und Zusammenhänge zwischen Text und Abbildung erkennen
Aufgabe 1

Information	richtig	falsch	nicht enthalten
(1) Jedes Planetensystem hat einen eigenen Zentralstern.	X		
(2) 175 Planetensysteme haben mehr als 4 Planeten.		X	
(3) Die Sonne gehört zum selben Planetensystem wie die Erde.	X		
(4) Der Merkur läuft auf der äußersten Bahn um die Sonne.		X	
(5) Der Jupiter ist größer als die Sonne.		X	
(6) Uranus und Neptun wurden erst in den letzten hundert Jahren entdeckt.			X
(7) Der Pluto war schon in den alten Kulturen bekannt.		X	
(8) Im Jahr 2013 entdeckte man den ersten Planeten außerhalb des Sonnensystems.		X	
(9) Saturn und Uranus sind Nachbarplaneten.	X		

Aufgabe 2
Der Mars wird gerne mit dem Teleskop beobachtet, weil er keine Wolkendecke hat.
Der Jupiter hat den elffachen Erddurchmesser, und braucht dennoch nur neun Stunden für eine Achsendrehung.

Die Erde gehört zum Sonnensystem.
Je weiter die Planeten von der Sonne entfernt sind, desto länger brauchen sie für eine Sonnenumrundung.
Uranus, Neptun und Saturn haben Reifen.

Seite 96
Diagramme lesen und auswerten

Aufgabe 1
1 Säulendiagramm 2 Kreisdiagramm 3 Balkendiagramm

Aufgabe 2
(1) y-Achse; (2) x-Achse; (3) Quelle; (4) Legende

Aufgabe 3
Thema: Das Schaubild zeigt, wie häufig Jugendliche einzelne Medien jeweils nutzen.
Quelle (Studie, Jahr): Die Grafik ist der KIM-Studie entnommen und stammt aus dem Jahr 2014.
Informationsform: Die Angaben werden in Prozent gemacht.
Informationsinhalt: Die orangen Balken geben an, mit welchen Medien am häufigsten gespielt wird. Sie zeigen, dass 15 % der befragten Jugendlichen sogar (fast) täglich an tragbaren Konsolen spielt.
Kommentar, Schlussfolgerung: Aus dem Schaubild geht hervor, dass Spielkonsolen bei Jugendlichen deutlich beliebter sind als Onlinespiele.

Seite 97
Mithilfe von Sachtexten ein Kurzreferat vorbereiten

Aufgabe 1
Schlüsselbegriffe, die markiert werden sollten: Mumie – Muskel festgebunden – mächtigster Pharao Ramses II. – 1303 vor Chr. geboren – Vater Sethos Krieger und Pharao – Ramses mit 24 Pharao – Krieg gegen Hethiter – ältester Friedensvertrag – Leidenschaft Architektur – Palast- und Tempelanlage Theben – 1000 Tonnen schwere Steinstatue aus Granit: größte Steinfigur überhaupt – verheiratet mit Dutzenden von Frauen, über 80 Kinder – Tod mit 90 im Jahr 1213

Aufgabe 2
→ siehe Mind-Map rechts

Aufgabe 3
Individuelle Lösungen: Es ist darauf zu achten, dass die Kriterien für einen guten Referatvortrag eingehalten werden.

Seite 98
Die Textwirkung erfassen und die Sachlichkeit bewerten

Aufgabe 1
Text B: inhaltsreicher (mehr Fakten), Meinungen werden begründet, Zusammenhänge werden hergestellt, sachliche Sprache

Aufgabe 2
Beispiellösung:
Text A: 9 – 4 – 1 Text B: 7 – 10 – 10

Aufgabe 3
Der Text A ist insgesamt weniger glaubwürdig als der Text B. Er verwendet zahlreiche unbelegte Behauptungen und setzt auf eine gefühlsbetonte Darstellung. Dies erzeugt er auch durch die Verwendung von Ausrufen und unvollständigen Sätzen. Außerdem nutzt er mehrmals umgangssprachliche Ausdrücke. Der Text B hingegen stellt zahlreiche Sachverhalte neutral dar und verwendet nachprüfbare Belege. Die Informationen werden in die Argumentation eingebunden, was sich auch an den zahlreichen verwendeten Satzgefügen zeigt.

Seite 99
Kompetenztest: Informationen zu einem Thema aus Text- und Bildelementen entnehmen und funktional verwenden

Aufgabe 1
Zeichensystem: • zusammengesetzt aus Bildzeichen (ein Symbol für Sache), Lautzeichen (ein Symbol für einen Laut) und zusätzlichen Deutzeichen (Determinativen); • ein Zeichen trägt viele Bedeutungen // **historische Bedeutung:** • von ca. 3200 v. Chr. bis 300 n. Chr. verwendet; • Teil der „afroasiatischen" Sprachgruppe; • hohe Bedeutung für Ägypter (angebliches Gottesgeschenk) // **Entdeckung:** • Fund des „Steins von Rosetta" im Jahr 1822 als Glücksfall; • Jean-François Champollion entziffert Hieroglyphensystem

Aufgabe 2
Individuelle Lösungen

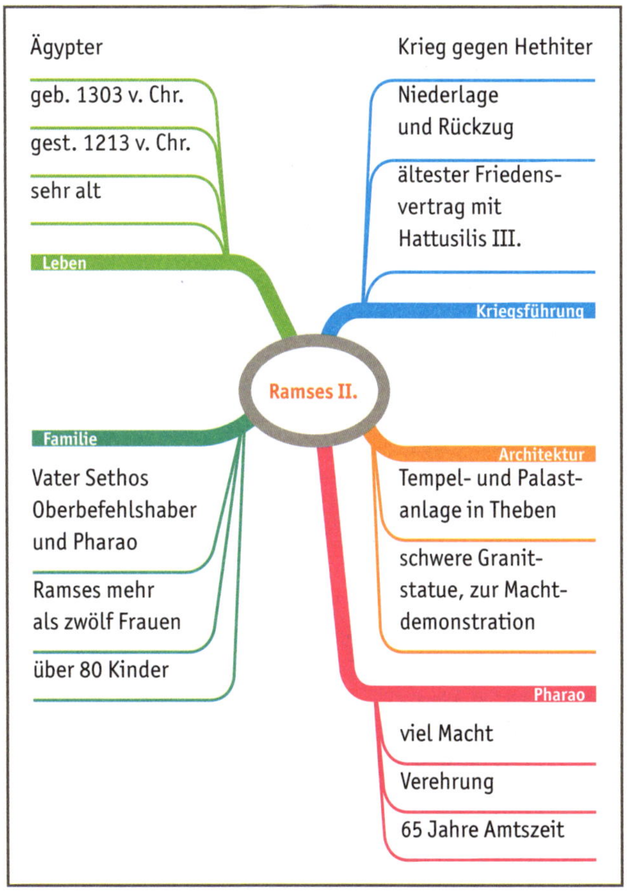

Seite 100

3.3 Sich mit Medien auseinandersetzen

Lernstand

Aufgabe 1
Individuelle Lösungen

Aufgabe 2
Richtig sind: 1 – 3 – 5 – 7

Aufgabe 3
zu 2) Einträge lassen sich nicht einfach löschen. Oft muss man den Betreiber der Seite kontaktieren und darum bitten.
zu 4) Die eigene Adresse und Telefonnummer sollte man auf keinen Fall angeben.
zu 6) Man sollte hinter seiner eigenen Meinung stehen und diese auch vertreten.
zu 8) Auch Kindersuchmaschinen können hilfreiche Informationen liefern.
zu 9) Informationen können falsch oder erfunden sein.
zu 10) Die Suchmaschine von Google ist frei zugänglich. Es gibt keine Altersbeschränkung.
zu 11) Ein Blog enthält auch sehr subjektive Aussagen. Nicht alles, was dort mitgeteilt wird, muss auch stimmen.

Seite 101

Suchmaschinen nutzen und deren Qualität beurteilen

Aufgabe 1
In dieser Reihenfolge eintragen: Kinder, Redakteuren, Surfraum, Programm, verständlich, geeignet.

Aufgabe 2
Kindersuchmaschinen: fragFINN, Helles Köpfchen, Kindersuchmaschine.net, seitenstark.de, kindercampus.de
Erwachsenensuchmaschinen: bing, Yahoo, T-online, Ask.com, AOL, Web.de, GMX

Aufgabe 3
Individuelle Lösung: Achte darauf, dass du bei den Aufgaben die hier gewählten Suchmaschinen verwendest.

Aufgabe 4
Beispiellösung: Loch Ness, Monster, Nessie

Seite 102 **Aufgabe 5**
Individuelle Lösung: Achte darauf, dass du deine gewählten Suchmaschinen mit gleichen Maßstäben beurteilst.

Aufgabe 6
Individuelle Lösung: Greife bei deiner Begründung auf die Ergebnisse aus Aufgabe 5 zurück.

Aufgabe 7
Individuelle Lösungen: Beachte, dass die Begründungen sich auf die Qualitätskriterien aus 5 und 6 beziehen.

Seite 103

Die eigne Mediennutzung überprüfen und mögliche Gefahren richtig einschätzen

Aufgabe 1
Individuelle Lösung

Aufgabe 2
Beispiellösung:
Körperliches Unwohlsein: Unruhe, Unkonzentriertheit, Nervosität; • Absacken der schulischen Leistungen, da abgelenkt, weniger Zeit für Hausaufgaben; • Rückzug aus der „normalen" Welt – man lebt förmlich mit dem Smartphone und bekommt das alltägliche Leben um einen herum gar nicht richtig mit

Aufgabe 3
Individuelle Lösung: Stelle die Länge des Projektes vor und verfasse zu verschiedenen „Zeitpunkten" deine Einträge.

Aufgabe 4
Individuelle Lösung

Seite 104

Kompetenztest: Über mögliche Gefahren der Mediennutzung reflektieren

Aufgabe 1
Beispiellösung: Der Text könnte in einem Schulbuch veröffentlicht worden sein, da er die Gefahren des „Immer-online-Seins" darstellt und diese in der Schule thematisiert werden. Meiner Meinung nach ist der Text für 10- bis 14-Jährige geeignet.

Aufgabe 2
Individuelle Lösung: Wichtig sind etwa die Erkenntnisse, dass es beim Surfen im Internet auch ein Zuviel gibt und „Freunde" aus dem Netz nichts mit Freunden im realen Leben gemein haben.

Aufgabe 3
Individuelle Lösung: Informiere dich auf mehreren Seiten, welche Möglichkeiten es gibt, und fasse die Ergebnisse zusammen. Gib die Quellen deiner Ergebnisse an.

Aufgabe 4
Individuelle Lösung: Informiere dich über den Medienkonsum von Jugendlichen und die Kampagnen zur Sensibilisierung bezüglich des Medienkonsums. Bilde dir aufbauend darauf deine Meinung und formuliere einen eigenen Beitrag für ein Forum.

Aufgabe 5
Individuelle Lösung: Denkbar wäre hier die Erstellung eigener Beiträge für Online-Lexika, die gezielte Suche nach Informationen (z. B. auch im Rahmen eines WebQuests), der Kontakt mit einer Partnerschule über E-Mail-Brieffreundschaften etc.

Generelle Übungsmöglichkeiten beim Umgang mit Texten und Medien:

Übernimm die folgende Checkliste in dein Heft. Nutze sie zum Überprüfen deines Lesefortschritts.
Prüfe von Zeit zu Zeit, ob du dir den Inhalt eines Textes richtig erschlossen hast.
Kreuze dafür das Entsprechende in deinem Heft jeweils an oder ergänze eigene Techniken.

Checkliste zur Erarbeitung von Texten

Ich habe ...	ja	nein	Ich habe ...	ja	nein
... die Aufgabe gründlich gelesen.			... eigene Lernwege gesucht:		
... die Aufgabe verstanden.			• ein Bild gemalt/eine Grafik gezeichnet.		
... Fragen zur Aufgabe gestellt.			• Stichwörter formuliert.		
... den Text überflogen.			• den Text zusammengefasst.		
... den Text gründlich gelesen.			• Fragen gestellt.		
... im Text unterstrichen oder markiert.			• den Text laut gelesen.		
			• den Text jemandem vorgetragen.		

Wenn du noch Probleme beim Erschließen von Texten hast:

Übe genaues Lesen:

- Trainiere deine Lesegeläufigkeit (Lesetempo/Lesegenauigkeit).
- Suche dir einen Text aus, den du jemandem vorlesen möchtest. Übe so lange, bis du dir sicher bist, dass du den Text gut vorlesen kannst.
- Lies die Wörter richtig und genau, füge keine Wörter hinzu und lasse keine Buchstaben oder Wörter aus.
- Lies alle Silben und Wörter gut verständlich vor. Sprich deutlich und verschlucke keine Wortteile oder Wörter.
- Lies flüssig und nicht abgehackt. Stolpere nicht über einzelne Wörter und mache keine unnötigen Pausen.
- Lies lebendig vor, betone richtig und versuche, nicht zu „leiern".
- Achte jedes Mal auf die Lautstärke und das Lesetempo.

Fertige ein Lesezeichen mit der 5-Schritt-Lesemethode an:

Auf dem Lesezeichen sollen die folgenden fünf Schritte übersichtlich notiert werden. Das Zeichen besteht aus festem Karton oder ist laminiert, damit du es immer wieder verwenden kannst.

1. Sich einen Überblick verschaffen: Text überfliegen, Bilder, Titel und Zwischentitel anschauen
2. Fragen stellen: Worum geht es? Was weiß ich schon? Was kommt mir bekannt vor?
3. Mit dem Stift lesen: Text lesen, Schlüsselbegriffe und Kernaussagen anstreichen, Randnotizen anbringen
4. Unklarheiten beseitigen: Unbekannte Wörter und Begriffe nachschlagen, Zusammenhänge klären
5. Zusammenfassen und zusammenführen: Inhalt abschnittweise zusammenfassen (kurz), Skizzen machen, in eigenen Worten zusammenfassen (nur wichtigste Aussagen)

Führe bei Erzähltexten ein Lesebegleitheft:

Fertige in einer Kladde zu jedem Buch und zu jeder Geschichte, jedem Text, die/den du liest, einen Lesesteckbrief nach folgendem Muster an:

Autor:
Titel:
Erscheinungsort:
Erscheinungsjahr:
Verlag:
Hauptpersonen:
Kurzzusammenfassung des Inhalts:
Buchart/Textart:
Angaben zum Autor:
Eine Stelle, die besonders wichtig für mich ist, und meine Begründung dazu:
Das Buch/die Geschichte hat mir gefallen/mich interessiert, weil ...

Erstelle Karteikarten zu Textarten:

Lege Karteikarten zu den Merkmalen der einzelnen Textarten an oder erstelle eine Mind-Map mit den Merkmalen.

Übertrage den Text in eine andere Darstellungsform:

Fertige zu dem Textinhalt eine Skizze, ein Bild, eine Tabelle, ein Strukturdiagramm, eine Mind-Map an.

→

Erweitere den Text:
Ergänze den Text durch zusätzliche Beispiele, Erläuterungen oder Skizzen.

Nutze und ordne Notizen:
- Notiere die wichtigsten Begriffe mit Erklärungen, die du dir zu einem Text merken willst, auf einem Blatt Papier.
- Fertige Stichwortzettel oder Notizen in grafischer Form an, z. B. Tabellen, Mind-Maps, Zeichnungen mit Symbolen. So kannst du Textinhalte besser auf einen Blick erfassen.
- Ordne die Inhalte und Aspekte, die du zu einem Text stichwortartig notiert hast, nach Wichtigkeit oder bündele sie unter Oberbegriffen.
- Nummeriere deine Notizen farbig in der Reihenfolge, in der du sie wiedergeben möchtest. Nummeriere ergänzende Informationen zu den einzelnen Punkten genauso.

Wenn du beim Formulieren von Erschließungsergebnissen noch Probleme hast:

Nutze generelle Tipps:
- Verwende deine Mind-Maps (siehe oben) zu den Textarten beim Verfassen eigener Texte.
- Versuche, den Inhalt eines Textes mit einem einzigen kurzen Satz zu umschreiben.
- Notiere die Zeilenzahl des Textabschnitts, wenn du über einen Textabschnitt schreibst.

Fasse Texte zusammen:
- Verbinde die Stichworte, die du zu einem Text aufgeschrieben hast, in ihrer Reihenfolge sprachlich miteinander.
- Schreibe überwiegend einfache Sätze, die du gut überblicken kannst.
- Formuliere einen Entwurf und lasse eine Korrekturspalte.
- Korrigiere und überarbeite.
- Übertrage den fehlerfreien Text in dein Heft.

Trainiere die Nutzung von Nachschlagewerken:
- Sage das ABC zum Aufwärmen einmal ganz schnell auf. Versuche es auch rückwärts.
- Schreibe die Buchstaben auf, die vor M F Y J L P O stehen. Welches Wort hat sich ergeben?
- Jetzt anders herum: Schreibe die Buchstaben auf, die nach B N L O T S D Q stehen. Hast du wieder ein Wort erhalten?
- Finde zu jedem Nomen ein passendes Adjektiv mit dem gleichen Anfangsbuchstaben: artiger **Apfel**, ... Baum, Chemiker, Decke, Ente, Frosch, Gurke, Hals, Igel, Jaguar.
- Ergänze Nomen und Adjektive für alle anderen Buchstaben des Alphabets.
- Schreibe alle Wörter, die du gefunden hast, auf und ordne sie nach dem Alphabet. Achte dabei auch auf den zweiten Buchstaben. Bilde dazu die Grundform der Adjektive:
  Apfel → artig → ...

Wenn du Probleme bei der Kontrolle deiner Mediennutzung hast:

Überprüfe deine Mediennutzung:
Übertrage die folgende Tabelle auf ein Blatt. Kreuze deine Einschätzung zu den einzelnen Bereichen an und wiederhole den Vorgang in einem halben Jahr.

Meine Mediennutzung		
Ich kann ...	Datum:	Datum:
... E-Mails schreiben und versenden.		
... E-Mails öffnen.		
... unerwünschte E-Mails oder Spam erkennen und löschen.		
... in geschützten Räumen chatten.		
... mit dem Internet und Kindersuchmaschinen umgehen.		
... Informationen gezielt finden, verstehen und aussuchen.		
... erkennen, ob Inhalte für mich geeignet sind.		
... Inhalte, die mir unangenehm sind, jemandem melden und die Seite schließen.		
... in einem Forum schreiben.		
... bloggen.		
... Kurznachrichten und Objekte versenden.		
... meine Daten schützen.		
... verantwortungsbewusst mit Informationen und Daten umgehen.		
... Einstellungen und Perspektiven in Filmen erkennen.		

4 Der Versuch, nach dem Diebstahl den Ring zu verstecken, wird bald Schulgespräch und es kommen viele Gerüchte auf. Schreibe nun für die Schülerzeitung einen sachlichen und genauen Bericht über den ganzen Vorfall. Verarbeite alle Informationen, die du über das Ereignis bereits in Erfahrung bringen konntest.

5 Überprüfe mithilfe der Checkliste, ob du den Bericht korrekt verfasst hast. Überarbeite die Punkte, bei denen du „nein" angekreuzt hast.

Checkliste Bericht

ja	nein	Ich habe ...
○	○	in der Einleitung die W-Fragen beantwortet (wer, was, wo, wann).
○	○	im Hauptteil jeden Schritt des Geschehens auf dem Schulhof lückenlos und in der richtigen zeitlichen Reihenfolge wiedergegeben.
○	○	im Hauptteil die Fragen nach dem Wie? und Warum? hinreichend ausführlich beantwortet.
○	○	am Schluss die Lösung des Falles begründet oder die Folgen des Geschehens erläutert.
○	○	auf Spannung erzeugende Formulierungen verzichtet.
○	○	darauf geachtet, an wen der Bericht gerichtet ist, und entsprechend formuliert.

Wenn du in diesem Test noch 😐 zeichnen musstest → SB-S. 52–71.

1.3 Argumentierende Texte schreiben

Hier findest du Informationen im Schülerbuch: *S. 72–83*

Diese Kompetenzen trainierst du: *Meinungen situations- und adressatengerecht vertreten, Behauptungen und Appelle argumentativ absichern, Meinungen sachlich begründen, die Argumentation überarbeiten*

Hier findest du Hilfestellungen: *Arbeitsheft S. 105 und Schülerbuch S. 275*

Teste deinen Lernstand

Wie überzeugend kannst du deine Meinung vertreten?

1 Du kommst in der Schule, zuhause und unter Freunden sicher oft in die Situation, deine Meinung zu etwas äußern zu wollen. Aber weißt du auch, was man dabei beachten sollte? Schätze deine Fähigkeiten in dieser Frage durch Ankreuzen ein und ergänze gegebenenfalls.

- ◯ Ich weiß nicht, wie ich andere am besten überzeugen kann.
- ◯ Ich kenne eine Regel, wie ich mich fair in einem Gespräch verhalte, nämlich …
- ◯ Ich weiß genau, was ich beachten muss, um andere von meiner Meinung zu überzeugen. Am wichtigsten ist es, …

2 Löse das Kreuzworträtsel zum Stichwort „Argumentieren“ mithilfe des Lückentextes.

Beim Argumentieren versuchst du deine **(1)** klar und **(2)** zu **(3)**. Dabei helfen dir **(4)**, die möglichst **(5)** sein sollten. **(6)** darfst du die Gegenseite unhöflich oder abwertend behandeln. **(7)** ist derjenige, der für eine Sache eintritt, **(8)** derjenige, der dagegen argumentiert.

Silbenspeicher

Bei – pro – sach – spie – grün – tra – nie – kret – le – con – lich – Mei – kon – be – den – nung

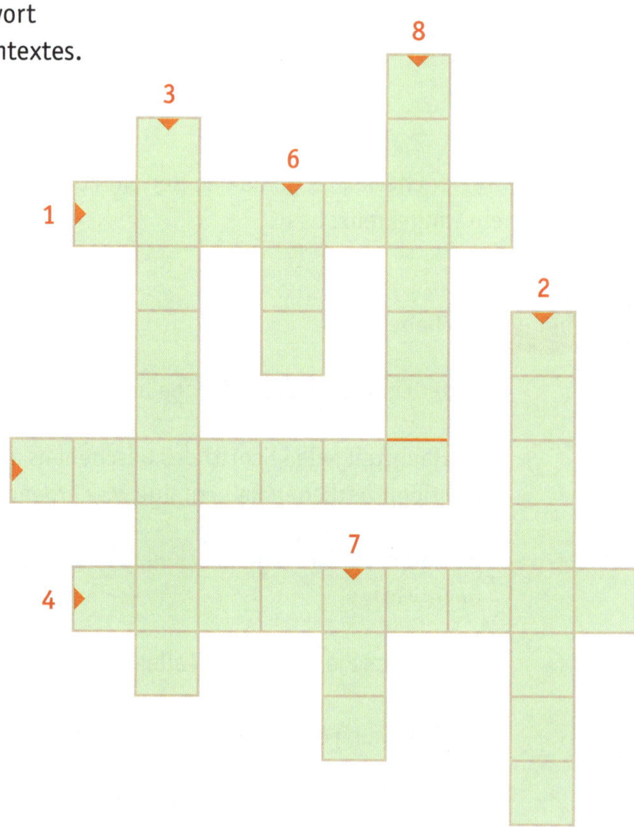

Sich eine Meinung zu einem Thema bilden und sie angemessen vertreten

Die Schulleiterin des Gymnasiums Neustadt hat ein Informationsschreiben in die Schulmensa gehängt:

Liebe Schülerinnen und Schüler,
da unsere Mensa leider viel zu klein für unsere große Schule ist und sie immer wieder überfüllt, laut und vermüllt ist, ist ab heute der Aufenthalt für Schüler der Unterstufe während der Pausen verboten. Diese dürfen die Mensa nur noch betreten, um sich etwas zu essen oder trinken zu kaufen. Ansonsten müssen sie die Pausen auf dem Pausenhof verbringen. Schließlich ist es ja auch gesünder für euch, an die frische Luft zu gehen. Der Aufenthalt in der Oase ist ausschließlich den Schülern der Mittel- und Oberstufe gestattet.
OStDin Klarmann

1 Die Klasse 6a ist über dieses Schreiben empört. Welcher ihrer Aussagen stimmst du zu? Welche überzeugen dich nicht? Begründe deine Entscheidung für drei / vier / fünf Aussagen jeweils in deinem Heft.

Jakob: „Das ist völlig unfair! Immer nur gegen uns – die Großen dürfen alles!"

Paula: „Es sind doch nicht nur wir, die Lärm machen! Das macht die Menge an Schülern, nicht das Geschrei einzelner."

Enya: „Und wir sollen draußen im strömenden Regen rumstehen, nur damit die da drin ihre Ruhe haben!"

Tarek: „Um dort zu kaufen, sind wir gut genug. Aber essen dürfen wir da nicht? So ein Mist!"

Liam: „Die immer mit ihrer frischen Luft. Ich will in der Pause lieber in der Mensa Schafkopf spielen, da erhole ich mich viel besser vom Unterricht."

2 Herr Klein, der Deutschlehrer der Klasse, hat die Diskussion mitangehört und kritisiert die spontanen Äußerungen der Klasse. Setze folgende Aussage von Herrn Klein fort.

Die Aussagen von euch werden die Schulleitung noch nicht überzeugen, weil

3 Herr Klein lässt Begründungen in einer Mind-Map sammeln. Wähle eine der folgenden Aufgaben:

- Hilf bei der Überarbeitung der Mind-Map, indem du die Dinge in dein Heft übernimmst, die die Schulleiterin überzeugen könnten, und die Punkte weglässt, die nicht überzeugen.
- Herr Klein hatte angeregt, dass die Klasse der Schulleiterin auch einige Vorschläge unterbreitet, wie das Müllproblem in der Mensa in Griff zu bekommen ist. Ergänze deine Mind-Map um einen Ast zum Thema „Wir lösen das Müllproblem".
- Finde selbst eine weitere Begründung und ergänze einen Ast mit zwei Unterpunkten.

Gegen das Mensaverbot spricht …

Ungerechtigkeit an der Schule
- Mittel- und Oberstufe machen auch Lärm und Dreck
- Unterstufenschüler werden auf Pausenhof geärgert
- Wir dürfen keine Handys verwenden, die Großen schon

Wer kauft, darf auch bleiben
- Schüler brauchen einen Ort zum Essen
- Unterstufe kauft mehr in Mensa als die Großen

Freunde treffen in der Mensa
- Schafkopf spielen
- quatschen
- Hausaufgaben „vergleichen"

4 Die 6a hat sich auf folgende drei Hauptpunkte geeinigt. Um die Schulleiterin zu überzeugen, soll jeder Schüler eine dieser Begründungen erläutern – am besten mit konkreten Beispielen. Entscheide dich für eine Begründung und arbeite sie in deinem Heft aus.

A Für den Lärm und die Enge sind nicht nur die Schüler der Unterstufe verantwortlich. Somit ist es nicht fair, dass nur die Unterstufe aus der Mensa ausgeschlossen werden soll.

B Auch wenn frische Luft gesund ist: Manchmal haben wir keine Lust darauf, auf dem Pausenhof herumzustehen. Denn auch im Gespräch mit Freunden in der Mensa kann man entspannen.

C Schüler, die in der Mensa Essen kaufen, sollten dieses dort auch verzehren dürfen, egal aus welcher Jahrgangsstufe sie kommen.

5 Verfasse nun den Brief, den die Klasse 6a an die Direktorin, Frau Klarmann, schicken kann, um gegen die Mensa-Entscheidung Widerspruch einzulegen.

Eine Argumentation überarbeiten

1 Jakob arbeitet mit Begeisterung an der Schülerzeitung mit und fordert seine Mitschüler mit einem Flugblatt zur Mitarbeit auf. Welche Formulierungen sind deiner Ansicht nach in seinem Aufruf nicht gelungen? Markiere sie und schreibe eine verbesserte Fassung in dein Heft.

ACHTUNG FEHLER!

Hallo allerseits,

wir, die Redaktion der Schülerzeitung, **brauchen euch!** Denn nur mit eurer Hilfe können wir unser galaktisches Niveau halten! Eure Themen behandeln! Die großen Skandale aufdecken! Eure Lieblingswitze veröffentlichen! Die besten Lehrersprüche veröffentlichen!

Hier sind drei gute Gründe bei uns mitzuarbeiten:

1. Wir haben viel **Spaß bei der Arbeit.** Bei unseren Treffen wird viel gelacht. Und Herr Klein, unser Betreuer, spendiert immer Gummibärchen.
2. Man kann an der Schule **etwas bewegen.** Als die Stimmung wegen der Mensasache hochkochte, haben wir die Briefe der 6a, der 7e und der SMV veröffentlicht und das Streitgespräch mit Frau Klarmann organisiert. Und das hat ja geklappt! Der neue Mensa-Dienst, bei dem jede Klasse einmal im Schuljahr eine Woche drankommt, funktioniert doch super.
3. Man **lernt** interessante **Leute kennen** und **übernimmt Verantwortung.** Ich habe als Werbekunden den Mario von „Marios Pizza" gewonnen, der bei uns eine Anzeige geschaltet hat, und bekomme seitdem immer wieder mal von ihm ein Stück der besten Pizza Neustadts umsonst. Das ist echt cool! Und wenn du dann nach dem Sammeln von Anzeigen, Schreiben und Layouten die fertige Zeitung von der Druckerei abholst und deinen Artikel gedruckt liest, dann bist du verdammt stolz auf dich – glaub's mir!

Ihr könnt natürlich auch nur als freie Mitarbeiter mitmachen und uns Artikel in den Briefkasten der Schülerzeitung werfen.
Wir, die Schülerzeitung, freuen uns auf euch!

Euer Jakob aus der 6a

2 Überprüfe anhand der folgenden Checkliste die inhaltliche Qualität von Jakobs Argumentation und formuliere jeweils eine kurze Einschätzung dazu.

Merkmal	Anmerkungen
Die Einleitung motiviert zum Lesen, informiert und formuliert das Anliegen der Redaktion.	
Zuerst informiert Jakob über das Arbeitsklima in der Redaktion.	
Dann begründet Jakob, warum die Schülerzeitung wichtig für die Schule ist.	
Auch der dritte Grund ist sinnvoll aufgebaut.	
Die Begründungen werden mit treffenden Beispielen untermauert.	

Checkliste Argumentation

3 Wähle einen der drei Gründe aus dem Text aus, dessen Formulierung deiner Meinung nach am wenigsten gelungen ist, und überarbeite ihn in deinem Heft.

Wenn du in diesem Test noch 😐 zeichnen musstest → SB-S. 72–83.

2.1 Den Wortschatz erweitern und das Sprachbewusstsein vertiefen

Hier findest du Informationen im Schülerbuch: *S. 190–203*

Diese Kompetenzen trainierst du: *Wörter mit gleicher oder gegensätzlicher Bedeutung unterscheiden und voneinander abgrenzen, Dialekt und Standardsprache unterscheiden, Sprachbewusstsein vertiefen, sprachliche Bilder erkennen und anwenden*

Hier findest du Hilfestellungen: *Arbeitsheft S. 107 und Schülerbuch S. 286*

Kennst du dich beim Wortschatz aus?

Teste deinen Lernstand

1 Wie gut kennst du dich mit Fachbegriffen zum Wortschatz aus? Kreuze die für dich zutreffende Antwort an.

○ Ich kenne keine Fachbegriffe zum Wortschatz.
○ Ich kenne zwei Fachbegriffe zum Wortschatz aus dem Wortspeicher, nämlich

____.

○ Ich kenne alle Fachbegriffe zum Wortschatz.

Ordne, wenn du die zweite oder dritte Möglichkeit angekreuzt hast, die entsprechenden Begriffe aus dem Speicher dem jeweiligen Beispiel zu.

Wortspeicher

Wortfeld (1) – Personifikation (2) – Vergleich (3) – Wortfamilie (4) – Antonym (5) – Synonym (6)

○ reden – flüstern – schreien	○ Fahrstuhl – Aufzug
○ Gefährte – fahrlässig – Gefahr	○ Ich renne so schnell wie ein Blitz.
○ bunt – farblos	○ Die Staubflocken kitzeln mich in der Nase.

2 Unterstreiche im folgenden Text Vergleiche grün, Sprichwörter blau und Personifikationen rot. Wähle, wenn du unsicher bist, eine Unterringelung.

„Tommy, kommst du endlich zum Frühstück?“ Wie ein Leierkasten musste Frau Hansen ihren Sohn Thomas jeden Morgen an den Frühstückstisch locken. Tommy war ein echter Morgenmuffel. Nicht einmal, wenn die Sonne ihm direkt ins Gesicht stach, wollte er aufstehen. Anders sein Bruder Jan, der wie ein geölter Blitz aus dem Bett schoss, denn Jan konnte gar nicht früh genug in den neuen Tag starten. Tommy brauchte immer eine Extra-Einladung. Endlich saß er mit verquollenen Augen am Tisch und wollte verschlafen nach einem Hörnchen greifen, als er merkte, dass keines mehr im Korb lag. Jan, der schon im Bad verschwunden war, hatte offensichtlich beide Hörnchen verschlungen. Da bemerkte Frau Hansen etwas schadenfroh: „Tja – der frühe Vogel fängt eben den Wurm.“

Den Wortschatz mittels Wortfeldern und Wortfamilien und durch Synonyme/Antonyme erweitern

1 Jakob und Tarek warten nach der Schule auf den Bus. Damit es nicht zu langweilig wird, denkt sich Jakob ein Spiel aus. Er gibt zwei Buchstaben vor, aus denen Tarek dann zusammengesetzte Wörter bilden soll. Notiere jeweils zwei Wörter, die Tarek einfallen könnten.

Beispiel: *TB: Tennisball, Tischbein*

1) SB: ______________________ – ______________________

2) UR: ______________________ – ______________________

3) DA: ______________________ – ______________________

4) KG: ______________________ – ______________________

2 Markiere alle Bestimmungswörter rot und alle Grundwörter blau (Nachschlagen → S. 107).

Beispiel: *Tennisball*

3 Tarek verändert nun das Spiel. Er gibt Jakob ein Wort vor, das dieser einmal als Bestimmungs- und einmal als Grundwort verwenden soll. Fülle die Tabelle entsprechend aus.

Beispiel: *Tennis → Tischtennis, Tennisball*

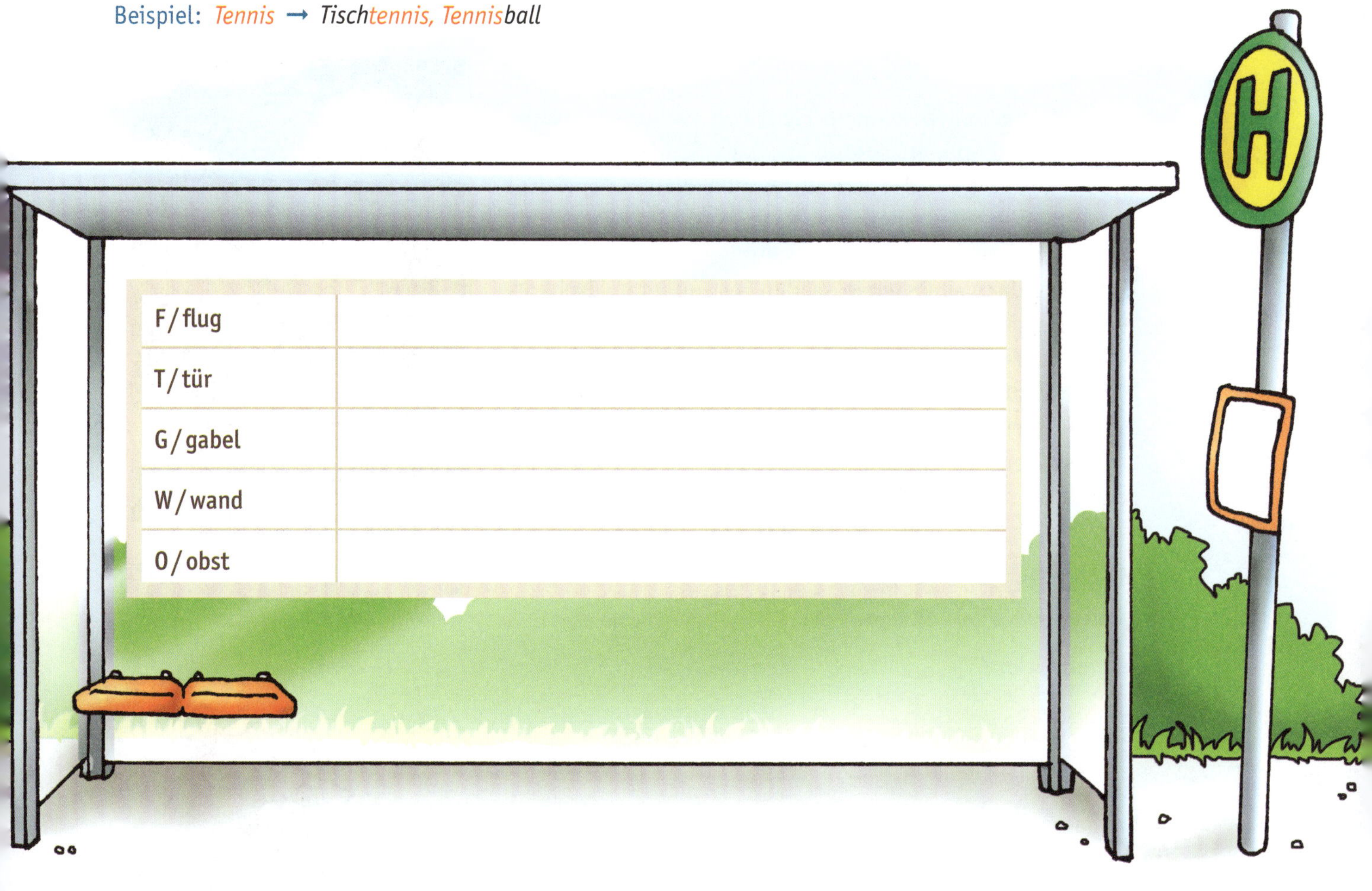

F/flug	
T/tür	
G/gabel	
W/wand	
O/obst	

4 Im Bus spielen die Jungen „Wortsalat“. Tarek schreibt Wörter auf seinen Block, die Jakob ordnen muss. Wähle dazu eine der folgenden Aufgaben:

- Sortiere die Wörter nach Wortfeldern in dein Heft.
- Sortiere die Wörter nach Wortfeldern in dein Heft. Denke dir dann zwei weitere Wörter pro Wortfeld aus und schreibe sie jeweils dazu.
- Sortiere die Wörter nach Wortfeldern in dein Heft. Finde nun einen Oberbegriff für jedes Wortfeld.

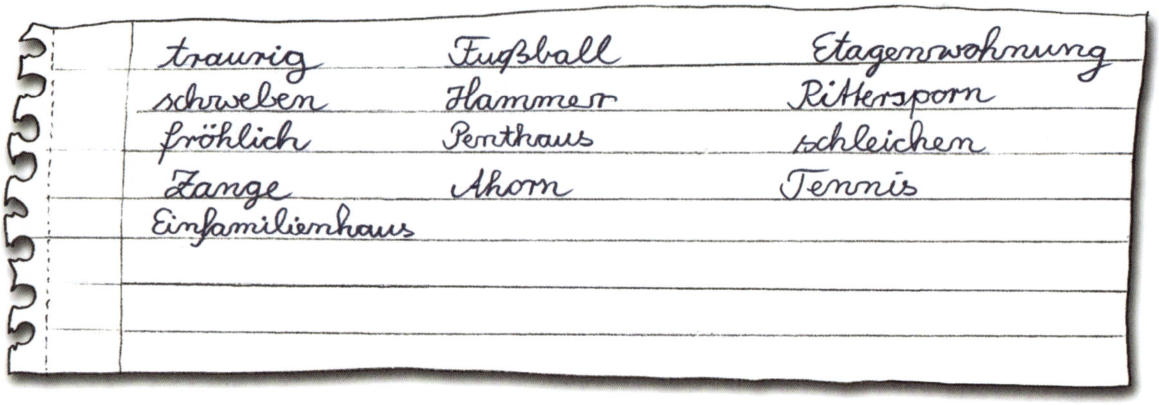

5 Auf dem Nachhauseweg erzählt Tarek Jakob eine Geschichte von Käpt’n Blaubär, den Jakob nicht kennt. Deshalb zeigt Tarek Jakob den Text auf seinem Smartphone. Übertrage die Eigenschaften, die du über die Figuren im Text erfährst, in die Tabelle. Ergänze jeweils ein Synonym und ein Antonym (Nachschlagen → S. 107). Achtung: Es gibt nicht nur eine richtige Lösung.

Blaubär ist eine ~~liebenswerte~~ Figur von Walter Moers, die durch eine Puppentrickserie in der „Sendung mit der Maus“ bekannt wurde. Der alte Käpt’n Blaubär bewohnt zusammen mit der einfältigen Ratte Hein Blöd sowie seinen wissbegierigen Enkeln, den männlichen Bärchen, Gelb, Grün und der weiblichen Rosa, den gestrandeten Fischkutter Elvira, der in der Nähe des erfundenen Ortes Rumsrüttelkoog auf einer Felsklippe liegt. Wesentlicher Lebensinhalt des fantasievollen Käpt’n Blaubär ist es, seinen Enkeln vermeintliches Seemannsgarn über seine zahlreichen Schiffsreisen zu erzählen.

Eigenschaft	Synonym	Antonym
liebenswert	*freundlich*	*unfreundlich*

6 Schreibe eine Abenteuergeschichte über Käpt’n Blaubär und seine Enkel, in der sie einem Seeräuber begegnen, in dein Heft. Benutze dabei die Wörter aus deinen Tabellen.

Sprachbewusstsein vertiefen – Dialekte erforschen

Nämbercher Drichder (deitsch: *Nürnberger Trichter*), is a schärzhafder Asdrugg fir a Medoodn, mit dera ma jemandn Wissn sozusoong asuu eidrichdan ko, dass ma dabei nix verblembern doud und dass a da Bläidsde gabiern doud.

Däi Reednsoard gäid zrügg af dän Nämbercher Dichder Georg Philipp Harsdörffer.

1 Jakob „übersetzt“ seinem Freund Anton, der aus Hannover kommt und gerade zu Besuch in Nürnberg ist, den im fränkischen Dialekt abgefassten Artikel. Hilf ihm und schreibe eine hochdeutsche Fassung in dein Heft.

2 Anton sucht mit Jakob nach Merkmalen, die die fränkische Mundart von der Standardsprache, dem sogenannten Hochdeutsch, unterscheiden, und betrachtet drei Wörter genauer.

Fränkisch	Hochdeutsch	Unterschiede
Nämberch		
Medoodn		
eidrichdan		

3 Übertrage die drei Wörter in deinen eigenen Dialekt. Versuche die Aussprache in Buchstaben „umzusetzen“.

________________ ________________ ________________

4 Später tauschen sich Jakob und Anton noch einmal per Mail über das Thema „Dialekt“ aus. Jakob erklärt Anton, welche Bedeutung für ihn Dialekt hat. Schreibe Jakobs Mail in dein Heft. Füge auch noch einen Aspekt hinzu, der dir selbst einfällt.

- Dialekt bedeutet Heimat
- vertrauter Klang
- eigene Wörter, die es woanders nicht gibt
- Verständigungsprobleme (Hochdeutsch, Austauschschüler)
- Wechsel zwischen Dialekt und Hochdeutsch problemlos, je nach Situation und Gesprächspartner

5 Welche Bedeutung hat der Dialekt deiner Region für dich persönlich? Bitte auch zwei Personen aus deiner Familie oder Freunde, diese Frage zu beantworten, und notiere ihr Lieblingsdialektwort in dein Heft.

Durch sprachliche Bilder Wirkung erzielen

1 Paula und Phil spielen „Montagsmaler“, eine Sendung, die früher im Fernsehen lief und in der ein Begriff erraten werden musste, der nur gezeichnet wurde. Reden war verboten. Die folgenden Bilder zu Redewendungen konnte Phil nicht erraten. Schreibe die Redewendungen auf und ergänze ihre Bedeutung.

2 Paula erklärt Phil, dass Redewendungen Sprache sehr anschaulich und abwechslungsreich machen. Jetzt will Phil möglichst viele kennenlernen. Markiere die Redewendungen (Nachschlagen → S. 107) gelb und die Sprichwörter rot. Ordne dann jeweils die passende Erklärung zu.

1) Der Apfel fällt nicht weit vom Stamm.	a) Man sollte nicht zu viel essen, wenn man denken muss.
2) den Kopf in den Sand stecken	b) Kinder ähneln im Charakter den Eltern.
3) abwarten und Tee trinken	c) Ehrlichkeit ist auf Dauer am besten.
4) Ein voller Bauch studiert nicht gern.	d) In der Jugend lernt man besser als im Alter.
5) Was Hänschen nicht lernt, lernt Hans nimmermehr.	e) vor einem Problem davonlaufen
6) Ehrlich währt am längsten.	f) ruhig die weiteren Ereignisse abwarten

Lösung: 1) ________ 2) ________ 3) ________ 4) ________ 5) ________ 6) ________

3 Notiere den Unterschied zwischen Redewendung und Sprichwort.

Redewendungen sind … ______________________________

Sprichwörter sind … ______________________________

4 Finde heraus, welche Wörter hier dargestellt sind, und erkläre im Kasten darunter das Prinzip.

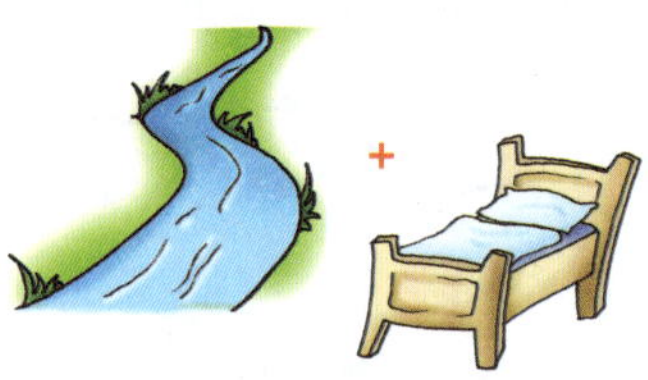

Begriffe: ______________________________

Die Begriffe setzen sich aus jeweils zwei Wörtern zusammen. Das ______________ Wort trägt die Hauptbedeutung (______________________). Das erste Wort (______________________) bestimmt diese Wort näher.

5 Zeichne die Begriffe *Bücherwurm, Trampeltier, Hasenfuß* in dein Heft. Du kannst sie wie in Aufgabe 4/Seite 36 zeichnen oder eine andere Darstellungsweise wählen.

6 Enya findet es schwierig, Metaphern und Vergleiche auseinanderzuhalten. Paula erklärt es ihr so:

„Wenn Gegenstände oder Ereignisse durch Worte ausgedrückt oder beschrieben werden, die eigentlich zu einem anderen Gegenstand oder Ereignis gehören, spricht man von einer **Metapher**. Ein **Vergleich** ist so ähnlich, enthält aber immer *wie* (auch manchmal *als*) als Vergleichswort."

Unterstreiche alle Metaphern.

Sie ist ein scheues Reh. – Sie ist scheu wie ein Reh. – Er reagierte mit einer Mauer des Schweigens. – Er schwieg wie ein Stummer. – Das Mädchen weinte, weil ihr Herz gebrochen war. – Das Mädchen weinte so große Tränen wie ein Krokodil.

7 Ergänze in deinem Heft ■ drei / ■ fünf / ■ sieben der folgenden Vergleiche sinnvoll.

(1) Du rennst, als ob … . – (2) Im Schlafzimmer ist es so kalt wie … . – (3) Schneeflocken tanzen wie … . – (4) Die Tulpen übersäen die Wiese wie … . – (5) Der Schnee dämpft die Schritte wie … . – (6) Die ersten Sonnenstrahlen leuchten wie … . – (7) Er schrie vor Schmerzen wie … .

8 Verbessere die Ausdruckskraft und die Lesbarkeit des folgenden Textes mithilfe passender bildhafter Ausdrücke aus dem Speicher und schreibe die geänderten Sätze in dein Heft.

Jakob und seine kleine Schwester Mia bitten ihre Mutter vor dem Einschlafen um eine Geschichte. Sie seufzt und sagt, ihr fiele im Moment gar keine ein, sie habe einen so anstrengenden Tag gehabt, dass sie jetzt nicht so leicht eine erfinden könne. Doch dann willigt sie ein: „Es war einmal ein junges Mädchen, das eine große Reise machte. Mit einem Rucksack bepackt stieg es in den Zug und fuhr quer durch fünfzehn europäische Länder…" „Durch welche denn?", fragt Mia dazwischen. „Ach Mia, jetzt hast du mich unterbrochen, sodass ich jetzt gar nicht mehr weiß, was ich eigentlich als Nächstes sagen wollte. Ach ja: Das Mädchen traf im Zug zwischen Wien und Budapest einen jungen Mann, mit dem sie sich toll unterhalten konnte. Irgendwann war sie aber so müde und schlief ein und als sie wieder aufwachte, war er weg. Sie wollte ihn unbedingt suchen, wusste aber, dass es nahezu unmöglich war, ihn wiederzufinden, weil sie von ihm nur wusste, dass er in Budapest ausgestiegen war. Doch als sie diese Geschichte dem Schaffner erzählte, fühlte dieser mit der jungen Frau und war nach langem Reden dazu bereit, ihr den Namen des jungen Mannes zu verraten, an den er sich noch erinnerte. Und so fand das Mädchen dann auch den Mann wieder und heiratete ihn schließlich." Jakob lächelt: „Ach, Mama, da hast du uns ja eine Geschichte erzählt, die sicher nicht wahr ist, das kann ja gar nicht sein." Seine Mutter antwortet: „Ich bin ganz sicher, dass diese Geschichte wahr ist und bezeuge das mit aller Kraft. Ich habe sie nämlich selbst erlebt – der junge Mann ist euer Vater!"

Wortspeicher

jemandem einen Bären aufbinden – etwas aus dem Ärmel schütteln – den Faden verlieren – die Hand ins Feuer legen – die Nadel im Heuhaufen suchen – sich erweichen lassen

Die sprachlichen Mittel eines Textes untersuchen und den Text gestalten

Auktionsfieber pur – zu Besuch bei der Fundsachenversteigerung der Bahn

Samstagvormittag in der „Lokwelt“ in München. Die Strahlen der Frühlingssonne kitzeln draußen die ersten Krokusse heraus. Innen kocht der Saal. Ungefähr zweihundert Menschen sitzen in den Stuhlreihen und starren gebannt nach vorne, zum Pult des Auktionators. „Und nun kommen wir zu einem wahrhaften Schnäppchen: Eine Kindergeige aus dem 18. Jahrhundert in einmaligem Zustand. Der Einstiegspreis: nur sagenhafte 1 200 Euro!“ Ein aufgeregtes Raunen brandet durch den Saal und drei Finger schnellen wie Pfeile in die Luft. „1210 hier vorne, 1220 in der letzten Reihe, dort drüben 1230 €. Kommen Sie, das ist die Chance Ihres Lebens …“ Souverän wie ein Löwendompteur beherrscht der Auktionator den Saal. Bereits zum zehnten Mal versteigert Helmut Geißenberger all diejenigen Gegenstände, die Menschen auf ihren Reisen in Zügen, Bussen und auf Bahnhöfen haben liegen lassen – im Auftrag der Deutschen Bahn AG. Nach der Kindergeige ist ein gigantischer knallroter Design-Lampenschirm an der Reihe, dann eine ? Lederjacke gefolgt von ?. Anschließend knistert es beinahe im nach Frühling riechenden Saal: Als der erste Überraschungskoffer auf den Tisch gewuchtet wird, halten die Anwesenden den Atem an. „Hier kommt ein großes Überraschungsei – mindestens 20 Waren mit einem Gesamtwert von ca. 500 € – zu einem fabelhaften Einstiegspreis von 50 €.“ Als der Koffer nach einem engagierten Bietergefecht schließlich für 290 € seinen neuen Besitzer findet, wird spätestens dem letzten Zuschauer klar: Hier geht es nicht nur darum, ein gutes Geschäft zu machen. Die Freude am Bieten ist mindestens ebenso wichtig.

1 Lies den Text und markiere alle darin enthaltenen sprachlichen Bilder. Schreibe drei davon in dein Heft, notiere den passenden Fachbegriff dazu und erläutere diesen kurz.

2 Fülle die beiden Leerstellen, die durch die Fragezeichen markiert sind: Beschreibe die Lederjacke durch anschauliche Adjektive und ergänze ein weiteres interessantes Fundstück.

3 Zeichne einen der versteigerten Gegenstände in dein Heft, für den du auf der Auktion mitgeboten hättest, und notiere acht Eigenschaften dazu.

4 Ergänze vier der Eigenschaften aus Aufgabe 3 in deinem Heft um jeweils zwei weitere Synonyme und jeweils ein Antonym.

5 Verfasse in deinem Heft ein kurzes Abenteuer (ca. 50 Wörter) von einem Menschen, der einen ihm wichtigen Gegenstand im Zug verliert. Baue die Adjektive aus den Aufgaben 3 und 4 ein und beende die Geschichte sinnvoll mit einem der folgenden Sprichwörter.

Wortspeicher

Geben und Wiedergeben hält die Freundschaft zusammen. – Aller guten Dinge sind drei. – Alles Gute kommt von oben. – Abwarten und Tee trinken.

 Wenn du in diesem Test noch 😐 zeichnen musstest → SB-S. 190–203.

2.2 Wortarten erkennen und anwenden

Hier findest du Informationen im Schülerbuch: *S. 204–223*

Diese Kompetenzen trainierst du: *verschiedene Wortarten erkennen und nutzen, die Tempusformen in Texten erkennen und anwenden, Aktiv und Passiv bilden und verwenden, Adjektive und Adverbien unterscheiden und mit ihnen Texte gestalten, mit Pronomen Textzusammenhänge herstellen, Zusammenhänge mit Konjunktionen und Subjunktionen verdeutlichen*

Hier findest du Hilfestellungen: *Arbeitsheft S. 107 f. und Schülerbuch S. 287–289*

Wie gut kennst du dich mit Wortarten und Zeitformen aus?

Teste deinen Lernstand

1 Kreuze die für dich zutreffende Aussage an und vervollständige die Tabelle, sofern du die dritte Aussage angekreuzt hast.

- ◯ Es fällt mir schwer, Wortarten voneinander zu unterscheiden.
- ◯ Ich kann nur Nomen, Verb und Adjektiv sicher erkennen.
- ◯ Ich kenne alle behandelten Wortarten und weiß, welche veränderbar und welche unveränderbar sind.

veränderliche (flektierbare) Wortarten		unveränderliche (nicht flektierbare) Wortarten

2 Bestimme im folgenden Text die Wortarten der Wörter, die mit einer Ziffer versehen sind, in deinem Heft. Unterscheide die Pronomen genau. Wenn du unsicher bist, notiere hinter der Wortart jeweils ein Fragezeichen.

3 Kennst du die verschiedenen Tempusformen des Verbs? Schreibe sie in dein Heft und notiere dazu passende Beispiele aus dem Text.

Enyas Onkel Walter war ihr (1) größtes Vorbild. Vorbild – das klingt oft nach einem Helden oder einem unerreichbaren Star. Vielleicht (2) war er (3) kein Held, aber dafür unglaublich hilfsbereit und (4) witzig (5). Bis (6) zu seiner Pensionierung hat er zwei (7) Stationen im städtischen Krankenhaus geleitet. In seiner wenigen freien Zeit reiste er mit einer Gruppe engagierter Ärzte in Krisengebiete und unterstützte dort kranke Menschen. Dieser (8) Verein heißt „Ärzte ohne Grenzen“ und leistet einen großen Beitrag, wenn durch Naturkatastrophen, Krankheiten oder Kriege die Menschen in Not sind, berichtet Enya. Wenn Onkel Walter von seinen Reisen (9) wiederkam, erzählte er ihr oft von den ärmlichen Zuständen und unglaublichen Lebensbedingungen der Menschen in den Krisengebieten, die man sich in Deutschland kaum vorstellen kann; aber auch von der (10) Gastfreundschaft der herzlichen Menschen, von glücklichen Kindern und Köstlichkeiten, die es zu essen gibt. Enya wird einen Beruf ergreifen, bei dem sie Menschen helfen kann.

Tipp: Es gibt insgesamt sechs Tempusformen, aber zwei fehlen im Text.

Wortarten bestimmen und nutzen

1 Tarek ist in den Osterferien mit seinen Eltern nach Berlin gefahren. Für die Schülerzeitung „Schreibzeit" möchte er ein paar Recherchen anstellen. In der Berliner Innenstadt spricht er Jugendliche an und befragt sie nach ihren Idolen. Dies sind ihre Antworten.

Lies die Aussagen durch. Beschreibe in der leeren Sprechblase dein eigenes Idol.

Stefan, 14 Jahre: „Ich bin großer Basketballfan. Daher sind die amerikanischen Basketballspieler der NBA meine Vorbilder. Aber besonders mag ich Dirk Nowitzki, weil er schon seit 1998 für die Dallas Mavericks spielt. Er gilt als einer der besten Spieler der Welt und ist dabei trotzdem total auf dem Boden geblieben. Der Mann ist knapp 2,15 m groß, kommt ursprünglich aus dem beschaulichen Würzburg, lebt jetzt in den USA und hat ein Jahresgehalt von fast 20 Millionen US-Dollar. Von ihm könnte ich einen sicheren Wurf lernen, mit dem man auch von der Dreier-Linie trifft."

Emil, 15 Jahre: „Ich habe eigentlich keine wirklichen Idole. Es gibt ein paar Musiker, die ich richtig gut finde, aber Idole sind das für mich nicht. Für mich sind Idole wirkliche Helden, jemand wie Mahatma Gandhi oder Martin Luther King. Die haben wirklich viel für die ganze Menschheit getan. Wenn jemand sein Leben einsetzt für eine gute Sache und seine Einstellung auch unter schwierigsten Umständen beibehält, dann könnte das mein Held sein. Sonst nicht."

Dein Idol: ____________________

____

____

____

2 Wähle eine der folgenden Aufgaben zu den Wortarten (Nachschlagen → S. 107 f.) aus. Arbeite in deinem Heft.

- Finde für jede Wortart der Tabelle zwei Beispiele aus den Aussagen der Aufgabe 1.
- Finde für die Wortarten Adverb, Numerale, Konjunktion/Subjunktion alle vorkommenden Wörter in den Texten aus Aufgabe 1.
- Finde je zwei Beispiele aus den obigen Texten für alle Wortarten und ergänze zu jeder Wortart drei eigene Beispiele.

Nomen	Verb	Adjektiv	Präposition	Pronomen	Adverb	Konjunktion / Subjunktion	Artikel	Numerale

3 Erstelle in deinem Heft eine Mind-Map, in der du acht Eigenschaften deines Idols festhältst. Überarbeite nun den Text über dein Idol aus Aufgabe 1, indem du alle acht Eigenschaften in deinen Text einarbeitest. **Achtung:** Diese Eigenschaften dürfen nicht einfach in einem Satz aufgelistet werden. ☺

Tempusformen in Texten erkennen und gezielt verwenden

1 Paula und Enya müssen für ihr Grammatikheft einen Merkkasten über Zeitformen schreiben. Hilf ihnen, indem du den folgenden Text ergänzt. Notiere in deinem Heft das jeweils fehlende Wort für die nummerierten Lücken.

> In der deutschen Sprache gibt es insgesamt (1) unterschiedliche Zeitformen. Mit der verwendeten Zeitform markieren wir, ob ein Geschehen in der (2), der Gegenwart oder der (3) stattfindet.
>
> - Für die (4) brauchen wir die Zeiten (5), Perfekt und (6).
> - Für die Gegenwart brauchen wir das (7).
> - Für die (9) brauchen wir das Futur I und das (9).

2 Setze die jeweils passend flektierte Form von **gehen** ein und notiere die verwendete Zeit (z. B. Präsens) in die Klammern dahinter.

> Ich __________ durch die Morgensonne und denke an den gestrigen Ausflug (__________): Wir __________ vormittags durch die Stadt __________ (__________) und haben nachmittags das Uhrenmuseum besucht. Zu diesem Zeitpunkt __________ mein Bruder Moritz schon __________ (__________) – er war auf dem Weg nach Frankreich zu einem Schüleraustausch. Im Museum haben mich besonders die alten Kuckucksuhren fasziniert. Sie waren teilweise schon hundertfünfzig Jahre alt und __________ noch so wie am ersten Tag (__________). „__________ wir morgen noch einmal ins Museum __________? (__________)“, fragte ich meinen Vater am gleichen Abend. „Wenn das Museum morgen aufmacht, __________ wir schon nach Hause __________ __________ (__________)“, antwortete mein Vater.

3 Enya hat den Besuch im Uhrenmuseum in ihrem Tagebuch festgehalten. Streiche die Verben in unpassenden Zeitformen durch und verbessere die Sätze in deinem Heft.

> *Liebes Tagebuch,*
> *gestern waren wir im Uhrenmuseum gewesen. Es macht unglaublich Spaß! Moritz und ich gehen sofort zu den vielen Kuckucksuhren, die da in einem Raum überall an der Wand hängen. Zwei Wochen vorher schenkte Mama mir nämlich eine solche Uhr zum Geburtstag. Dann erschraken wir heftig: Um Punkt 11 Uhr fliegen nämlich alle 35 Kuckucks gleichzeitig aus ihren Türchen. Morgen erzähle ich dir mehr von unserem Ausflug. Tschüss!*

4 Tarek hat schon gehört, dass es starke und schwache Verben (Nachschlagen → S. 108) im Präteritum gibt. Er vergisst aber immer, was das bedeutet. Ordne die Verben aus dem Verbspeicher richtig zu. Benutze die 3. Person Singular Präteritum.

Beispiel: *lesen → er las (starkes Verb)*

Verbspeicher
fragen – sitzen – sehen – blinken – essen – nehmen – machen – lernen

____

____

schwach

____

____

Hatschepsut

Besondere Menschen gibt und gab es zu jeder Zeit. Vielleicht hast du schon von dieser außergewöhnlichen Frau gehört, welche ungefähr 1500 Jahre vor Christus in Ägypten lebte und die mächtigste Herrscherin ihrer Zeit war. Ihr Name lautete Hatschepsut Maatkare, was so viel bedeutete wie „Erste der Edelfrauen". Sie stieg in der Hierarchie von einer Prinzessin zur Königsgemahlin auf und ernannte sich später selbst zum Pharao von Ober- und Unterägypten. Nachdem sie einen Wunsch geäußert hatte, erfüllte man ihn ihr postwendend: Die Menschen schmückten die Tempel, stellten Obelisken auf und bauten ein neues Grab im Tal der Könige. Skulpturen zeigen sie mit dem traditionellen Königsbart oder als Mann dargestellt. Nachdem sie 20 Jahre regiert hatte, verstarb Hatschepsut. Oft behauptet man, dass ihr Stiefsohn, Thutmosis III., an ihrem Tod mitschuldig war. Dafür müssen noch Beweise erbracht werden. Nach ihrem Tod vernichtete der Stiefsohn Andenken und Statuen, sodass Forscher, Ägyptologen, Archäologen, Kunsthistoriker und Steinmetze sie erst im 19. Jahrhundert wiederentdeckten. Es hat sicherlich einige Zeit gedauert, bis man sich erklären konnte, warum die Figur des seltsamen „Königs" so weiblich aussieht, obwohl sie einen Bart trägt. Sicherlich wird man noch einiges Neue über Hatschepsut erfahren, wenn man sich weiter mit ihrer Geschichte beschäftigt. Und eines Tages wird das Geheimnis um sie gelöst sein.

5 Lies den Text zur ägyptischen Herrscherin Hatschepsut und wähle eine der folgenden Aufgaben:

- Unterstreiche die Verben – immer die komplette Form mit Hilfsverb – im Text.
- Bestimme die Tempusformen der Verben und ordne ein Beispiel für jede Zeit in die Tabelle ein.

Präsens	Präteritum	Perfekt	Plusquamperfekt	Futur I	Futur II

- Bestimme in deinem Heft alle Tempusformen und kreuze die richtige Anzahl von Präsens- und Perfektformen an:

Präsens: ◯ 6 / ◯ 7 / ◯ 8 Perfekt: ◯ 2 / ◯ 3 / ◯ 5

Aktiv und Passiv bilden und verwenden

1 Paula liebt Pferde. In jeder freien Minute geht sie in den Reitstall und erlebt dort viel. Notiere im Kreis, ob es sich um Erlebnisse und Eindrücke im Aktiv (A) oder im Passiv (P) handelt.

- ◯ Galileo wird aus dem Stall geführt.
- ◯ Der Hengst wurde bereits gesattelt.
- ◯ Paula schwingt sich auf den Rücken des Tieres.
- ◯ Im Trab wird sie kräftig durchgeschüttelt.
- ◯ Nach einiger Zeit gibt Paula dem Hengst die Zügel frei.
- ◯ Die weite Ebene wird in gestrecktem Galopp überquert.
- ◯ Mit fliegender Mähne jagt der Hengst dahin.

Aktiv und Passiv?
Tipp: Schlage → S. 108 nach!

2 Bilde für die jeweilige Zeitstufe aus *werden* + Partizip II des Verbs *öffnen* alle Passivformen und trage sie in die Tabelle ein.

Zeit	Passiv
Präsens	Die Stalltür wird geöffnet.
Präteritum	Die Stalltür
Perfekt	Die Stalltür
Plusquamperfekt	Die Stalltür
Futur I	Die Stalltür
Futur II	Die Stalltür

3 Wandle in deinem Heft die Aktivsätze in Passivsätze und die Passivsätze in Aktivsätze um.

a) Der Hengst wird von Paula in seine Box geführt.
b) Sie nimmt ihm Sattel und Decke ab.
c) Vom Stallburschen wird ihr dabei geholfen.
d) Der Stallbursche tätschelt Galileos Hals.
e) Paula wird von Galileo um Zucker angebettelt.

4 Tarek findet, dass Reiten kein richtiger Sport ist. Er interessiert sich eher für Leichtathletik und erzählt seinen Freunden vom letzten Wettkampf. Bestimme jeweils, ob die Sätze im Aktiv oder Passiv stehen. Unterstreiche dann die jeweilige Zeitform.

Heute wird der Sieg gefeiert.		**AKTIV** ◯ Präsens Futur I Präteritum Perfekt	**PASSIV** ◯ Präsens Futur I Präteritum Perfekt
Ich werde zum Wettbewerb auf den Sportplatz gehen.		**AKTIV** ◯ Präsens Futur I Präteritum Perfekt	**PASSIV** ◯ Präsens Futur I Präteritum Perfekt
Er hat einen Rekord aufgestellt.		**AKTIV** ◯ Präsens Futur I Präteritum Perfekt	**PASSIV** ◯ Präsens Futur I Präteritum Perfekt
Die Rekorde werden gebrochen.		**AKTIV** ◯ Präsens Futur I Präteritum Perfekt	**PASSIV** ◯ Präsens Futur I Präteritum Perfekt
Es wurde gejubelt.		**AKTIV** ◯ Präsens Futur I Präteritum Perfekt	**PASSIV** ◯ Präsens Futur I Präteritum Perfekt
Alle sind zur Siegesfeier eingeladen worden.		**AKTIV** ◯ Präsens Futur I Präteritum Perfekt	**PASSIV** ◯ Präsens Futur I Präteritum Perfekt

5 Bilde zu jeder Zeile einen Satz im Aktiv oder im Passiv in deinem Heft. Bilde einen Aktivsatz, wenn in der ersten Spalte ein (A) steht, und einen Passivsatz bei einem (P). Verwende die angegebene Zeitform.

	Satzbausteine	Zeitform
(A)	Paula – heute – den Hengst – aus dem Stall führen – alleine	Präsens
(P)	das Pferd – gründlich striegeln – von ihr	Futur I
(P)	weiche Bürste – vom Stalljungen – benutzen – dafür	Futur I
(P)	zur Weltmeisterin im Pferdepflegen – Paula – ernennen – von allen Reitern auf dem Hof	Präteritum
(P)	der große Schlauch mit warmem Wasser – von Reitern – früher nie – verwenden	Plusquamperfekt
(P)	vor Jahren – die Karotten – für die Pferde – fast nur in Plastiktüten – verpacken	Plusquamperfekt
(A)	in Zukunft – jeder – mitbringen – sein Futter – in einer Papiertüte	Futur I
(P)	Zucker – in letzter Zeit – einpacken – in Zeitungspapier	Perfekt
(P)	das Licht – nie ausschalten – früher – beim Verlassen des Reitstalls – von Reitern	Präteritum
(A)	heute – Strom sparen – sie – müssen	Präsens
(P)	Schlüssel – umdrehen – beim Verlassen der Ställe – von jedem	Präsens
(A)	vor wenigen Jahren – nachdenken – niemand – über das Eindringen in Ställe	Plusquamperfekt
(P)	auch in 50 Jahren – von Menschen – Pferde – lieben – noch – aber	Futur I

6 Am Tag des Wettkampfes sitzt Tarek mit seiner Mannschaft in der Kabine. Der Trainer informiert sie über den Stand der Vorbereitungen. Wähle eine der folgenden Aufgaben:

- Bringe die Aussagen in eine sinnvolle Reihenfolge und formuliere im Passiv, was jeweils passiert ist.

  Beispiel: *Zunächst wurde die Laufbahn gehärkt, dann wurde …*

„Die Laufbahn ist geharkt. Die Zuschauer sind bereits hereingelassen. Die Hürden sind auf der Bahn aufgestellt. Die Laufbahnen sind mit Kreide markiert."

- Stelle die Passivformen in deinem Heft einander gegenüber. Lege dazu eine Tabelle, wie zu sehen, an.

Vorgangspassiv	Zustandspassiv
Die Laufbahn wurde geharkt.	*Die Laufbahn ist geharkt.*

- Bilde selbst drei weitere Satzbeispiele, in denen du Vorgangspassiv und Zustandspassiv gegenüberstellen kannst. Wähle dann jeweils einen Satz aus und konjugiere diese beiden Sätze in allen sechs Tempusformen.

7 Kreuze jeweils an, ob ein Vorgangspassiv (VP) oder ein Zustandspassiv (ZP) vorliegt, ergänze den anschließenden Lückentext.

Beispiel: *Der Sieger wird vom Vorsitzenden geehrt.* (VP)

(VP) (ZP) Im Winter wird das Trainingsprogramm in der Halle durchgeführt.
(VP) (ZP) Dieser Lauf ist bei allen gefürchtet.
(VP) (ZP) Ist das Rennen wieder von Tarek gewonnen worden?
(VP) (ZP) Die Hürden werden vom Platzwart schon abgebaut worden sein.
(VP) (ZP) Die neuen Laufschuhe werden von allen Profiläufern derzeit sehr geschätzt.
(VP) (ZP) Durch einen Sturz ist der Traum vom Sieg zerstört worden.

Das Vorgangspassiv wird mit einer Form des Hilfsverbs ______________ gebildet,

das Zustandspassiv hingegen mit einer Form des Hilfsverbs ______________.

8 Jakob will in einen Fußballverein eintreten. Der Trainer erklärt ihm, was er braucht und wie das Training abläuft. Kannst du den Ablauf nachvollziehen? Bringe die Bilder mit den passenden Texten in die richtige Reihenfolge.

1

2

3

4

5

C Das braucht man für das Fußballtraining: Sporttasche, kurze Hose, T-Shirt, Fußballschuhe und Stutzen.

D Schieße für die nächste Übung auf das Tor. Trainiere Geschicklichkeit, indem du die Hürden, die vor dem Sechzehner stehen, umspielst und mit einem Torschuss abschließt.

E Köpfe die Bälle in das Tor.

B Spiele abschließend mit deiner Mannschaft ein Übungsspiel.

A Nimm dir in der Aufwärmphase einen Ball und spiele Laufpässe mit einem Partner. Lege zum Schluss den Ball an der Strafraumlinie ab.

Reihenfolge: ______ ______ ______ ______ ______

9 Formuliere den Ablauf des Trainings in deinem Heft. Notiere dazu alle Schritte in Passivsätzen.

Beispiel: *Zum Fußballtraining wird folgende Ausrüstung benötigt: Fußballtasche …*

Mit Adjektiven und Adverbien Texte gestalten

1 Paula will ihre Kenntnisse über die Wortart Adjektiv wiederholen. Leider sind ihre Notizen durcheinandergeraten. Markiere in dem Speicher alle Sätze farbig, die auf Adjektive zutreffen.

Wortspeicher

Sie sind nicht flektierbar. – Man kann sie steigern. – Adjektive kommen in drei Verwendungsweisen vor (attributiv, prädikativ, adverbial). – Sie sind flektierbar. – Mit ihnen kann man Personen, Gegenstände, Gefühle … genauer beschreiben. – Sie stehen immer in Verbindung mit Nomen. – Sie stellen Satzverknüpfungen her. – Man kann sie nicht steigern.

2 Paula interessiert sich für das Leben der Kaiserin Sissi. Sie findet einen Text mit Flecken auf manchen Wörtern. Wähle eine der folgenden Aufgaben:

- Setze im Text passende Adjektive aus dem Wortspeicher ein.
- Im Text werden Adjektive verwendet, um Sissi zu bewerten, zu charakterisieren oder nur, um über sie oder ihr Leben zu informieren: Ordne jeder der drei Absichten jeweils ein Adjektiv aus dem Text zu.
- Finde zu jedem eingesetzten Adjektiv ein Synonym und schreibe es in dein Heft.

Elisabeth von Österreich-Ungarn war eine ______________ Kaiserin. Besser bekannt ist sie unter dem Namen Sissi. Sie war von Jugend an eine ______________ Reiterin, die alle Disziplinen im Damensattel beherrschte. Als sie Rückenprobleme bekam, wurden ihre ______________ Pferde verkauft. Dafür lief Sissi dann ______________ Strecken – bis zu acht Stunden täglich. Schauen Sie den Film über die ______________ Sissi! Nur dann erfahren Sie die ganze Wahrheit über die ______________ Lebensgeschichte.

Wortspeicher

legendär – einzigartig – beliebt – berühmt – begnadete – lang – wertvoll

3 Entscheide, wie die Adjektive im folgenden Text gebraucht werden. Trage den Buchstaben ein.

a) **Attributive Adjektive** bestimmen die Nomen näher. (ein *wunderschöner* Film)
b) **Adverbiale Adjektive** bestimmen näher, wie das Geschehen abläuft. (Er *spielt* die Rolle *gut*.)
c) **Prädikative Adjektive** können in Verbindung mit Verben wie z. B. *sein, werden, bleiben* das Prädikat in einem Satz bilden. (Der Erfolg *ist überwältigend*.)

Die ◯ glorreiche Kaiserin Sissi ist sehr ◯ berühmt. Noch heute gibt es ◯ schöne Spielfilme über ihr ◯ abwechslungsreiches Leben. Die Filme zeigen viele Momente sehr ◯ berührend. Ob alles der ◯ wirklichen Geschichte entspricht oder nur einem ◯ einfallsreichen Autor zuzuschreiben ist, weiß man nicht genau. Sissis Leben läuft ◯ schnell vor dem Zuschauer ab und hinterlässt ein ◯ schönes Bild.

4 Vervollständige den Merkkasten zur Unterscheidung zwischen Adjektiven und Adverbien.

> Adverbien kann man nicht ______________________________.
>
> Sie können auch nicht sinnvoll vor ein ____________________ gestellt werden.

5 Ordne die markierten und nummerierten Wörter der Wortart Adjektiv oder Adverb zu.

> Das **außergewöhnliche**[1] Konzert sollte an einem **verregneten**[2] Sonntag **sofort**[3] im Anschluss an ein Fußballspiel in unserem Vereinsheim stattfinden. Alle Sportler hatten versprochen länger zu bleiben und die Musiker mit Applaus zu überschütten. Die Band bestand aus fünf Jugendlichen, die ihre Instrumente **größtenteils**[4] **gut**[5] beherrschten. **Reihenweise**[6] brachen die Zuhörer in **laute**[7] Jubelschreie aus. Das **grelle**[8] Licht kam von der Lichtmaschine, die **oben**[9] auf einer Bank oberhalb der Bühne stand. **Besonders**[10] interessant war die Reaktion der Zuhörer, als die Sängerin den ersten Ton anstimmte, der **lauter**[11] war als erwartet.

Adjektiv: ______________________________

____

Adverb: ______________________________

____

6 Beschreibe in deinem Heft die dargestellte Situation möglichst präzise und benutze dazu abwechslungsreiche Adjektive und Adverbien. Dein Text sollte ungefähr 60 Wörter umfassen.

7 Vergleiche deine Beschreibung mit der deines Lernpartners.

Mit Pronomen den Textzusammenhang herstellen

1 Lege in deinem Heft eine Tabelle nach dem unten stehenden Muster an. Bestimme die kursiv gedruckten Pronomen in den Sätzen und schreibe jeweils den passenden Fachbegriff in die Tabelle.

Pronomen	deutscher Fachbegriff	lateinischer Fachbegriff
*Das ist der beste Freund, **den** ich je hatte.*	*bezügliches Fürwort*	*Relativpronomen*

Ihr hört *eure* Musik.

Unsere Eltern fahren gerne nach Paris.

Ihr Name ist Enya.

Welchen Lehrer bekommen wir in Deutsch?

Dieses Lineal gehört Tarek.

Ich liebe *dich*.

Jeder mag Schokocreme.

2 Paula interessiert sich seit den Parisreisen mit den Eltern für den Eiffelturm. Den folgenden Text hat sie im Internet gefunden.

Der Eiffelturm

Eigentlich sollte er 20 Jahre nach seiner Fertigstellung wieder abgerissen werden – schließlich war der Eiffelturm kein Denkmal, sondern ein moderner Bau ohne Funktion, für die Weltausstellung 1889 errichtet. Doch der Turm, den viele nicht mochten und der als „teuflische Konstruktion“ seinerzeit beschimpft wurde, blieb. Seit mehr als 100 Jahren nun ist er das Wahrzeichen der französischen Hauptstadt. 300 Meter hoch, circa 1700 Stufen, 10.000 Tonnen Gesamtgewicht: So präsentiert sich dieser in Zahlen.

Wähle dazu eine der folgenden Aufgaben:

- Unterstreiche alle Pronomen im Text.
- Bestimme die Pronomen in deinem Heft.
- Schreibe aus Paulas Notizen zum Erbauer des Eiffelturms, Gustave Eiffel, einen Artikel für die Homepage der Schule. Nutze verschiedene Pronomen und markiere sie.

- Gustave Eiffel wurde in Dijon geboren.
- Gustave Eiffel schloss 1855 das Studium an der Schule für Technik und Handwerk als Ingenieur ab.
- Gustave Eiffel arbeitete einige Jahre im Südwesten Frankreichs.
- Im Südwesten Frankreichs baute er die Eisenbahnbrücke von Bordeaux.
- Gustave Eiffel setzte sich für die Verwendung des neuen Materials Eisen ein.
- Eisen besitzt eine hohe Widerstandsfähigkeit, Elastizität und Leichtigkeit.
- Eisen kann man gut lagern und montieren.
- Gustave Eiffel errichtete Hunderte von Stahlkonstruktionen in der ganzen Welt.
- Gustave Eiffel baute auch den Budapester Bahnhof (1876) und die Freiheitsstatue.
- Die stählerne Innenkonstruktion der Freiheitsstatue stammt von ihm.
- Das bekannteste Bauwerk ist der Eiffelturm.
- Der Eiffelturm wurde für die Weltausstellung von 1889 erbaut.

Mit Konjunktionen und Subjunktionen in Texten logische Verknüpfungen herstellen

1 Fülle die Lücken so, dass der Text über Medien inhaltlich sinnvoll und logisch wird. Du kannst auch Wörter aus dem Wortspeicher mehrfach benutzen. Notiere, zu welcher Wortart sie gehören.

__________ Internet und Fernsehen die am meisten benutzten Medien sind, erfreuen sich auch Jugendzeitschriften bei Jugendlichen noch großer Beliebtheit. Jugendliche lesen Jugendzeitschriften, __________ ihre Eltern das manchmal gar nicht gut finden. Sie lesen sie, __________ sie über alles Bescheid wissen. Sie kaufen sie am Kiosk, __________ diese liegen häufig auf täglich begangenen Wegen. Sie kaufen sie regelmäßig, __________ sie ganz schön teuer sind. Manchmal lesen sie sie auch verbotenerweise im Unterricht, __________ die anderen im Arbeitsheft arbeiten. __________ sie mitreden wollen, lesen sie bestimmte Artikel über Stars.

Es handelt sich um die Wortart __________________.

Wortspeicher

weil – während – sodass – als – aber – denn – indem – sondern – da – nachdem – falls – ob – dass – damit – obwohl – damit

2 Schreibe mithilfe des Satzmaterials sechs sinnvolle Sätze in dein Heft.

Enya hängt das neue Poster auf	nachdem	sie Zuhause angekommen ist.
Paula liest die Brava	bevor	ihr Vater es verboten hat.
Jakob kauft Jugendzeitschriften	weil	er zur Schule geht.
Tarek hat die Zeitschrift schon gelesen	damit	er mitreden kann.
Sarah kauft nur jede zweite Ausgabe	obwohl	sie nicht so viel Geld hat.

3 Verbinde die beiden Sätze jeweils einmal mithilfe des ersten Wortes in der Klammer und anschließend mithilfe des zweiten Wortes. Schreibe die Sätze untereinander in dein Heft und vergleiche sie. Notiere, welcher Unterschied im Satzbau dir zwischen den Sätzen auffällt.

- Jugendzeitschriften werden viel gelesen. Sie bringen interessante Themen. (denn – weil)
- Viele Jugendliche leihen sich untereinander Zeitschriften aus. Sie bekommen einen Überblick über andere Themen. (und – sodass)
- Die Jugendlichen kaufen die Zeitschriften regelmäßig. Manche Eltern verbieten das Lesen der Zeitschriften. (doch – obwohl)
- Die lebensgroßen Poster der Stars rufen bei Fans Begeisterung hervor. Andere finden sie entsetzlich. (aber – während)

4 Wähle zu dem Text über Menschenbilder in der Werbung eine der folgenden Aufgaben:

- Ergänze im folgenden Text die passenden Konjunktionen und Subjunktionen.
- Ergänze den Text, übertrage die Tabelle in dein Heft und ordne die Konjunktionen und Subjunktionen ein.
- Erkläre in deinem Heft den Unterschied zwischen Konjunktionen und Subjunktionen. Orientiere dich dabei am Beispieltext. Setze dazu dort zuerst passende Konjunktionen und Subjunktionen ein.

Konjunktionen	Subjunktionen

Menschenbilder in der Werbung: Das Motto „jung ______ schön ist sympathisch ______ erfolgreich“ kommt für die Darstellung der Menschen in der Werbung zur Anwendung, ______ es garantiert hohe Verkaufszahlen. Das ist keineswegs nur bei Werbeanzeigen in Jugendzeitschriften so, ______ junge Menschen noch stärker mit ihrem Äußeren beschäftigt sind als die meisten Erwachsenen. Gerade in Frauenzeitschriften kritisieren viele Leserinnen, ______ die dargebotene Mode nur von ganz schlanken Frauen getragen werden kann, ______ bei Menschen mit normaler Figur sehen die Kleidungsstücke mitunter sonderbar aus. ______ die Wünsche der Verbraucher bekannt sind, reagieren Werbefachleute ______ Zeitungsmacher nicht darauf. ______ schlanke Models zum Kauf anregen würden, werden schwergewichtige Models selten eingesetzt. Möglicherweise sollten alle Beteiligten darüber nachdenken, ______ es nicht eine goldene Mitte gibt.

5 Wähle aus dem Merkkasten Konjunktionen oder Subjunktionen aus und bilde möglichst viele sinnvolle Sätze zu den unvollständigen Sätzen in deinem Heft.

Tarek las in einer Sportzeitschrift, ... Enya blätterte in einer Modezeitschrift.
Tarek las in einer Sportzeitschrift, ... Enya in einer Modezeitschrift blätterte/geblättert hatte.

Das musst du wissen

Konjunktionen können
- **aneinanderreihen** *(und, sowie, wie)*,
- **entgegensetzen** *(aber, sondern, doch)*,
- eine **Alternative** aufzeigen *(entweder ... oder)*,
- einen **Grund** angeben *(denn)*.

Subjunktionen können
- einen **Ort** angeben *(wohin, wo, woher)*,
- eine **Zeit** angeben *(während, nachdem, bis, solange, bevor, als)*,
- einen **Grund** angeben *(weil, da)*,
- einen **Zweck** angeben *(damit, um ... zu)*.

6 Schreibe einen Artikel für die Schülerzeitung, in dem du deinen/deine Lieblingsstar/Lieblingssportler/-in vorstellst und erläuterst, was ihn/sie von anderen Stars unterscheidet. Benutze dabei sowohl Konjunktionen als auch Subjunktionen.

In Texten das jeweils richtige Wort in der richtigen Form verwenden

1 Paula hat sich für einen Artikel über eine Konzertreise einen Stichwortzettel geschrieben. Ergänze den Text mit den angegebenen Wortformen.

(1) *Eine Fahrt* nach Stuttgart (2) ______________ für mich als Kind etwas ebenso (3) ______________ wie eine Reise in ein (4) ______________ Land. Bei einem dieser seltenen und (5) ______________ Ausflüge durfte ich mit zu einem Konzert mit (6) ______________ Musikgruppen.

(1) ~~*fahren* nominalisiert mit unbest. Artikel~~
(2) Hilfsverb *sein* im Präsens 3. Pers., Sg.
(3) Nominalisierung des Adjektivs *besonders*
(4) Adjektiv, Gegenteil von *nah*
(5) von *Wunder* abgeleitetes Adjektiv
(6) Synonym von *berühmt*, Adjektiv

2 Schreibe die Sätze in dein Heft und setze die noch fehlenden Verben in der jeweils passenden Zeitform ein. Benutze Aktiv und Passiv. Streiche im Formenspeicher durch, was du bereits verwendet hast.

Es viele verschiedene Musikstile zum Beispiel Rock, Pop, Klassik, Techno, elektronische Musik, Volksmusik und andere (geben). Ich Rock, Pop und elektronische Musik (bevorzugen). Meine Lieblingsgruppen früher Keane und The Killers (sein). Letztes Mal ich Mark Forster (sehen). Das Konzert im Stadion (aufführen). Am Tag zuvor noch überraschend Karten (bekommen), obwohl sie eigentlich ausverkauft (sein). Nächstes Mal ich zu einem Voice Wettbewerb (gehen).

Formenspeicher

Vorgangspassiv – Präteritum – Futur I – Präsens – Präteritum – Zustandspassiv – Präteritum – Perfekt – Präsens – Plusquamperfekt

3 Formuliere mit Wörtern aus dem Speicher und eigenen Ideen weitere Sätze über Paulas Konzertbesuch.

Wortspeicher

Ende Veranstaltung – singen – Rapper Iggy – Konzert – Freunde – Auftritt der Lieblingsgruppe – mitsingen – empfehlen – Fan – deutsche Lieder – nicht voll – gefallen – Zugabe

4 Überprüfe, ob du in deinen Sätzen alle im Speicher genannten Wortarten, verschiedene Zeitformen sowie Aktiv und Passiv verwendet hast. Unterstreiche die Formen in deinen Sätzen.

Wortarten- und Zeitformenspeicher

Präposition – Artikel – Possessivpronomen – Personalpronomen – Adjektiv – Adverb – Konjunktion – Subjunktionen – Nomen – Verb im Präsens – Verb im Präteritum – Verb im Perfekt – Aktivform des Verbs – Verb im Zustandspassiv – Verb im Vorgangspassiv

 Wenn du in diesem Test noch 😐 zeichnen musstest → SB-S. 204–223.

2.3 Satzglieder und Satzbau wiederholen und vertiefen

Hier findest du Informationen im Schülerbuch: *S. 224–241*

Diese Kompetenzen trainierst du: *die einzelnen Satzglieder bestimmen und ihre Funktion benennen, Umstellprobe anwenden, Attribute erkennen und bestimmen, adverbiale Bestimmungen von Präpositionalobjekten unterscheiden, verschiedene Arten von Gliedsätzen kennen und von Gliedteilsätzen (Attributsätzen) unterscheiden, den Satzbau zur Gestaltung der Sprache verwenden*

Hier findest du Hilfestellungen: *Arbeitsheft S. 109 f. und Schülerbuch S. 290–293*

Wie gut kennst du dich mit Sätzen und den Satzgliedern aus?

Teste deinen Lernstand

1 Wie viele Satzglieder kannst du benennen? Kreuze die entsprechende Anzahl an und formuliere Sätze, die die dir bekannten Satzglieder enthalten.

○ 0–2 ○ 3–4 ○ 5–7

____

____

____

____

2 Hast du einen Tipp, wie man generell Satzglieder in Sätzen bestimmen kann? Wenn ja, dann formuliere diesen in deinem Heft.

3 Wähle zwei Sätze aus Aufgabe 1 aus, markiere die einzelnen Satzglieder mit Trennstrichen und bestimme sie. Unterringele Satzglieder, bei deren Bestimmung du unsicher bist.

4 Was weißt du über Nebensätze? Vervollständige den Lückentext mit den passenden Begriffen. Wenn du dir nicht sicher bist, ob deine Lösung stimmt, setze über den Begriff ein Fragezeichen.

Am Ende eines Nebensatzes (auch: Gliedsatz) steht immer eine ____________________. Viele Nebensätze werden durch eine ____________________ eingeleitet. Eine große Gruppe der Nebensätze sind die Adverbialsätze, die so heißen, weil sie eine ____________________ ____________________ ersetzen können. Attributsätze (Relativsätze oder auch Gliedteilsätze genannt) werden meist durch ein ____________________ eingeleitet.

finite Verbform | Relativpronomen | adverbiale Bestimmung | Subjunktion

Objekte und adverbiale Bestimmungen erkennen

1 Tarek liest gerade ein Buch über die Besiedelung Amerikas. Um das Angenehme mit dem Nützlichen zu verbinden, wiederholt er für eine Schulaufgabe die Satzglieder. Markiere mit Trennstrichen den Satzkern und weitere Satzglieder und kennzeichne sie mit der passenden Farbe. Falls du unsicher bist, wende die Umstellprobe an.

Satzkern = rot **Objekt** = grün **adverbiale Bestimmung** = orange

Beispiel: *Die Besiedlung Amerikas erfolgte von Osten nach Westen.*

- ~~Die Besiedlung Amerikas erfolgte von Osten nach Westen.~~
- Abenteuerlustige Trapper erkundeten zunächst die unbekannten Gebiete.
- Die Siedler folgten später mit ihren Planwagen auf deren Route.
- Karawanen von Händlern nutzten ebenfalls diese Wege zum Transport ihrer Ware.
- Indianerangriffe und das extreme Wetter machten diese Reise zu einem gefährlichen Abenteuer.
- Die Siedler mussten am Ziel der Reise eine neue Heimat aufbauen.

2 Bestimme die einzelnen Objekte. Stelle die vollständige Satzgliedfrage nach dem unterstrichenen Objekt und gib an, um welches Objekt es sich handelt.

Beispiel: *Die Trapper erkundeten auf ihrer Reise viele Wege und Pfade.*
Wen oder was erkundeten die Trapper? – Akkusativobjekt

- Dieses Unterfangen war gefährlich, weil es den Indianern nicht gefiel, Fremde in ihrem Territorium zu sehen.

  ____

- Oft lockten sie die Neulinge in einen Hinterhalt und nahmen sie gefangen.

  ____

- Die Indianer bezichtigten die Trapper des Verrats.

  ____

- Ursprünglich sicherte man ihnen den Besitz des Landes zu.

  ____

- Doch jetzt will die Regierung nichts mehr von dieser Vereinbarung wissen.

  ____

3 Formuliere drei weitere Sätze mit mindestens einer adverbialen Bestimmung und einem Objekt zum Thema „Besiedlung Amerikas" in deinem Heft. Informiere dich dazu mithilfe von Suchmaschinen im Internet (es gibt welche speziell für Kinder!) oder in einem Lexikon.

Präpositionalobjekte von adverbialen Bestimmungen (Adverbialien) unterscheiden

1 Wie du weißt, interessiert sich Enya außerordentlich für Ägypten. Unterstreiche mit den vorgegebenen Farben die Satzteile, die auf folgende Fragen Auskunft geben: Wann? Wo? Wohin? Wie? Warum?

Der Archäologe Howard Carter entdeckte im Jahr 1922 im Tal der Könige das Grab des berühmten Pharaos Tutanchamun. Wegen seiner Amtsübernahme mit nur neun Jahren ist er etwas ganz Besonderes. In seiner Amtszeit brachte er durch Reformen den Frieden nach Ägypten.

2 Bist du auch an Ägypten interessiert? Frage nach den markierten adverbialen Bestimmungen und gib deren Art an.

- Der Nil fließt **durch Ägypten**.

  Frage: ____________________ Bestimmung: __________

- Die Uferregion des Nils ist **aufgrund der jährlichen Überschwemmungen** sehr fruchtbar.

  Frage: ____________________ Bestimmung: __________

- **Vor 5 000 Jahren** vereinigten sich Unter- und Oberägypten zu einer Nation.

  Frage: ____________________ Bestimmung: __________

- **Mit speziellen Techniken** mumifizierten die Ägypter ihre Toten.

  Frage: ____________________ Bestimmung: __________

3 Setze jeweils zwei der angegebenen adverbialen Bestimmungen in die Lücken der Sätze (1) und (2) ein. Notiere darunter, welche Art von adverbialer Bestimmung du eingesetzt hast: lokal, temporal, modal oder kausal?

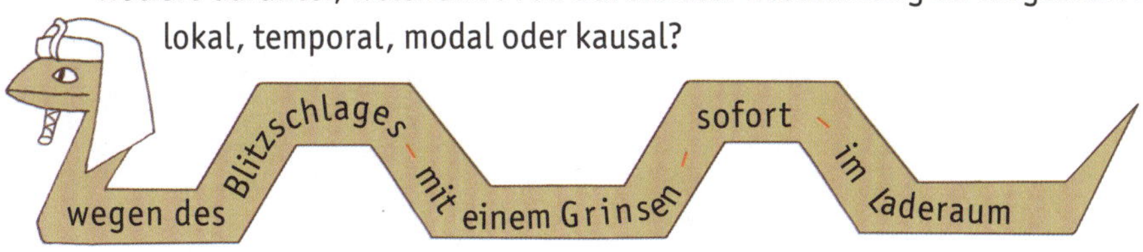

(1) Die Mumie Dummie klettert __________ / __________ aus ihrem Sarkophag.

Art der adverbialen Bestimmung: __________ / __________

(2) __________ / __________ entfernt Dummie die Stoffbinden von seinem Körper.

Art der adverbialen Bestimmung: __________ / __________

4 Wie geht es weiter mit der Mumie? Schreibe selbst zwei Sätze zu ihren Erlebnissen in dein Heft und finde dafür, wie in Aufgabe 3, passende adverbiale Bestimmungen.

5 Adverbiale Bestimmung oder Präpositionalobjekt? Stelle die Frage nach dem unterstrichenen Satzglied und entscheide, worum es sich handelt.

Das musst du wissen

„Überprüfe:
1. Fragst du nach dem Satzglied mit einer Frage, die die einleitende Präposition enthält?
2. Kann die Präposition im Fragewort nicht wegfallen?
Nur dann handelt es sich um ein Präpositionalobjekt.

Woran arbeitest du?
→ *an einem Referat über Kleopatra* → Präpositionalobjekt

~~Woran~~/wo arbeitest du?
→ *an meinem Schreibtisch* → adverbiale Bestimmung“

Beispiel: Cleoptra weiß um die Wirkung der Natur.
Worum weiß sie? → Präp.Obj.

- Kleopatra vertraut auf Olivenöl als Schönheitsmittel.

  Frage: ______________________ Bestimmung: ______________

- Kleopatra wartet auf ihre Dienerinnen.

  Frage: ______________________ Bestimmung: ______________

- Kleopatra wartet auf ihrem Sessel.

  Frage: ______________________ Bestimmung: ______________

- Rosenwasser sorgt für einen strahlenden Teint.

  Frage: ______________________ Bestimmung: ______________

- Während der Schönheitspflege sollte man auf Entspannung und Ruhe achten.

  Frage: ______________________ Bestimmung: ______________

Attribute erkennen und bestimmen

1 Jakob verbringt mit seiner Familie eine Woche in der Wild-West-Ferienstadt Black Hill. Schreibe die Äußerungen der Einwohner so um, dass die Neuankömmlinge keine Rückfragen mehr stellen müssen. Unterstreiche im Anschluss den Teil der Äußerung, der das Erfragte näher bestimmt.

„Das Haus ist noch frei."

„Na, das blaue."

„Welches Haus?"

„**Tipp:** Pass auf! Attribute sind nur Teile von Satzgliedern."

Beispiel: *Das blaue Haus ist noch frei.*

- „Der Mann ist unser Sheriff." „Welcher Mann?" „Der mit dem großen Schnurrbart."

  ____

- „Das Wasserloch ist für jedermann vorgesehen." „Welches Wasserloch?" „Das dem Salonbesitzer gehört."

  ____

2 Die Bewohner von Black Hill bereiten ihr großes Frühlingsfest vor. Hierfür sind viele Händler in die Stadt gekommen. Unterstreiche alle Attribute auf den aushängenden Werbeplakaten und ordne diese in die darunter stehende Tabelle ein.

Art des Attributs	Beispiele
Adjektivattribut	
Partizipialattribut	
Genitivattribut	
Präpositionalattribut	
Apposition	

3 Überlege dir für die abgebildeten Waren eigene Werbesprüche und schreibe sie in dein Heft. Verwende dabei geeignete Attribute, um die Waren anzupreisen.

4 Black Hills Bank wurde von dem gefürchteten Joe McMoney ausgeraubt. Folgender Steckbrief hängt nun überall in der Stadt aus. Kennzeichne im Steckbrief mit Schrägstrichen die einzelnen Satzglieder und unterstreiche zusammengehörende Teile von Prädikaten grün.

– WANTED –

Achtung – Der Tresor des Saloons / wurde / zum zweiten Mal / leergeräumt. Besonders Städte im Westen / wurden / in den vergangenen Wochen / ausgeraubt! Die Wertsachen der Gäste wurden ebenso gestohlen. Gesucht wird ein schwarzhaariger Mann, der gestern sein Pferd um Mitternacht am Brunnen des Dorfplatzes festband. Der Räuber, ein extrem großer Mann, trägt schwarze, zerschlissene Kleidung und einen beigen Cowboyhut. Das linke Bein, ein Holzbein, lässt ihn humpeln. Vorsicht! Seine Waffe trägt er in einem Versteck im Hemd und er zögert keine drei Sekunden diese zu benutzen. Hinweise bitte umgehend an den Sheriff!

5 Zahlreiche Satzglieder sind im Text mit Attributen ausgestattet. Wähle eine der folgenden Aufgaben:

- Unterstreiche alle Attribute im Text.
- Schreibe die gefundenen Attribute mit ihrem Bezugswort in dein Heft und bestimme die Form des jeweiligen Attributs.
  Beispiel: *Der Tresor **des Saloons** (= Genitivattribut)*
- Finde für jedes gefundene Attribut ein eigenes Beispiel derselben Form.
  Beispiel: *Der Tresor **des Saloons** – der Schmuck **der Rancherin***

6 Jakob schreibt an seine Freunde einen Brief über Black Hill. Gestalte seinen begonnenen Brief mit Attributen anschaulicher, schildere insgesamt ausführlicher und schreibe ihn dann zu Ende.

Hallo Paula, Enya und Tarek,
hier ist es toll. Es gibt viele Kinder hier. Wir wohnen in einem Haus. Dort haben wir auch eine eigene Kutsche und zwei Pferde nur für uns. Mit denen erkunden wir die Gegend. Überall reiten Cowboys durch die Stadt. Es gibt einen Saloon, ein Sheriff-Office, einen Tante-Emma-Laden und vieles mehr. Gestern fand ein großes Frühlingsfest statt. Dort gab es viele Dinge zu kaufen. Spannend wurde es, als der Saloon und alle Gäste von einem Banditen ausgeraubt wurde. Dabei mussten wir uns alle auf die Suche nach Joe McMoney machen. Die Indianer halfen auch mit …

Satzglieder und Attribute bestimmen

1 Jakob will mehr über die Mumie Dummie erfahren und leiht sich das Buch mit ihrer Geschichte in der Bibliothek aus. Beim Lesen fallen ihm immer wieder Satzteile auf, bei denen er sich fragt: vollständige Satzglieder oder nur Satzgliedteile (Attribute)? Bestimme es jeweils in der Zeile unter dem Text.

Beispiel:			
Rudi	*konzentriert sich*	*beim Fahren*	*auf die Straßen.*
Subjekt	*Prädikat*	*Temporaladverbiale*	*Präpositionalobjekt*

- Mit großer Vorsicht fährt Van Houten zum Museum.

  ____

- Nach dem Unfall ist der Laster des Museums ein Totalschaden.

  ____

- Die Mumie ist aufgrund der elektrischen Ladung lebendig geworden.

  ____

- Die jetzt überaus lebendige Mumie Dummie dankt dem Gewitter für den Blitz.

  ____

2 Entscheide, ob es sich bei den unterstrichenen Satzteilen aus dem folgenden Textabschnitt um Präpositionalobjekte, Attribute, adverbiale Bestimmungen oder Prädikative handelt. Wähle eine der folgenden Aufgaben:

- Notiere deine Ergebnisse im Heft.
- Ergänze kurze Begründungen zu deinen Bestimmungen.
- Schreibe von dem Sternchen * ab im Text ausgehend vier Sätze, in denen du Vermutungen darüber anstellst, auf welche Weise der Großvater an seine gefälschte Mumie gekommen ist. Verwende dabei mindestens ein Präpositionalobjekt, ein Attribut, ein Prädikativ und zwei verschiedene adverbiale Bestimmungen.

Aufräumen mit Gruseleffekt

Im norddeutschen Diepholz (1) entdeckte der 10-jährige Junge Max auf dem Dachboden seiner Oma drei alte Kisten mit merkwürdigen Schriftzeichen. (2) Als er sie öffnete, rechnete er mit nichts Aufregendem. (3) Doch als er hineinschaute, war er völlig verblüfft. (4) In einer der Kisten (5) lag eine ägyptische Mumie. Diese war kunstvoll verziert (6) und erinnerte Max an eine mannshohe, bemalte Rolle Küchenpapier. (7)* Wahrscheinlich hatte der Großvater des Jungen (8) die Mumie in den 50er Jahren (9) von einer Ägyptenreise mitgebracht. Die Mumie, auf dem Dachboden verstaut, (10) geriet in Vergessenheit. Dort dachte irgendwann keiner mehr an die Kisten. (11) Jetzt (12) wurde umgehend der Fund zur Untersuchung ins archäologische Institut nach Berlin (13) gebracht. Dort fand man schnell (14) heraus: Die vermeintliche Mumie ist nur ein Plastikskelett. (15) Der Schädel jedoch ist echt. Woher dieser allerdings stammt, bleibt weiter ungewiss. (16)

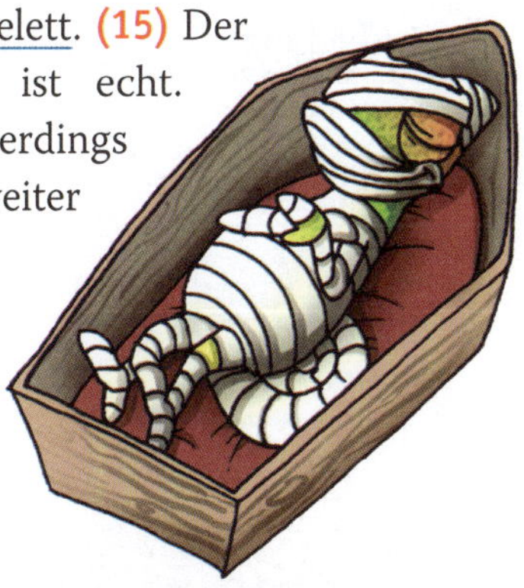

Gliedsätze und Gliedteilsätze (Attributsätze) unterscheiden und bestimmen

1 Paula hat sich für die Klassenarbeit einen Lernzettel geschrieben. Phil, ihr kleiner Bruder, hat ihn jedoch beim Spielen zerschnitten. Setze die Stichpunkte wieder zusammen und schreibe sie auf die Linie. Die Zahl in Klammern zeigt die Anzahl der Stichpunkte an, die zu der jeweiligen Erklärung gehören.

durch Komma vom Hauptsatz abgetrennt (2 × einsetzen) | häufig als Relativsatz | Subjekt, Objekt oder adverbiale Bestimmung in Satzform | Funktion eines Satzglieds | Gliedteilsatz, da Satzgliedteil | ergänzende Informationen zu Satzglied

- Gliedsatz (3): ______________________________

____

____

- Attributsatz (4): ______________________________

____

____

____

2 Kreuze jeweils an, ob es sich um einen Gliedsatz oder Gliedteilsatz (Attributsatz) handelt.

◯ Gliedsatz	◯ Gliedteilsatz	Jakob ärgert sich, dass er den Schulbus verpasst hat.
◯ Gliedsatz	◯ Gliedteilsatz	Er hat sich auf das Sportfest, das heute stattfindet, gefreut.
◯ Gliedsatz	◯ Gliedteilsatz	Während er zur Schule läuft, hofft er, noch rechtzeitig am Sportplatz anzukommen.
◯ Gliedsatz	◯ Gliedteilsatz	Jakob, zu spät und mit knallrotem Gesicht angekommen, schafft es gerade noch zum Startschuss.
◯ Gliedsatz	◯ Gliedteilsatz	Seine Klassenkameraden freuen sich sehr, dass er noch gekommen ist.
◯ Gliedsatz	◯ Gliedteilsatz	Die Disziplinen, die nicht ganz einfach waren, machen allen Schülern viel Spaß.
◯ Gliedsatz	◯ Gliedteilsatz	Am Ende des Tages, der allen viel Freude gemacht hat, findet die Siegerehrung statt.
◯ Gliedsatz	◯ Gliedteilsatz	Jakobs Klasse freut sich, dass sie den 3. Platz erreicht hat.

3 Ein echter Astronaut besucht heute die Schule von Jakob, Paula und Tarek. Die drei führen mit ihm für die Schülerzeitung ein Interview. Formuliere ihren Mitschnitt zu einem interessanten zusammenhängenden Text um und schreibe ihn in dein Heft. Nutze Subjekt- und Objektsätze und unterstreiche sie.

J/P/T: Welche Talente braucht man, um Astronaut werden zu können?
Astronaut: Man muss vor allem neugierig sein, gut Englisch sprechen können und gute Noten in Mathe und Physik haben.
J/P/T: Muss man auch sehr sportlich sein?
Astronaut: Nein, ganz im Gegenteil. Man sucht eher weniger sportliche Menschen, da der Körper eines Sportlers zu viel Sauerstoff verbraucht.
J/P/T: Können auch normale Menschen am Astronauten-Training teilnehmen?
Astronaut: Ja, wenn man den Gesundheits-Check besteht und genügend Geld bezahlt, dürfen Erwachsene ein Astronauten-Training absolvieren.

Beispielanfang: *Jakob, Paula und Tarek fragen den Astronauten zuerst, welche Talente Astronauten brauchen.* (Objektsatz: Was fragen sie?)

4 Recherchiere im Internet drei weitere Informationen zum Thema „Astronaut" und schreibe sie unter Verwendung von Subjekt- und Objektsätzen in dein Heft.

5 Die drei Freunde sind seit dem Interview mit dem Astronauten vom Thema „Weltraum" begeistert. Sie recherchieren für einen weiteren Artikel wissenswerte Fakten. Verbinde ihre Ergebnisse zu ■ fünf / ■ sieben / ■ neun Satzgefügen aus Haupt- und Nebensätzen. Nutze die Subjunktionen aus dem Speicher. Notiere, welche Art von Adverbialsatz du jeweils formuliert hast.

- Einige Menschen träumen seit Jahren davon, zum Mars zu fliegen. Das ist der Nachbarplanet der Erde.
- Der Mars umkreist die weit entfernte Sonne. Der Mars ist deswegen zwischen 56 und 401 Millionen Kilometer von der Erde entfernt.
- Die Erde und der Mars sind vom Weltraum aus sehr leicht zu unterscheiden. Die Erde ist blau und der Mars ist rot.
- Die Astronauten benötigen Atemgeräte. Die Atmosphäre ist 100-mal dünner als auf der Erde und besteht hauptsächlich aus Kohlendioxid.
- Die amerikanische Weltraumbehörde NASA hat vor einem Jahr das Roboterfahrzeug Curiosity auf den Mars geschickt. Es erforscht dort den Planeten.
- Ein Experte erforscht, ob es auf dem Mars Leben gibt oder geben könnte. Er hat zur Forschung den „Mars-Schrank" entwickelt.
- Im Schrank ist es sehr kalt und es herrscht ähnlicher Druck wie auf dem Mars. Der Schrank simuliert die Bedingungen auf dem Mars.
- Einige Forscher glauben, dass in 60 Jahren die ersten Menschen auf dem Mars landen können. Sie haben bereits in Experimenten die Voraussetzungen für lange Reisen im Weltall erforscht.

Wortspeicher

nachdem – da – damit – dadurch dass – weil

6 Stell dir vor, du bist hundert Jahre in die Zukunft gereist. Einige mögliche Erfindungen findest du in den Sätzen unten.

- In der Schule lernt man mit einem Supercomputer. Unterricht muss nur dienstags stattfinden.
- Kein Mensch wird mehr schwer krank. In Labors werden Ersatzorgane gezüchtet.
- Jeder Mensch hat einen Arbeitsroboter. Dieser erledigt alle unangenehmen Arbeiten.
- Mit dem Auto fliegt man. Es wird vom Autopiloten gesteuert.
- Der Universalküchenschrank enthält viele Tabletten. Auf Knopfdruck werden sie zu fertigen Mahlzeiten.
- Kein Mensch muss mehr hungern. Neue Lebensmittel brauchen weniger Fläche als bisher.
- Es gibt sehr viele Menschen auf der Welt. Das ist kein Problem. Auf dem Atlantik entstehen schwimmende Städte.

Wähle eine der folgenden Aufgaben:

■ Verbinde die Hauptsätze, indem du Attribut- oder Adverbialsätze verwendest. Arbeite in deinem Heft.
Beispiel: *Auf Spielplätzen, die in zehn Metern Höhe schweben, gibt es kilometerlange Rutschen.*

■ Löse die blaue Aufgabe und bestimme danach die Satzgefüge.
Beispiel: *Auf Spielplätzen, die in zehn Metern Höhe schweben, gibt es kilometerlange Rutschen.*
(HS) (NS= Attributsatz) (HS)

■ Schreibe einen Text (ca. fünf Sätze) darüber, was sich noch verändern wird. Mögliche Themen sind Sport, Freizeit, Geburtstagsfeiern, Mode, Spiele … Verwende dabei Attribut- und Adverbialsätze.

Den Satzbau eigener Texte bewusst gestalten

1 Der folgende Text wurde sehr eilig in den Computer getippt [Mediencode 11046_01], ohne dass Nebensätze genutzt wurden. Lies den Text laut vor und notiere, wie er auf dich wirkt.

Meine erste Einschätzung:

____

____

Der Hexenkreis

Tarek fuhr mit dem Fahrrad zum Dunkelwald. Seine Freunde Jakob und Paula waren auch dabei. Sie wollten zum Hexenkreis. Diesen hatte er gestern im Wald entdeckt. Das ist eine kreisförmige Ansammlung von Pilzen. Tarek hatte heute Nacht davon geträumt, damit durch die Zeit reisen zu können. Er erzählte es in der Schule Paula und Jakob. Die waren ganz begeistert. Sie fanden die Vorstellung, durch die Zeit reisen zu können, toll. Sie kamen am Hexenkreis an. Er sah unheimlich aus. Sie stiegen von den Fahrrädern ab. Sie lehnten sie gegen einen Baum. Langsam gingen sie darauf zu. Sie blieben am Rand stehen. Niemand sagte ein Wort. Keiner traute sich weiterzugehen. Was, wenn es wirklich funktionierte?

2 Lade den Text mithilfe des Mediencodes auf deinen Computer und überarbeite ihn dann mithilfe des Textverarbeitungsprogramms. Wähle dafür eine der folgenden Aufgaben:

- Markiere mithilfe des Textverarbeitungsprogramms weniger gelungene Stellen bzw. Sätze, die miteinander verbunden werden können. Verbinde diese und schreibe diese verbundenen Sätze in eine verbesserte Textfassung.
- Wähle drei Sätze aus dem Text und überarbeite sie so, dass deine Überarbeitung einen Objektsatz (1), einen Adverbialsatz (2) und einen Attributsatz (3) enthält. Schreibe diese unter den Text.
- Überarbeite den Satzbau des gesamten Textes am Computer, sodass eine flüssigere Textfassung entsteht. Setze diese dann am Computer mit einem eigenen Schluss fort.

3 Vergleiche im Gespräch mit deinem Lernpartner, wie sich der Ausgangstext nun verändert hat.

Satzbauwissen überprüfen und anwenden

1 Enya und Tarek lernen gemeinsam für den nächsten Grammatiktest. Hilf ihnen, drei mögliche Fragen zum Lernbereich Attribute zu finden, und beantworte diese mit eigenen Worten. Schreibe in dein Heft.

Beispiel: *Sind Attribute Satzglieder? Nein – nur Teile von Satzgliedern.*

2 Ergänze die nachfolgenden Sätze um ein passendes Präpositionalobjekt.

- Die ganze Klasse hofft ______________________________.
- Jeder dachte ______________________________.
- Die Entscheidung liegt ______________________________.

3 Markiere und bestimme nachfolgend alle adverbialen Bestimmungen.

- Aufgrund des plötzlichen Sandsturms konnten sich viele nur noch in Black Hills Saloon flüchten.

  ____

- Eine Menge Planwagen standen kreuz und quer vor dem Haus.

  ____

- Eilig wurden die Pferde in den Stall gebracht.

  ____

4 Der Witzeerzähler hat leider nicht bedacht, das man Witze am besten kurz und so einfach wie möglich erzählt, damit sie auch wirklich witzig sind. Streiche im folgenden Witz deshalb alle überflüssigen Adverbialsätze, Attributsätze und einen unnötigen Objektsatz.

Ein Wanderprediger, der nicht wusste, wie er zu seinen „Schäfchen" kommen soll, will sich im Wilden Westen ein Pferd kaufen, um die Indianer zu missionieren. Nachdem er sich eine Stunde im Saloon ausgeruht hat, geht er zu einem Pferdehändler, der ihm auf Anhieb sympathisch ist und mit dem er gerne ein Geschäft machen will, und schildert ihm seine Absicht. Der Verkäufer: „Wir haben ein Pferd, also genau das, was Sie brauchen. Das ist wie für Sie gemacht. Auf das Kommando ‚Gott sei Dank' läuft es los, bei ‚Amen' bleibt es stehen." Der Prediger ist ganz begeistert. Noch während er im Überschwang schwelgt, macht er augenblicklich einen Proberitt: „Gott sei Dank." Das Pferd läuft los, als wären Reiter und Pferd schon immer zusammen geritten. Alles klappt vorzüglich, er verlässt die Stadt, es geht über die Prärie und genau hier galoppiert das Pferd geradewegs auf eine Schlucht zu. Unglücklicherweise hat der Priester das Kommando zum Anhalten vergessen. Er zerrt am Zügel, probiert alles Mögliche, aber nichts hilft. In seiner letzter Verzweiflung fängt er an zu beten: „Vater unser im Himmel, … Dein Wille geschehe – Amen." Das Pferd hält beim „Amen" an, exakt einen Meter vor der Schlucht. Der Priester, der eben doch etwas einfältig ist, wischt sich erleichtert den Angstschweiß von der Stirn, der in Strömen läuft, und haucht: „Gott sei Dank."

 Wenn du in diesem Test noch 😐 zeichnen musstest → SB-S. 224–241.

2.4 Rechtschreibstrategien und Rechtschreib-regeln kennen und anwenden

Hier findest du Informationen im Schülerbuch: *S. 242–261*

Diese Kompetenzen trainierst du: *Rechtschreibstrategien kennen und anwenden, Dehnung der Vokale erkennen und richtig schreiben, Schärfung der Vokale erkennen und richtig schreiben, Regeln für die s-Schreibung kennen und anwenden, Schreibung von das und dass kennen, Groß- und Kleinschreibung sicher beherrschen, Gleich- und Ähnlichklinger kennen und unterscheiden, Fremdwörter erkennen und richtig schreiben, Wörter richtig trennen, Satzzeichen im Satz und bei Aufzählungen richtig setzen*

Hier findest du Hilfestellungen:
Arbeitsheft S. 110 f. und Schülerbuch S. 294–297

Wie gut kennst du dich mit Rechtschreibung und Zeichensetzung aus?

Teste deinen Lernstand

1 Schätze deine eigenen Fähigkeiten durch Ankreuzen und Ergänzen einer der drei folgenden Aussagen ein. Überprüfe danach deine tatsächlichen Kenntnisse durch Bearbeiten der Aufgabe 2.

◯ Ich fühle mich in allen Bereichen der Rechtschreibung noch sehr unsicher. Die größten Schwierigkeiten bereitet mir die Schreibung von …
◯ In einigen Bereichen der Rechtschreibung habe ich noch Probleme, z. B. bei …

____

◯ Ich habe keine Probleme mehr, Wörter richtig zu schreiben und Satzzeichen richtig zu setzen. Wenn ich dennoch einmal unsicher bei einer Schreibung bin, dann …

2 Richtig oder falsch? Setze ein ⊕ für richtig und ein ⊖ für falsch hinter die Aussagen. Wenn du dir nicht sicher bist, dann setzte zudem ein Fragezeichen.

1) Lange Vokale werden in der Schreibung häufig nicht gekennzeichnet.
2) Nach kurzen Vokalen steht oft ein doppelter Konsonant.
3) Am Wortende schreibt man immer **ß**.
4) Nominalisierte Adjektive schreibt man immer groß.
5) Zwischen Haupt- und Nebensatz kann ein Komma stehen.
6) *„Die vier Fälle im Deutschen"* schreibt man mit **ä**, weil der Singular *Fall* ist.
7) Hier stimmt die Zeichensetzung: „Ich habe keine Lust zu üben.", sagt Paul.
8) Verben und Adjektive können nominalisiert werden.
9) Es gibt eine klare Regel, wann man **v** oder **f** schreiben muss.
10) Fremdwörter kann man schreiben, wie man möchte.
11) Homophone haben gleiche Bedeutung bei unterschiedlicher Schreibweise.
12) Wortverlängerung und Stammprinzip helfen bei Unsicherheiten in der Rechtschreibung.

3 Formuliere, sofern du dir sicher bist, zu drei falschen Aussagen einen Verbesserungsvorschlag in deinem Heft.

Rechtschreibstrategien und -regeln wiederholen und anwenden

1 Jakob und Tarek machen mit ihrer Klasse einen Ausflug zur Eselsfarm. Die beiden haben sich bereit erklärt, ein kleines Informationsblatt über Esel zu gestalten. Finde die letzten Rechtschreibfehler, bevor sie es für alle kopieren. Schreibe die gefundenen Wörter heraus und ergänze, welche Rechtschreibstrategie oder -regel dir bei der Korrektur jeweils geholfen hat.

ACHTUNG FEHLER!

Lange Lauscher

Esel sind eng mit den Pferden verwandt. Häufik ist ihr Fell weiß, braun, grau oder schwarz. Es gibt aber sogar Esel, die gescheckt sind. Der Kleinste Esel ist nur 80 cm groß, wohingegen sein Verwandter, der katalanische Riesenesel, mit 1,60 m doppelt so groß sein kann. Ursprünglich stamt das Langor aus Afrika, daher mag er es gerne warm und trocken. Ein gemütlicher Stall ist für die nasskalte Jahreszeit für ihn ein Muss. Da sie ein sehr ausgeglichenes und gutmütiges Temperamend besitzen, sind sie als Reit-, Zug- oder Lasttir sehr beliept und für Kinder gut geeignet. Anders als Pferde sind Esel Gewohnheitstiere und individualisten. So bildet sich der Esel in unbekannten Situationen seine eigene Meinung, was für ihn gut und für sein weiteres Leben zuträglich ist. Dies wird oft als Sturheit ausgelegt. Nimmt man sich jedoch Zeit, seinen Esel zu verstehen, wird man mit ihm einen treun, koperativen Tierfreund haben.

Rechtschreibregel: | **Rechtschreibstrategie:** | **richtige Schreibung:**

2 Entscheide, welches Wort richtig geschrieben ist, und streiche das falsche durch. Verwende die Wörter in einem kleinen Text und schreibe diesen in dein Heft.

- Kammer / Kamma
- Platz / Plats
- naß / nass
- Blume / Bluhme
- Zecke / Zegge
- Enkel / Enckel
- Rappe / Rabbe
- Nerze / Nertze
- Karamell / Karamel

3 Welche Schreibweise ist richtig? Kreuze die richtigen Antworten an und begründe deine Entscheidung mithilfe des Stammprinzips. Manchmal können auch beide Sätze richtig sein.

◯ Es ist aufwendig, die Eselängste zu erforschen.
◯ Es ist aufwändig, die Eselängste zu erforschen.

◯ Sie kauen gerne am Stängel der Sonnenblumen.
◯ Sie kauen gerne am Stengel der Sonnenblumen.

◯ Man muss genau abwägen, was ihm richtig und was ihm abwegig erscheint
◯ Man muss genau abwägen, was ihm richtig und was ihm abwägig erscheint.

◯ Der Imbisstand am Seende scheint für Esel besonders suspekt zu sein
◯ Der Imbissstand am Seeende scheint für Esel besonders suspekt zu sein.

◯ Obwohl der Esel dort stendig Sonnenblumen zum Knabbern geschänkt bekommt, will er dort nicht hin.
◯ Obwohl der Esel dort ständig Sonnenblumen zum Knabbern geschenkt bekommt, will er dort nicht hin.

4 Finde den fehlenden Buchstaben heraus, indem du die Verlängerungsprobe durchführst. Trage dann *b, p, k, g, d* oder *t* in die Lücke ein. Finde ■ fünf / ■ sieben / ■ zehn eigene Beispielwörter, bei denen dir die Verlängerungsprobe helfen kann.

der Hun____ ro____ der Zwer____ der Schran____ der Die____ der Wer____

______________________ ______________________

______________________ ______________________

______________________ ______________________

______________________ ______________________

______________________ ______________________

Dehnung der Vokale erkennen und richtig schreiben

1 Ergänze die passenden Wörter mit langem *i*. Setze sie ein und finde das Lösungswort heraus.
Tipp: Identische Zahlen stehen für dieselben Buchstaben.

1) Damit ich weiß, wie schwer ich bin, muss ich mich [1] [2] [3] [7] [3] [6].

2) Der Star singt als Zugabe noch ein [8] [2] [3] [9].

3) Paula kann nicht zur Schule. [2] [4] [5] geht es nicht gut.

4) Ein schlimmes Gewitter überrascht Jakob und Tarek beim Picknick.
Sie müssen ins Haus [10] [8] [2] [3] [4] [3] [6].

5) Ohne Heizung [10] [5] [2] [3] [5] [11] man im Winter.

6) Der Ball ist über den Zaun geflogen. Enya wirft [2] [4] [6] den Kindern zurück.

7) Paula liegt auf der grünen [1] [2] [3] [12] [3].

Lösung: [9] [3] [5]   [5] [2] [3] [12] [3]   [12] [2] [6] [7] [11]

2 Wähle zur Dehnung von Vokalen eine der folgenden Aufgaben:

- Verändere die Reihenfolge der Buchstaben im Wortspeicher so, dass sinnvolle Wörter entstehen.
- Finde für jeden Doppelvokal mindestens zwei weitere Beispiele.
- Finde außerdem jeweils ein Wort, in dem der Vokal nicht durch Verdopplung, sondern mit dem Dehnungszeichen -h- gelängt wird.

Wortspeicher

eTer – lAa – eeBer – orMo – aSta – Iede – sooM – aPra – Slaa – oBto

aa ______________________ -ah- ______________

ee ______________________ -eh- ______________

oo ______________________ -oh- ______________

3 Finde die gesuchten Wörter mit lang gesprochenem Vokal ohne Dehnungszeichen und löse das Kreuzworträtsel auf der nächsten Seite.

senkrecht

1. rollt aus dem Auge, wenn man traurig ist
2. gefährliches, grünes Reptil
3. Zum Töpfern benötigt man ...
4. Leinwand, Popcorn, Filme gibt's im ...
5. Jemand, der etwas herausfinden soll, ist ein ...
6. großer weißer Vogel

waagerecht

7. Eingang eines Hofes/großen Hauses
8. zieht die Waggons eines Zuges
9. eine verfallene Burg
10. Damit kann man heizen.
11. Kann man anstelle von Butter nehmen.
12. Komm mir nicht in die …

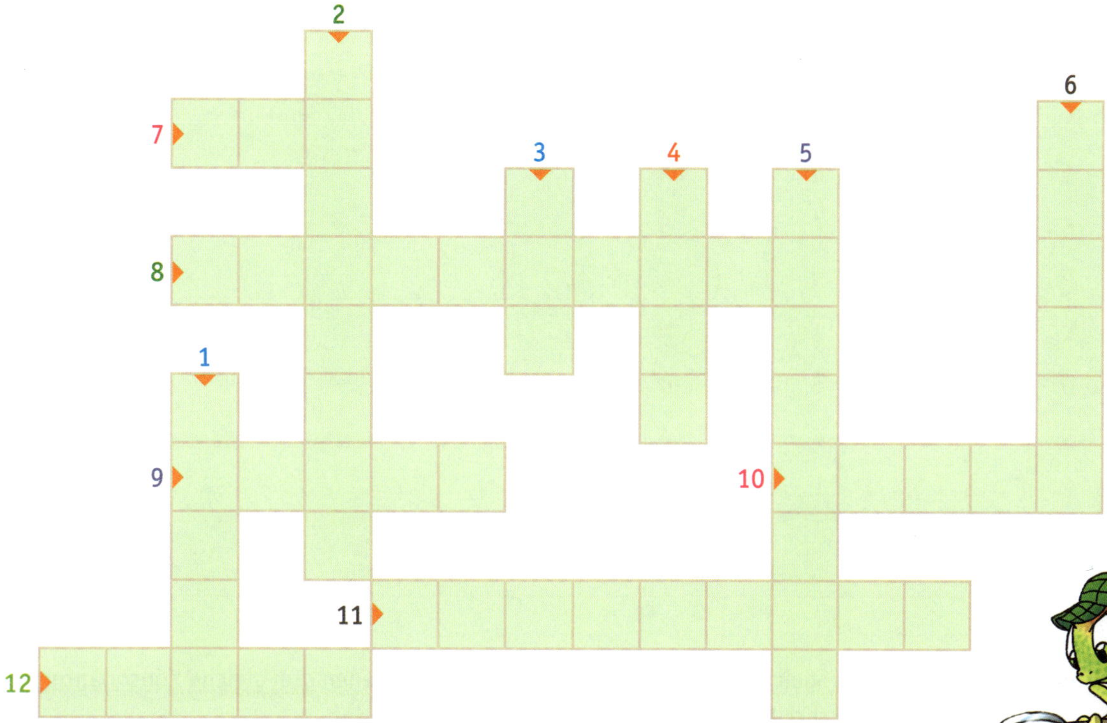

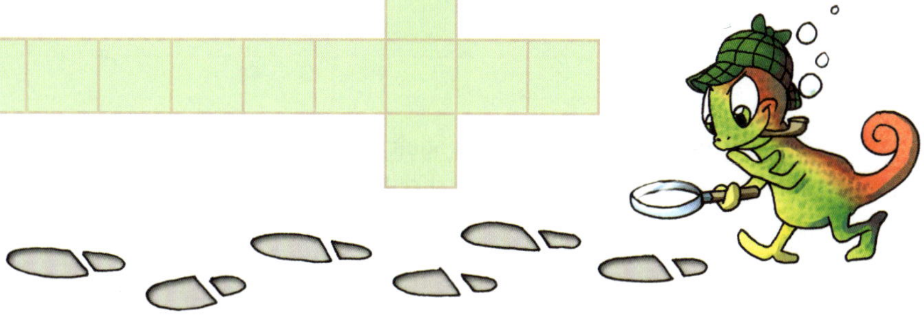

4 Dehnungszeichen oder nicht? Ergänze die Wörter in den Lücken.

Freitag, der 13te

Phil rauft sich die H______re. Sein Pl______n, mit dem R______d zum Fußballplatz zu fahren, scheint zu misslingen. Seine Z______nspange ist zerbrochen. Seine Mutter hat auch schlechte Laune. Die W______ge zeigt die falsche Z______l an. Eigentlich wollte sie doch abnehmen. Die Katze macht den Tag nicht besser. Erst hat sie ein Gl______s mit Wasser umgeschmissen und dann auch noch die rote V______se. Enya plagt sich mit einem Referat über T______re herum. Soll sie über den H______n oder den W______l schreiben? Der Vater steht zur selben Zeit in einem großen S______l, der voller Menschen ist. Es geht um die W______l eines neuen Logos für die F______ne seines Vereins. Er soll sie leiten, aber leider hat er seine Abstimmungskarten zu Hause vergessen. Was für ein Tag!

Schärfung der Vokale erkennen und richtig schreiben

1 In dem folgenden Wörterquadrat sind mindestens 25 Wörter mit Doppelkonsonanten versteckt (vorwärts, rückwärts, senkrecht, waagerecht). Finde sie heraus und schreibe sie auf die Linien. Achte auch auf die Groß- und Kleinschreibung.

B	U	T	T	E	R	M	A	T	T
E	T	O	E	S	E	O	T	I	A
S	O	N	N	E	N	W	A	N	N
S	I	N	N	E	N	U	S	S	N
E	T	E	E	X	E	A	S	S	E
R	A	M	M	E	N	T	E	A	S
K	A	N	N	E	I	I	K	N	S
U	L	A	L	L	E	N	U	O	A
S	L	U	M	N	E	S	S	A	P
S	E	S	S	E	L	A	S	S	O

2 Bilde aus den Wörtern im Speicher zusammengesetzte Nomen, bei denen drei gleiche Konsonanten aufeinandertreffen, und schreibe sie mit passenden Artikeln in dein Heft.

Wortspeicher

Nummer – Ballett – Gewinn – Länderspiel – Tanz – rollen – schwimmen – Kontrolle – Haselnuss – Lampe – Schiff – Fußball – Meister – Fett – brennen – Tropfen – Nessel – Strauch – Laden – Fahrt

3 Enya hat einen Übungstext zur Schärfung der Vokale geschrieben. Der Text enthält Fehler. Wähle eine der folgenden Aufgaben:

- Markiere alle Fehler.
- Schreibe den Text korrigiert in dein Heft.
- Schreibe eine korrigierte Fassung des Textes in dein Heft und setze diesen im gleichen Stil fort. Erzähle wie Enya in Reimen, was mit Oma weiter passiert. Tausche mit einem Lernpartner die Fortsetzung aus und korrigiert eure Texte gegenseitig.

ACHTUNG FEHLER!

Der Spek muss weg

Jeden Frühling der gleiche Schrekk bei Enyas Oma. Der Rok will nicht mehr richtig sizen, da gerät sie arg ins Schwitzten. Sie schimft, macht jetzt keine blöden Wize, er ist ausgefüllt bis in die kleinste Ritse! Vorsichtig mit einer Taze, zupft am Rok die kleine Kaze. Doch da – oh Schreck – ist dort nun auch noch ein drekiger Flek. Ein schlechter Wiz ist das, mozt Oma laut, so dass sich keiner mehr so richtig traut, sie mit einem Saz zu nekken. Doch Oma hat das Hertz am rechten Fleg, bald schon ist ihr Ärger wek. Sie kann schon wieder fröhlich schwatsen, aber verfüttert ihren täglichen Kuchen erst einmal an die kleinen Spazen.

Die s-Schreibung üben und vertiefen

1 Löse die Bilderrätsel und trage die passenden Lösungen ein. Schreibe jeweils die Pluralform der Wörter auf die darunter stehende Zeile.

①  ☐☐☐☐☐ s

____

②  ☐☐☐☐ s

____

③  ☐☐☐☐

____

④  ☐☐☐ s

____

⑤  ☐☐ s

____

⑥  ☐☐☐☐

____

2 *ss* oder *ß*? Wähle eine der folgenden Aufgaben:

- Ordne die Wörter aus den Bäumen in den richtigen Stamm ein.
- Ordne die Wörter in den richtigen Stamm ein und ergänze drei weitere Wörter je Baum.
- Bilde Sätze mit möglichst vielen Wörtern aus den Baumkronen und schreibe sie in dein Heft.

3 Hilf Charly beim Schreiben der Einladung zu seinem Geburtstagsfest und ergänze *das* bzw. *dass* in den Lücken.
Tipp: Wenn du statt *das* auch *dies* oder *welches* sagen kannst, wird es mit einem *-s* geschrieben.

Liebste Freunde,

ihr wisst ja, ________ ich am Freitag meinen fünften Geburtstag feiere. ________ soll wie immer auch in diesem Jahr wieder mit einem großen Fest begangen werden, für ________ ich euch herzlich einladen möchte. ________Wetter soll am Festtag ausgesprochen sonnig werden, so________ wir im Freien feiern können. Bringt viel Hunger und Durst und vor allem gute Laune mit, dann ist sicher, ________ ________ ein Riesenspaß wird.

4 *s, ss* oder *ß*? Setze richtig ein.

Da__ Grati__spiel

Am Sonntagmorgen lie____t Jakob____Vater genü____lich seine Zeitung. Jakob spitzt kurz über seine Schulter in den Sportteil. Beim Le____en stö____t er zufällig auf die Notiz, da____ um 15.00 Uhr ein Fu____ball____piel zwischen der Mannschaft seine____ Orte____ und einer Au____wahl aus Spielern der 1. Bunde____liga stattfinden soll. Der Eintritt für die er____ten 100 Fan____ sei sogar grati____. Ra____end schnell zieht er sich an und sau____t zur Stra____enbahn. Er hofft, es noch rechtzeitig zum Einla____ zu schaffen, um einen der begehrten Freiplätze zu ergattern. Welch ein Ereigni____, denkt er und ich hätte e____ fa____t verpa____t. Seine Vorfreude ist rie____ig. Doch wa____ war da____? Fa____ungslos erkennt er, da____ alle Tore des Stadion____ verschlo____en sind. Keine Fanma____en, kein Ge____ang – nicht____. Ratlo____ schaut Jakob sich um. Da fällt sein Blick auf ein Plakat. Mi____mutig lie____t er, da____ da____ Spiel erst nächste____ Wochenende stattfindet. Naja – wenigsten____ hatte er drau____en ein bi____chen Bewegung.

5 Wirf die Wörter (Singular und Pluralform) mit kurzem Vokal aus dem Wortspeicher jeweils in den richtigen Korb.

Wortspeicher

~~die Nu~~■ – der Gewissensbi■ – das Erlebni■ – das Ärgerni■ – das Zeugni■ – das Gefängni■ – das Ärgerni■ – die Befugni■ – der Bänderri■ – der Einla■ – das Bedürfni■ – das Ergebni■ – die Erlaubni■ – ~~das Hinderni~~■ – der Ri■ – der Pa■

-nis

-ss-

-nis	-ss-
Hindernis – Hindernisse	Nuss – Nüsse

6 Entwirf mit mindestens zehn der unten angeführten Wörter ein kleines Übungsdiktat und schreibe es in dein Heft. Diktiere einem Freund den Text. Lass dir seinen Text diktieren und korrigiert eure Diktate im Anschluss gegenseitig.

Wortspeicher

riesig – Geheimnis – reißen – Reise – das – dass – gießen – nass – wissen – schnurstracks – Ereignis – müssen – schließen – schubsen – niesen – beschließen – grinsen – gewiss – blass – krass – außerdem – bisschen

Regeln der Groß- und Kleinschreibung anwenden und vertiefen

1 Bestimme zuerst jeweils die Wortart der Wörter, die in Klammern stehen.

1 Adjektiv	6	11
2	7	12
3	8	13
4	9	14
5	10	15

Hinter den Kulissen

Paula ist sehr aufgeregt. Sie fährt heute zusammen mit ihren Eltern zum Tag der offenen Tür in den Zoo. Sie kann sich nichts ________________ **(schön[1])** vorstellen, als einmal hinter die Kulissen blicken zu dürfen. Am Anfang geht es zur ________________ **(füttern[2])** zu den Erdmännchen. Paula bekommt dafür eine Schale mit Nüssen und kleinen Käfern. Kaum betritt sie jedoch das Gehege, sind alle, sogar die ________________ **(groß[3])** Erdmännchen, verschwunden. Das ________________ **(misstrauisch[4])** der Kleinen schwindet jedoch bald und die ________________ **(mutig[5])** strecken ihre Köpfe aus den Löchern und holen sich die ________________ **(gut[6])** Bissen ab. Im Anschluss stehen die Pinguine auf dem Programm. Die kommen fröhlich auf Paula zugewatschelt und hoffen auf etwas ________________ **(lecker[7])** zu fressen. Doch weit gefehlt. Zunächst steht das ________________ **(saubermachen[8])** auf dem Programm. Der Geruch ist auch der ________________ **(streng[9])**, den Paula je gerochen hat. Mit einem riesigen Wasserschlauch soll sie nun die Felsen von allerlei ________________ **(verunreinigt[10])** säubern. Kaum dreht der Tierpfleger jedoch das Wasser an, ruckt und zuckt der Schlauch wie eine wilde Schlange. Das ________________ **(festhalten[11])** gelingt Paula zwar noch, jedoch nicht das ________________ **(zielen[12])**. Schwups, schon hat sie die ersten Pinguine mit dem Wasserstrahl ins Becken befördert.

Die übrigen springen freiwillig ins Wasser. Herrje, welch eine ________________ (**aufregen**[13]) und ein Geschnatter. Gemeinsam mit dem Pfleger schafft sie es jedoch am Ende, alles ________________ (**blitzeblank**[14]) zu reinigen. Als kleine Entschädigung für die unfreiwillige Dusche bekommen alle Pinguine noch etwas ________________ (**besonders**[15]) – kleine Krebse. Nachdem sie den ganzen Tag noch bei vielen anderen Tieren helfen durfte, schläft sie bereits bei der Rückfahrt im Auto ein. Und träumt ... natürlich vom Zoo.

2 Setze nun die angegebenen Wörter jeweils in die Lücken ein. Nimm dabei die notwendigen Änderungen vor – manchmal müssen auch Steigerungsformen gewählt werden – und entscheide, ob die betreffenden Wörter nun als Nomen gebraucht werden und deshalb großzuschreiben sind.

> **Tipp:** Beachte zur Nominalisierung die Hinweise auf → S. 110!

3 Am Wochenende erzählt Paula Jakob von ihrem Zootag.

„Wie war dein Tag der offenen Käfigtür? Das ist doch wirklich etwas Tolles, oder?"

„Ja. Das Schönste daran ist, dass man so viel Unbekanntes ausprobieren und allerlei Neues lernen konnte."

„Was hat dir am besten gefallen?"

„Beim Füttern der Tiger schlug mir das Herz wirklich bis zum Hals. Aber das Beste war das Spielen mit den Affen."

Wähle eine der folgenden Aufgaben:

- Unterstreiche im Dialog die Nominalisierungen.
- Unterstreiche die Nominalsierungen und bestimme die Ausgangswortart der nominalisierten Wörter.
- Schreibe den Dialog in deinem Heft weiter und nutze dabei die Wörter im Speicher in nominalisierter Form.

  „Im Zoo gab es auch Seehunde. Die konnten allerlei Kunststücke ..."

Wortspeicher

üben – werfen – springen – hoch – weit – lustig

4 Vervollständige den Merkkasten mit Wörtern aus dem Speicher.

Die Adverbien **morgens**, **abends**, **montags** etc. werden stets ______________________.
Sie beziehen sich auf ____________________ wiederkehrende Ereignisse *(Wir haben montags Sport.)*. Die Nomen **Morgen**, **Abend**, **Montag** etc. werden stets großgeschrieben. Sie bezeichnen jeweils einen ____________________ Morgen, Abend … *(An diesem Nachmittag war sie schlecht gelaunt.)*. In Verbindung mit **gestern**, **heute**, **morgen** werden die Tageszeiten ebenfalls ____________________________ *(Tim rief mich gestern Abend an.)*.
Bei Tagen in Verbindung mit Tageszeiten *(Montagabend, Dienstagmittag)* handelt es sich um ________________________________, die großgeschrieben werden.

Wortspeicher
großgeschrieben – kleingeschrieben – Zusammensetzungen – regelmäßig – bestimmten

5 Paulas ältere Cousine Alina erzählt ihr von ihrem Praktikum im Zoo. Schreibe die Wörter aus den Klammern richtig auf die Linie.

1) Ich habe jeden Tag etwas ____________________ (NEUES) auf meinem Stundenplan.

2) Die Arbeiten am ____________________ (VORMITTAG) gefallen mir besser als die ____________________ (NACHMITTAGS).

3) Montagmorgen bin ich erst einmal mit dem ____________________ (SAUBERMACHEN) der Gehege beschäftigt.

4) Die Hufpflege der Pferde ist immer ____________________ (DIENSTAGS).

5) Am ____________________ (MITTWOCHMORGEN) steht das ____________________ (FÜTTERN) der Nashörner an.

6) Die Elefanten werden ____________________ (MORGENS) immer geduscht.

7) Die ________________ (EINEN) mögen das sehr gern, ________________ (ANDERE) aber nicht.

8) Das ____________________ (REINIGEN) der Scheiben beim Eisbärengehege dauert ewig.

9) Die ____________________ (MEISTEN) Besucher sind sehr nett.

6 Im folgenden Text sind die Adjektive, die zu Nomen geworden sind, in Großbuchstaben geschrieben. Markiere im Text die unbestimmten Mengenangaben, die die Adjektive zu Nomen machen.

Alina hatte an diesem Morgen noch nicht viel NEUES erlebt. Es war bisher nichts UNGEWÖHNLICHES passiert. Doch im Laufe des Vormittags geschah etwas TOLLES. Der Zoodirektor berief eine Versammlung ein auf der allerlei INTERESSANTES über den Zoo besprochen wurde. Alles POSITIVE kam zuerst, danach das UNERFREULICHE. Aber alles in allem gab es viel GUTES zu vermelden. Das Beste jedoch war, dass Alina ein großes Lob und viel NETTES über sich und ihre Arbeit gesagt bekommen hat.

7 Schreibe die nominalisierten Adjektive mit den Signalwörtern in der korrekten Form auf die Linie.

____

____

8 Paula will eine Sammlung mit tierischen Rekorden erstellen. Ordne den einzelnen Tieren die richtige Fähigkeit zu und schreibe die Lösung wie im Beispiel in dein Heft. Recherchiere im Anschluss im Internet nach ■ drei / ■ fünf / ■ sieben weiteren tierischen Rekorden und ergänze damit Paulas Liste.

Beispiel: *Die geschicktesten Kletterer sind die Affen. Sie klettern am geschicktesten. Sie sind die Geschicktesten beim Klettern.*

kleinster Vogel

schnellstes Landtier

größtes Tier

Gleich- und Ähnlichklinger erkennen und richtig schreiben

1 Löse das Rätsel und trage die Wörter ein. Jedes Wort enthält entweder *ai* oder *ei*.

1) der Draht an einer Gitarre
2) ein Raubfisch
3) gefrorenes Wasser
4) wird viel in Asien angebaut
5) Teil eines Buches
6) mächtiger als ein König
7) Produkt von Hühnern
8) Monatsname
9) Gegenteil von „Experte“
10) anderes Wort für „klug“

2 Den Wörtern mit *f, v* oder *ph* fehlt die untere Worthälfte. Finde heraus, welches Wort dahinter steckt, und schreibe es mit passendem Artikel in die richtige Spalte.

Phase Vogel Fenster Asphalt Vortrag Katastrophe Ferien Verbreitung
Phantom Vater Flegel Verlies Phänomen Vorbereitung Fortbildung Alphabet
Verlauf Fortpflanzung Philosoph Verein Fest Freiheit Freibad Pharao

f	v	ph

3 Finde die gesuchten Wörter mit ks-Lauten im Gitternetz und kreise sie ein. Schreibe sie anschließend auf die passende Linie und markiere den ks-Laut.

K	L	E	C	K	S	O	C	H	S	E	T	L	A	C	H	S	N
A	M	U	L	K	E	K	S	E	U	M	I	T	T	A	G	S	I
W	A	C	H	S	P	R	A	X	I	S	K	N	I	C	K	S	X
K	N	A	C	K	S	E	N	E	N	V	L	U	C	H	S	Z	E

- männliches Tier auf dem Bauernhof ____________________
- backt man in der Weihnachtszeit ____________________
- Berufsraum eines Arztes ____________________
- weibliche Fantasiegestalt im Meer ____________________
- eine Fischart ____________________
- eine weibliche Verbeugung ____________________
- Wildkatze ____________________
- ein kleiner Fleck Farbe ____________________
- Material für Kerzen ____________________
- zwischen morgens und abends ____________________

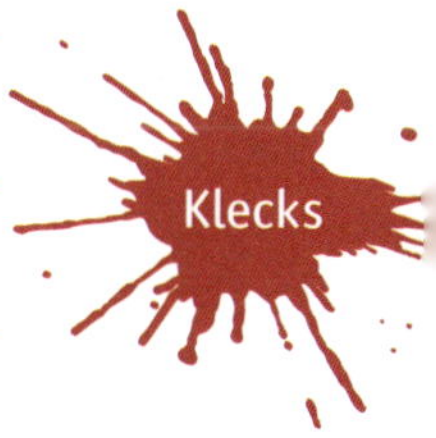

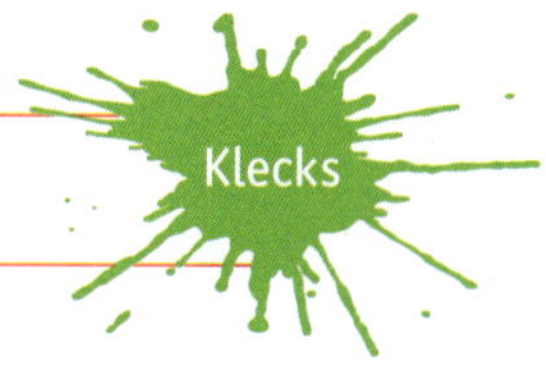

4 Es sind noch zwei weitere Wörter mit einem ks-Laut versteckt. Finde sie und schreibe eine passende Umschreibung für sie auf.

____

____

5 Finde zu jedem Wort ein Homophon und schreibe es auf die Linie. Finde zu vier / sechs / acht dieser Wortpaare eine kurze Erklärung und schreibe diese in dein Heft.

Block ______	Lärche ______	Lid ______
Schwämme ______	Städte ______	leeren ______
Uhrzeit ______	Waagen ______	Wälle ______
Wände ______	Mathe ______	Rad ______
Wahl ______	Gewand ______	Rechen ______

„Homophone sind gleich klingende Wörter *(Ferse – Verse)*!“

Fremdwörter richtig schreiben

1 Lies die Fremdwörter laut vor. Ordne sie danach der vermuteten Herkunftssprache zu. Überprüfe deine Zuordnung mit einem Fremdwörterlexikon.

Wortspeicher

Skateboard – Garage – Champignon – Comic – Moment – Pionier – Toilette – Ingenieur – Make-up – Job – Physik – Mathematik – Nation – Chip – Baguette – Top Ten – Massage – Pubertät – Athlet – Atmosphäre – Theater

▸ Griechisch

▸ Lateinisch

▸ Englisch

▾ Französisch

2 Suche für jede Herkunftssprache ein weiteres Fremdwort und trage es bei Aufgabe 1 ein.

3 Schreibe eine kurze Geschichte in dein Heft, in der du versuchst, möglichst viele der oben stehenden Fremdwörter unterzubringen. Nutze darin auch deine vier selbstgefundenen Fremdwörter.

4 Tausche deine Geschichte mit einem Partner. Dieser soll deine vier Fremdwörter herausfinden und deren Herkunft bestimmen. Vergleicht danach eure Einteilung. Lass ein Familienmitglied deine Fremdwörter erraten, wenn es keinen Arbeitspartner gibt.

Zeichensetzung richtig anwenden

1 Kennst du die vier wichtigsten Regeln zur Kommasetzung? Untersuche die Kommasetzung in den folgenden Beispielsätzen und notiere die entsprechende Regel.

a) Enya, Jakob, Paula und Tarek helfen im örtlichen Tierheim. Sie versorgen, pflegen oder spielen mit den Katzen, Vögeln beziehungsweise Hunden.

Regel A) ______________________________

b) Wenn sie dort ankommen, gibt ihnen die Leiterin eine Liste mit Aufgaben, damit sie genau wissen, was sie zu tun haben.

Regel B) ______________________________

c) Die Arbeit ist anstrengend, aber sie macht den Kindern Spaß. Sie ist keine Belastung, sondern Freizeit.

Regel C) ______________________________

d) Die Katzenbabys, immer verspielt und munter, sind putzig. Benno, der große Schäferhund, begrüßt Jakob.

Regel D) ______________________________

2 Paula hat einen Artikel über das Verhalten der Tiere für die Schülerzeitung geschrieben. Überprüfe als Redakteur ihre Zeichensetzung. Ergänze fehlende Kommas, streiche überzählige durch!

ACHTUNG FEHLER!

Ein Hund der eigentlich ruhig freundlich und ausgeglichen ist schläft tief und fest auf seiner Decke. Zutraulich will ihn ein Kind streicheln doch er schnappt auf einmal ohne Warnung zu. Aus Überraschung, ist er so verunsichert dass er sich wehrt. Aus dem gleichen Grund hackt ein ängstlicher Wellensittich seinem Besitzer eine blutende Wunde in den Finger den dieser durch die Gitterstäbe seines Käfigs hält. Meistens versteht das Tier, in diesem Moment, den Menschen falsch. Ohne dass er es weiß sendet der Mensch nämlich dauernd Botschaften an seine Umgebung aus die die Tiere, aufgrund ihrer Instinkte, deuten. Wenn er die Schultern hängen lässt oder sich ruckartig bewegt wirkt er unsicher beziehungswiese unberechenbar. Wenn jemand dagegen durch langsame Bewegungen eine entspannte Haltung sowie ein freundliches Lächeln Ruhe ausstrahlt dann überträgt sich das auf die Tiere. Sie achten auf solche Zeichen da sie sich vor allem über die Körpersprache verständigen doch manchmal geben sie ihnen eine falsche Bedeutung. Sie reagieren dann für uns nicht nur überraschend sondern oft sogar gefährlich. Während der viele Millionen Jahre dauernden Evolution, haben sich die Instinkte der Tiere auch der zahmen Haustiere nämlich so ausgebildet. Daran sollten Tierfreunde denken wenn sie sich ihnen nähern.

„Aufgepasst – bei adverbialen Bestimmungen steht kein Komma!"

3 Bilde drei / fünf / sieben sinnvolle Satzgefüge, indem du passende Subjunktionen *(da, weil, dass, als …)*, Adverbien *(danach, währenddessen …)* oder Relativpronomen *(der, die, das, welcher/e/es …)* verwendest und an der richtigen Stelle ein Komma setzt. Arbeite in deinem Heft.

Beispiel: *Jakob reinigt den Hundekäfig. Er spritzt ihn mit dem Wasserschlauch aus.*
Jakob reinigt den Hundekäfig, indem er ihn mit dem Wasserschlauch ausspritzt.

- Das ist nicht seine Lieblingsarbeit. Sie ist anstrengend und es stinkt.
- Zur Belohnung darf er dann mit Benno spazieren gehen. Ihn mag er ganz besonders gerne.
- Enya spielt gerne mit den Katzen. Sie sind ihre Lieblingstiere.
- Gerne erfindet sie für sie Spiele. Die Katzen langweilen sich ansonsten.
- Die rote, getigerte Katze ist ihr Liebling. Sie wartet immer auf Enya und kommt sofort angelaufen.
- Tarek kümmert sich am liebsten um die Papageien. Er will ihnen sprechen beibringen.
- Der große Kakadu ist sehr frech. Er versucht Tarek beim Üben immer die Nüsse aus seiner Jackentasche zu stibitzen.

„Kommasetzung ist doch völlig unwichtig!“

„Dann schau dir mal die folgenden Sätze an.“

4 Wie kann man die Bedeutung durch die Verschiebung des Kommas verändern? Gib jeweils zwei mögliche Stellen für das Komma an (rot und grün) und besprich mit deinem Lernpartner, wie sich jeweils die Bedeutung der Sätze ändert.

- Peter erbt das Haus nicht Jakob.
- Der Chef sagt der Angestellte sei ein Profi.
- Kathrin sagt die Nachbarin sei sehr hilfsbereit.

5 Für die Schülerzeitung hat Jakob lustige Schülerwitze gesammelt. Aber die nötigen Satzzeichen hat er beim Aufschreiben vergessen. Ergänze sie, denn nur dann lassen sich die Witze auch gut vorlesen.

Wenn ein Stück Land ins Meer ragt, ist das eine Landzunge   sagt die Lehrerin   was ist es aber umgekehrt wenn ein Stück Meer ins Land hineinragt   Moritz meldet sich   Dann ist das eine Seezunge.

Kann mir jemand zehn Tiere nennen die am Nordpol leben   fragt der Lehrer   Klar   sagt Franz sieben Robben und drei Eisbären

Nenne mir die Jahreszeiten   Carina   Winter   Frühling und Herbst   antwortet diese   Und wo bleibt der Sommer   Ja das habe ich mich auch schon gefragt

Fehler finden und korrigieren

1 Seit Paula beim Tag der offenen Zootür war, träumt sie jede Nacht sehr viel. Für Tarek und Jakob schreibt sie den lustigsten Traum auf. Bevor sie ihre Freunde den Text lesen lässt, möchte sie ihn auf Rechtschreibfehler untersuchen und ihn korrigieren.
Hilf ihr dabei und unterstreiche alle Fehler (Rechtschreibfehler und Kommafehler), die du im Text findest. Im ersten Abschnitt sind sie am Rand gekennzeichnet, im zweiten Abschnitt steht nur die Fehlerzahl unter dem Text.

ACHTUNG FEHLER!

Die Eißbären knattern auf Mopeds durch dass Gehege. Das ||
komt den Pinguihnen zu Oren, die alles mögliche versuchen ||||/
um iren schwarzen Frack auszuzihen, um mitfahren zu ||
dürfen. Die Dakse auf der Wiese versuchen ihre Streifen mit |
den Tatzen abzuschruben, um weniger zu wihgen. Die Fische ||
wollen sich zum Spas Lockenwickler in die Schuppen drehen. |
Die Zigen philosovieren darüber, ob Meis oder Rais besser ||| |
zum bewerfen der Ponys sei. Die Ponys wiehern empört über |
das Toor. Dem Krokodil ist das egal. Es lauert gefärlich ||
versteckt im Mor und hofft, dass viel leckeres aus dem Boot ||
in sein Becken fallen wird.

Am Verrücktesten verhält sich der Tieger als er Nachmittaks entdeckt, dass sein Freund der Puma sich das Fell pink geferbt hat. Er hüpft ins Wasser und taucht so lange ab, bis er keine Luft mehr hat. Doch als er wider auftaucht, entdeckt er viel schlimeres. Der Löwe hat sich tatsächlich Waxsterne und Perlen in seine Mäne geflochten und schießt gratis Klöse durchs Gehege. Warum das so ist? Die Tiere feiern eine Party. (14)

2 Lege dir eine Tabelle mit folgenden Fehlerschwerpunkten auf einem DIN -A4-Blatt an: Groß- und Kleinschreibung, Zeichensetzung, Getrennt- und Zusammenschreibung, s-Laute, Dehnung, Schärfung, Gleichklinger, Fremdwörter. Ordne in die erste Spalte jeder Kategorie die korrigierten Wörter aus dem Text ein und in eine zweite Spalte Tipps oder Regeln für die korrekte Schreibung des jeweiligen Wortes. Gestalte die Tabelle so, dass du sie immer weiter ergänzen kannst.

Wenn du in diesem Test noch zeichnen musstest → SB-S. 242–261.

3.1 Literarische Texte unterscheiden und erschließen

Hier findest du Informationen im Schülerbuch: *S. 84–117, 156–169, 170–189*

Diese Kompetenzen trainierst du: *verschiedene Lesetechniken nutzen, literarische Texte unterscheiden und beschreiben, sich mit Inhalten von Texten verschiedener Gattungen auseinandersetzen, fiktionalen Welten in antiken Sagen begegnen, nach literarischen Mustern erzählen, sprachliche Bilder in Gedichten erkennen und verstehen, die Gestaltung von Gedichten erkennen und beschreiben, Merkmale szenischer Texte benennen, Texte szenisch lesen und spielen*

Hier findest du Hilfestellungen: *Arbeitsheft S. 112 und Schülerbuch S. 276–281*

Teste deinen Lernstand

Wie gut kennst du dich mit literarischen Textsorten aus?

1 Ermittle die verschiedenen Fachbegriffe zum Thema „Literatur" im Kreuzworträtsel.

1 ein verkürzter Vergleich
2 Reimform: *Es stand vor eines Hauses Tor/ein Esel mit gespitztem Ohr* (W. Busch)
3 „Kapitel" eines Theaterstückes
4 die Lehre aus einer Fabel
5 eine Gedichtzeile
6 Sprecher eines Gedichts
7 Erzählung, die scheinbar Wirkliches erzählt
8 Figur, die ein Schauspieler im Theater spielt
9 Reimform abab
10 gedruckter Text für Jugendliche
11 Versmaß: *Der käute sich ein Bündel Heu/ gedankenvoll und still entzwei* (W. Busch)
12 Erzähltext mit guten und bösen Figuren

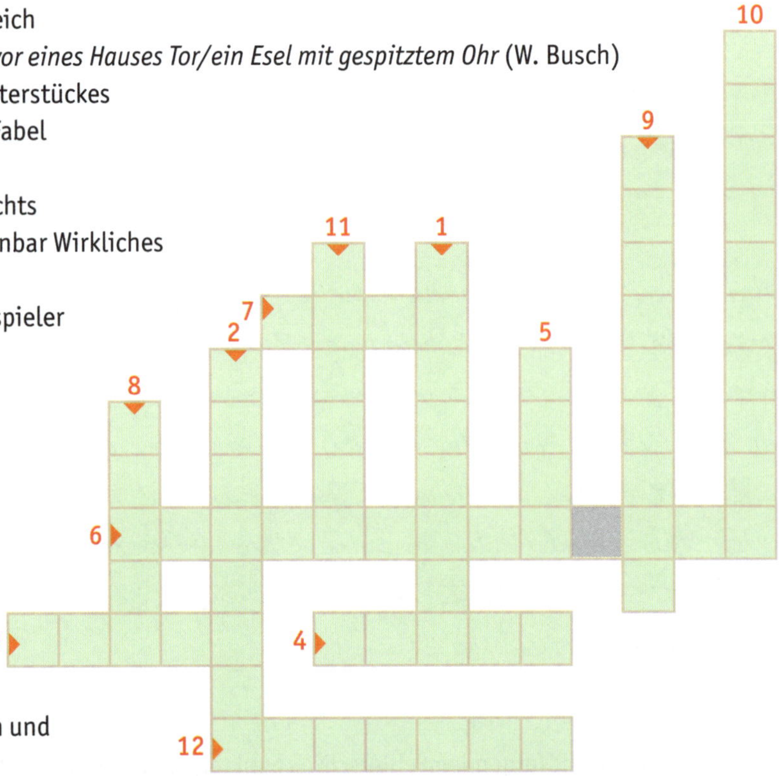

2 Wie viele literarische Textsorten kannst du benennen und diesen auch passende Merkmale zuordnen? Kreuze das für dich Zutreffende an.

○ Ich kenne nur eine literarische Textsorte und deren Merkmale.
○ Ich kenne mindestens drei literarische Textsorten und kann diesen Merkmale zuordnen.
○ Ich kenne mehr als drei literarische Textsorten und kann diesen Merkmale zuordnen.

3 Belege deine Selbsteinschätzung in Aufgabe 2 an konkreten Textbeispielen. Diese können aus deinem Schulbuch oder aus diesem Arbeitsheft stammen. Notiere die Textsorte und die Merkmale in dein Heft.

Die Leseflüssigkeit erhöhen

1 Paula kennt verschiedene Übungen, mit denen sie ihre Lesefertigkeit verbessern kann. Folge den Linien und notiere in deinem Heft, welcher Vogel auf welchem Baum sitzt.

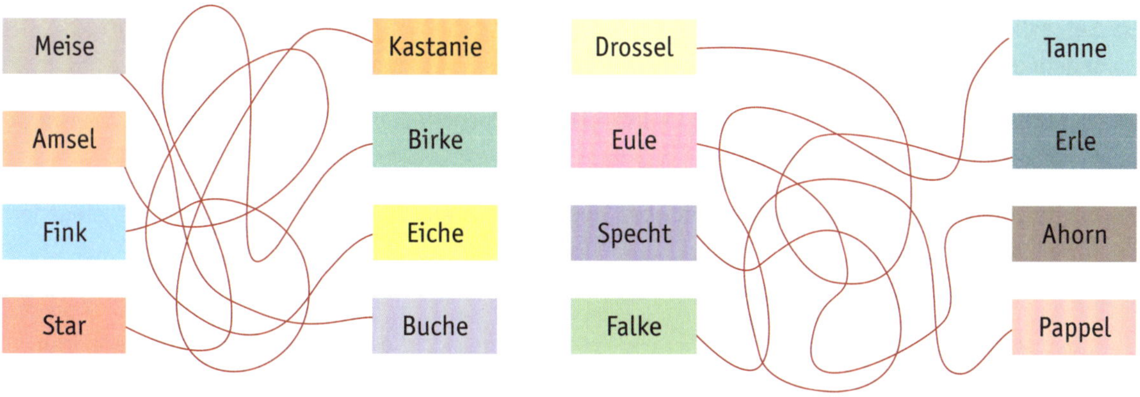

2 Fixiere in Leserichtung, also von links nach rechts, die Wörter oder Wortgruppen mit einem Blick und streiche jeweils das nicht Dazupassende in jeder Zeile.

1	2	3
mit Spaß	sehr lustig	viel Langeweile
am Meer	hohe Bäume	wilde Wellen
viele Lieder gesungen	buntes Bild gemalt	Mitglied im Chor
locker im Umgang	strenger Vater	total unterdrückt
Ferien	Schulstunde	Urlaub
weich und warm	schneeweiß	Bett

3 Im folgenden Text sind nur die Anfangs- und Endbuchstaben eines Wortes am richtigen Ort geblieben. Du wirst feststellen, dass dein Gehirn den Text dennoch verstehen kann. Fasse nach der Lektüre in einem Satz zusammen, warum sich die Dicke eines Baumstammes ändert.

Eanustilrch, aebr whar

Mergons haebn Bämue eeinn dcikeern Smtam asl am Aebnd. Die Ventraortwung hirefür tärgt der Wsasegreahlt: Tasgbüer gbeen Bämue Weassr üebr dei Bättelr ab. Dre Bamu vreleirt daurdch schllneer Wsaesr asl er druch dei Wuzrlen afunemhen knan udn schurmftp. Natchs nmimt dre Buam üebr dei Wuzrlen aebr wideer so veil Wsaser afu, dsas dre Samtm aschnillwt.

Tipp: So schnell überliest man Buchstabendreher! Kontrolliere deine Rechtschreibung also am besten immer durch Rückwärtslesen (vgl. im Löser → Seite 25)!

Sagen kennen und selbst schreiben

1 Du hast dich sicher entweder privat oder in der Schule schon mit Sagen beschäftigt. Wähle eine der folgenden Aufgaben:

- Setze die Satzteile richtig zusammen und schreibe sie in dein Heft. Ermittle das Lösungswort, indem du die Buchstaben in Klammern der Reihe nach einträgst.
- Informiere dich in einem Lexikon oder im Internet über Siegfried, einen Helden der Nibelungensage. Erstelle einen Steckbrief zu Siegfried.
- Recherchiere in Lexika oder im Internet über Siegfried. Schreibe einen kurzen Infotext über Siegfried für ein Kinderlexikon.

Sagen sind Geschichten (N) …	… die sich die Menschen früher nicht erklären konnten (N).
Sie wurden zunächst mündlich überliefert (B) …	… kann es unterschiedliche Versionen der Sage geben (E).
Das Geschehen spielt an einem konkreten Ort (L) …	… und erst später schriftlich festgehalten (E).
Man kann z. B. zwischen Göttersagen (N) …	… wird oft mit fantastischen Begebenheiten und Figuren ausgeschmückt (A).
Lokalsagen deuten unter anderem Naturereignisse (E) …	… und Lokalsagen unterscheiden (G).
Der wahre Kern (S) …	… die einen wahren Kern enthalten (I).
Zu einzelnen Ereignissen und Figuren (G) …	… und zu einer bestimmten Zeit (U).

Eine der bekanntesten germanischen Sagen ist die

☐☐☐☐☐☐☐☐☐☐☐☐☐☐.

2 Bereits im antiken Griechenland gab es zahlreiche Götter- und Heldensagen. Der wichtigste griechische Sagenheld ist Odysseus. Lies den Infospeicher und die Sage auf der folgenden Seite aufmerksam durch und zeichne passend dazu einen Comic mit fünf Bildern in dein Heft.

Infospeicher

Odysseus ist ein bekannter Held der griechischen Mythologie, der sich durch seinen außergewöhnlichen Verstand und listige Ideen auszeichnet. Nach seinem Sieg in Troja kehrt Odysseus in seine Heimat Ithaka zurück, muss aber auf seiner zehnjährigen Irrfahrt über das Meer zahlreiche Abenteuer bestehen und verliert dabei all seine Begleiter. Die Irrfahrt wird vom Dichter Homer in der „Odyssee" geschildert. Die „Odyssee" wurde wohl an der Wende vom 8. zum 7. Jahrhundert vor Christus aufgeschrieben und ist damit eines der ältesten Werke der Literaturgeschichte. Bis heute gibt es zahlreiche Neubearbeitungen des Stoffes, d.h. des zugrunde liegenden Inhalts: Erzählungen, Romane, Gedichte, Comics, Hörbücher, Filme, Opern und Theaterstücke.

Skylla und Charybdis

Auf der weiteren Fahrt mussten Odysseus und seine Begleiter eine gefährliche Meerenge passieren. Auf der einen Seite hauste Charybdis, auf der anderen Seite Skylla. Charybdis war ein gestaltloser Wasserstrudel, der dreimal am Tag Meerwasser einsog, um es danach brüllend wieder auszustoßen. Skylla dagegen war ein Ungeheuer mit sechs Hundeköpfen und zwölf Hundefüßen, das alles auffraß, was seine Fangarme erreichten, vor allem die Seefahrer, die Charybdis meiden wollten. Gemäß Kirkes Rat hielt sich Odysseus näher am Felsen der Skylla, die daraufhin sechs seiner Gefährten tötete.

3 Die Sage von Skylla und Charybdis ist durch die mündliche Überlieferung immer kürzer geworden. Überlege dir weitere Details, die die Geschichte anschaulicher und spannender gestalten könnten. Nutze zum Beispiel Vergleiche und Adjektive und ergänze die folgende Mind-Map.

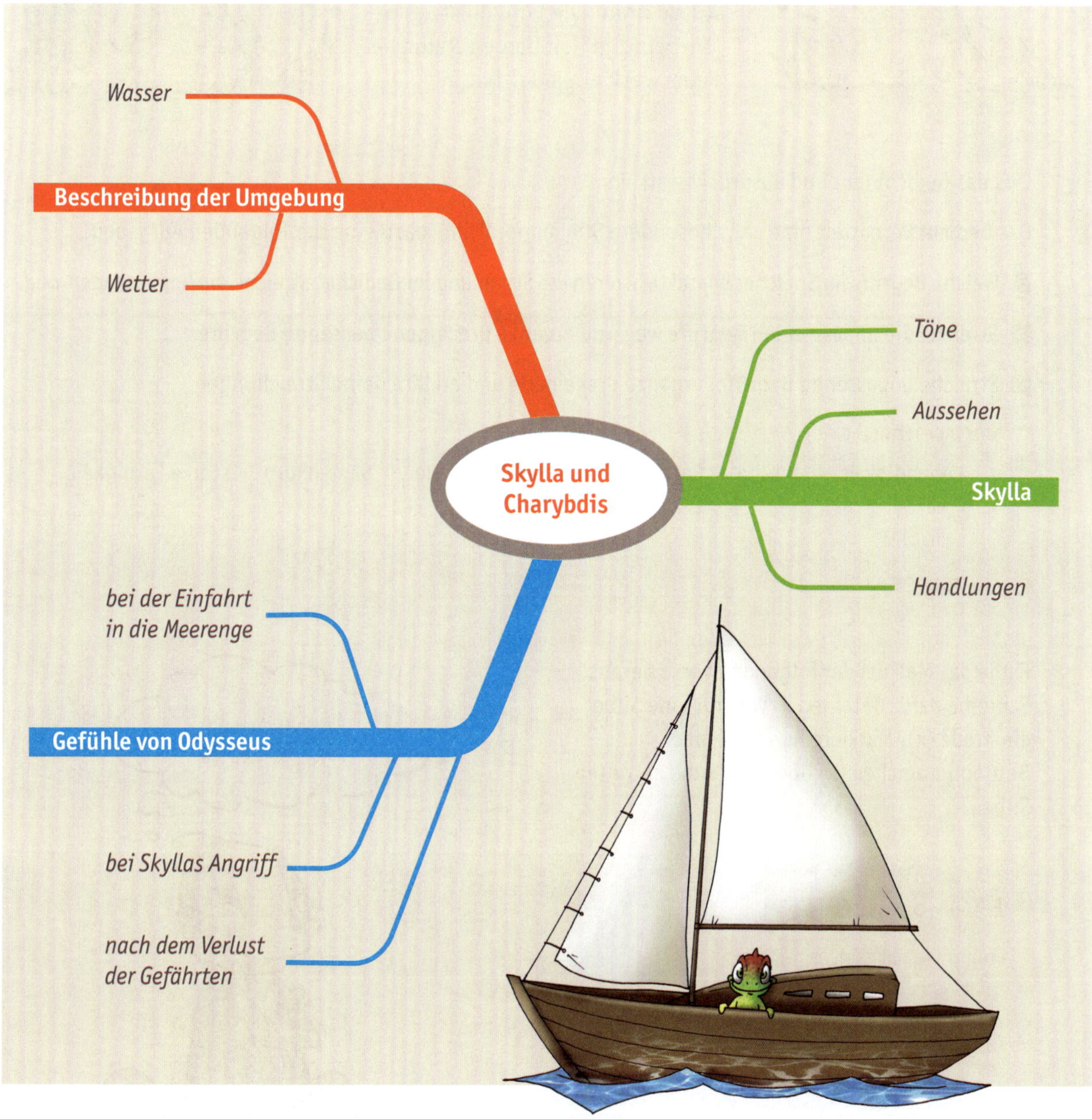

4 Baue die Sage nun zu einer spannenden Erzählung aus und schreibe sie in dein Heft.

Gedichte untersuchen und verstehen

Georg Britting
Feuerwoge jeder Hügel (1935)

Feuerwoge jeder Hügel,
Grünes Feuer jeder Strauch,
Rührt der Wind die Flammenhügel,
Wölkt der Staub wie goldener Rauch.

Wie die Gräser züngelnd brennen!
Schreiend kocht die Weizensaat.
Feuerköpfige Blumen rennen
Knisternd übern Wiesenpfad.

Blüten schwelen an den Zweigen.
Rüttle dran! Die Funken steigen
Wirbelnd in den blauen Raum –
Feuerwerk ein jeder Baum!

1 Lies das Gedicht laut und ausdrucksstark vor.

2 Das Gedicht vermittelt eine ganz besondere Stimmung. Wähle dazu eine der folgenden Aufgaben:

- Welche Begriffe im Speicher charakterisieren die Stimmung im Gedicht? Streiche die unpassenden weg.
- Streiche die unpassenden Begriffe weg und ergänze drei eigene passende Begriffe.
- Streiche unpassende Begriffe, ergänze drei eigene und erkläre deine Streichungen.

Wortspeicher
Lebendigkeit – Unruhe – Entspannung – Stille – Feuer – Samenkorn – starke Farbigkeit

Eigene Begriffe: ____________________

3 Finde das Metrum der folgenden Verse heraus. Schreibe dafür unter jeden Vers für eine Silbe ein Kreuz (x). Markiere nun mit einem Betonungszeichen (x́) über dem x die betonten Silben.

Feuerwoge jeder Hügel,
____

Grünes Feuer jeder Strauch
____

4 Welches Metrum liegt vor? Kreuze den richtigen Begriff an und fülle die Lücken.

○ Jambus: unbetont – betont x x́

○ Trochäus: betont – unbetont x́ x

Das eingesetzte Metrum setzt jeweils auf der ersten ____________ eines Verses einen Akzent und verstärkt so die ____________ der ersten Wörter in jedem Gedichtvers.

5 Die zentrale Metapher ist das Feuer. Schreibe alle Wörter auf, die aus diesem Bildbereich stammen.

Das musst du wissen

Metaphern sind sprachliche Bilder, also Wörter mit übertragender Bedeutung: z. B. *Feuerwoge*. *Woge* ist normalerweise eine gewaltige Wasserwelle. Diese Bedeutung wird auf das Feuer übertragen. (→ S. 107)

____

____

6 Warum vergleicht das lyrische Ich die blühende Natur mit einem Brand? Formuliere deine Vermutung mit Begründung in drei Sätzen in deinem Heft.

7 Verbinde die folgenden Gedichtverse mit dem entsprechenden Stilmittel.

1) Vergleich	a) Wölkt der Staub wie goldner Rauch
2) Personifikation	b) Schreiend kocht die Weizensaat
3) Metapher	c) Feuerköpfige Blumen rennen/Knisternd über den Wiesenpfad

Lösung: 1)__________ 2)__________ 3)__________

8 Welches Bild entspricht am besten der von Britting mit Worten gezeichneten Natur? Begründe deine Meinung in deinem Heft. Besprich deine Ergebnisse danach mit deinem Lernpartner.

1

2

3

9 Schreibe ein eigenes Gedicht zu einem der anderen beiden Bilder. Verwende dabei ebenso Metaphern, Personifikationen und Vergleiche.

Einen Text szenisch gestalten

Manfred Mai
Detlev und Torsten (1986)

Verschwinde, Wicht!
Verstehst du nicht?
Lass mich in Ruhe!
Geh aus dem Weg!
Nichts für dich!
Mach 'ne Fliege!
Keine Zeit!
Zieh Leine!
Du störst!
Hau ab!
Raus!

Kannst du mir mal helfen?

1 Paulas und Tareks Klasse will aus diesem Gedicht eine Spielszene gestalten. Lies als Vorbereitung das Gedicht laut und ändere bei der abschließenden Frage deine Stimme – imitiere also den zweiten Sprecher. Notiere, welche Rolle der zweite Sprecher übernimmt.

____

2 Lies das Gedicht noch einmal und ändere nun deine Stimme nach jedem Vers. Wie verändert dies die Situation zwischen den beiden Freunden? Besprich mögliche Veränderungen mit deinem Lernpartner.

3 Schreibe das Gedicht in einen erweiterten Dialog um. Du kannst dabei die Jungennamen auch durch Mädchennamen ersetzen.

Beispiel:

Detlev: „Du störst mich beim Lesen. Ich habe dir vorhin schon gesagt, dass du verschwinden sollst."
Torsten: „Ich muss aber mit dir sprechen. Verstehst du das denn nicht?"
Detlev: „..."

4 Sammle für ein mögliches Drehbuch im Heft Ideen zu folgenden Fragen:

- Welche Gefühle haben die Gesprächspartner?
- Wie könnte die Szene weitergehen?
- Welche Körperhaltung nehmen die Gesprächspartner ein? In welchem Tonfall muss der Dialog vorgetragen werden?
  Tipp: Denkt auch an Mimik und Gebärden (Gesten).
- Welche Requisiten eignen sich?
- Wie könnte das Bühnenbild aussehen?

5 Paula und Tarek wollen die Spielszene filmen. Paula kennt aus der Film-AG wichtige Begriffe und erklärt sie Tarek. Fülle ihren Lückentext:

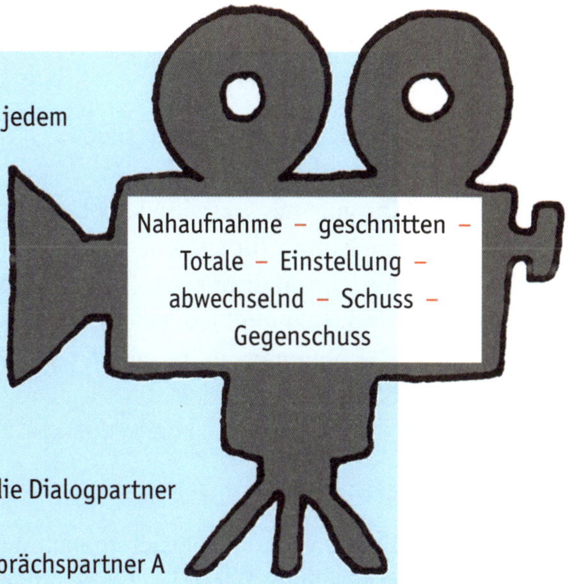

„Bei einem Film wird häufig ____________________. Nach jedem Schnitt beginnt eine neue ____________________. Man unterscheidet dabei zwischen einer ____________________ und einer ____________________. Bei Dialogen wird häufig das Mittel „Schuss-Gegenschuss" verwendet. Dabei werden die Dialogpartner ____________________ gezeigt. Zuerst ist der sprechende Gesprächspartner A im Bild („__________"), dann wird die Reaktion von Darsteller B gezeigt („__________")."

6 Paula und Tarek suchen nun nach einer geeigneten Perspektive. Hilf ihnen und besorge dir einen leeren Bilderrahmen oder bastle dir einen Papprahmen. Der Ausschnitt, den du darin siehst, ist dein Kamerabild. Betrachte darin einen Partner einmal von unten (Froschperspektive), normal (in Augenhöhe) und von oben (Vogelperspektive).
Wie wirkt dein Partner auf dich? Finde jeweils ■ einen / ■ drei / ■ fünf treffende Adjektive.

Aus der Froschperspektive: ____________________

In Augenhöhe: ____________________

Aus der Vogelperspektive: ____________________

7 Die Schüler versuchen, die Eigenschaften der beiden Jungen im Gedicht mit ihrer Bilderrahmenkamera einzufangen. Wähle zwei unterschiedliche Adjektive aus dem Speicher und überlege, welche Perspektive und welche Einstellung du wählen würdest, um Detlev und Torsten zu charakterisieren.

Wortspeicher

stark – ängstlich – aggressiv – mächtig – schüchtern – klein

Detlev	Torsten
Adjektiv: __________	Adjektiv: __________
Perspektive: __________	Perspektive: __________
__________	__________
Einstellung: __________	Einstellung: __________
__________	__________

Textsortentypische Gestaltungsmerkmale erkennen

Heinrich Heine

Die Loreley (1822) Text A: ____________________

Die schönste Jungfrau sitzet
Dort oben wunderbar,
Ihr gold'nes Geschmeide blitzet,
Sie kämmt ihr goldenes Haar,
Sie kämmt es mit goldenem Kamme,
Und singt ein Lied dabei;
Das hat eine wundersame,
Gewalt'ge Melodei.

Den Schiffer im kleinen Schiffe,
Ergreift es mit wildem Weh;
Er schaut nicht die Felsenriffe,
Er schaut nur hinauf in die Höh'.
Ich glaube, die Wellen verschlingen
Am Ende Schiffer und Kahn,
Und das hat mit ihrem Singen,
Die Loreley getan.

Die Lorelei Text B: ____________________

In alten Zeiten ließ sich manchmal auf der Lorelei, einem Felsen hoch oben über dem Rhein, eine Jungfrau sehen. Der Sohn des Pfalzgrafen hörte auch die wundervolle Mär und wollte diese selbst sehen. Die Sonne war eben untergegangen, da näherte sich sein Boot dem geheimnisvollen Ort. Die Jungfrau saß am Abhang des Felsens und band einen Kranz um ihre goldenen Locken. Jetzt vernahm der Adlige auch den Klang ihrer Stimme und war bald seiner Sinne nicht mehr mächtig. Kurz bevor er an Land springen wollte, trieb das Boot ab und der junge Adlige versank im Strom.

Die Nachricht erreichte schnell den Pfalzgrafen, der sehr zornig wurde und seine besten Soldaten schickte, um den Tod seines Sohnes zu rächen. Als die drei Männer den Hügel erklommen, saß die Jungfrau oben auf der Spitze und hielt eine Schnur von Bernstein in der Hand. „Wir suchen Dich, Zauberin", rief der Hauptmann, „und ich befehle dir, dich sofort in die Fluten hinabzustürzen!" – „Ei", sagte die Jungfrau lachend, „der Rhein mag mich holen!" Bei diesen Worten warf sie die Bernsteinschnur in den Strom hinab und sang mit schauerlichem Ton: „Vater, Vater, geschwind, geschwind, die weißen Rosse schick deinem Kind, es will reiten mit Wogen und Wind!" Kaum hatte sie das letzte Wort ausgesprochen, da bäumten sich zwei mächtige weiße Wellen auf, brachen über dem Felsen zusammen und zogen das Mädchen mit sich in die Tiefe. Nie wieder hat ein Mensch die Jungfrau gesehen.

1 Ordne jedem Text eine passende Textsorte zu. Vergleiche die beiden Texte, indem du die Merkmale der beiden Textsorten aus dem Speicher sinnvoll in die Tabelle einfügst. Übertrage die Tabelle dazu in dein Heft.

hat Strophen und Reime – mündlich überlieferte Geschichte aus der Vergangenheit – verschiedene Fassungen – enthält oft auf engem Raum zahlreiche sprachliche Bilder – erweckt den Anschein, dass sie Wirkliches erzählt (Landschaftsmerkmale, Namen) – Ort und Zeit sind oft bestimmt – hat eine nacherzählbare, sich entwickelnde Handlung – enthält ein Metrum und einen Rhythmus

Sage	Gedicht

2 Markiere – soweit sie enthalten sind – die Merkmale der jeweiligen Textsorte in der Sage (rot) und im Gedicht (grün).

3.2 Sachtexte erschließen und beurteilen

Hier findest du Informationen im Schülerbuch: *S. 118–141*

Diese Kompetenzen trainierst du: *Vorwissen mit Fachwissen verknüpfen, verschiedene Sachtextarten erkennen und auswerten, nichtlineare Sachtexte verstehen und verwenden, Zusammenhänge zwischen Text und Bild erkennen, Informationen aus Texten entnehmen und darstellen, Textwirkungen erfassen, Sachlichkeit von Texten bewerten*

Hier findest du Hilfestellungen: *Arbeitsheft S. 112 und Schülerbuch S. 284 f.*

Teste deinen Lernstand

Weißt du, wie man Informationen aus einem Sachtext entnimmt?

1 Wie du lesen kannst, fällt Paula der Umgang mit Sachtexten noch schwer. Markiere, wie du mit Sachtexten zurechtkommst, und ergänze den Satzanfang in deinem Heft.

- Die Auseinandersetzung mit Sachtexten fällt mir leicht/schwer, weil …

Paula: Ich überfliege den Text zuerst, um zu wissen, wovon er handelt. Dann lese ich ihn noch einmal und markiere alles, was mir wichtig erscheint. Das finde ich aber schwierig. Denn meistens unterstreiche ich dann ganz viel. Mein Lehrer sagt, das sei falsch. Ich müsse das Wichtige vom Unwichtigen unterscheiden. Aber ich weiß nicht, wie mir das gelingen kann.

2 Schreibe in dein Heft eine übersichtliche Anweisung für Paula, die ihr hilft, einen Sachtext zu verstehen. Die folgenden Anregungen helfen dir dabei. Es haben sich aber auch falsche Ratschläge eingeschlichen. Streiche diese durch. Bringe die richtigen in eine sinnvolle Reihenfolge. Wenn du sicher im Umgang mit Sachtexten bist, hast du vielleicht noch zusätzliche Tipps, die du in dein Heft schreiben kannst.

- ◯ Es ist wichtig, dass der Text hinterher bunt und bearbeitet aussieht, daher nimm möglichst viele verschiedene Farben zum Markieren.
- ◯ Wörter, die du nicht kennst, sind nicht so wichtig.
- ◯ Lies den Text und unterstreiche sofort das, was dir wichtig erscheint, denn es kommt darauf an, den Text schnell zu verstehen.
- ◯ Halte nach einem Abschnitt inne und überlege, welche Fragen du zu dem Abschnitt stellen könntest, die in dem Abschnitt beantwortet werden.
- ◯ Formuliere Überschriften für einzelne Teile des Textes.
- ◯ Nimm dein Lineal und unterstreiche mit Bleistift wichtige Informationen.
- ◯ Suche nach Schlüsselwörtern.
- ◯ Schlüsselwörter benennen Inhalte, die von großer Bedeutung für die inhaltliche Aussage und das Textverständnis sind.
- ◯ Lies die Überschrift und überfliege grob den Text, um zu wissen, um was es gehen könnte.
- ◯ Schlage unbekannte Wörter im Lexikon nach oder frage die Lehrkraft nach der Bedeutung.

Sachtexte genau lesen und Zusammenhänge zwischen Text und Abbildung erkennen

Die Sonne und ihre Planeten

Im Zentrum des Planetensystems, zu dem auch unsere Erde gehört, steht die Sonne. Sie besteht zum größten Teil aus Wasserstoff und hat eine Oberflächentemperatur von etwa 6000 Grad. Außer der Erde gibt es noch acht weitere Planeten, die in unterschiedlicher Entfernung um die Sonne laufen. Einige Planeten können mit bloßem Auge am Nachthimmel beobachtet werden, für andere braucht man ein Fernglas oder ein Teleskop. Auf der innersten Bahn befindet sich Merkur, der nur 88 Tage für einen Umlauf um die Sonne benötigt. Mit etwas mehr als einem Drittel des Erddurchmessers ist er der kleinste Planet. Die Venus bewegt sich auf der zweiten Bahn. Sie ist fast genauso groß wie die Erde und der hellste Stern am Firmament. Mars, man nennt ihn den roten Stern, ist der letzte der inneren Planeten und dreht seine Runden außerhalb der Erdbahn. Seine Größe entspricht etwa dem halben Erddurchmesser. Weil er keine Wolkendecke hat, kann man mit einem guten Teleskop seine Oberfläche beobachten. Jupiter, der Riesenplanet, belegt die fünfte Bahn und braucht fast 12 Jahre für eine Sonnenumrundung. Obwohl er mehr als den elffachen Erddurchmesser hat, dreht er sich in nur neun Stunden um die eigene Achse. Den schönsten Anblick bietet der Saturn mit seinen Ringen. Die anderen äußeren Planeten Uranus, Neptun und Pluto wurden erst in den letzten 250 Jahren entdeckt, während die restlichen Planeten bereits in den alten Kulturen bekannt waren.

Planetensystem

Ein **Planetensystem** ist die Gesamtheit nicht selbstleuchtender größerer Himmelskörper, der Planeten, die sich um mindestens einen gemeinsamen Zentralstern bewegen und durch die Gravitationskraft an diesen gebunden sind. Das bekannteste Planetensystem ist das der Sonne, das Sonnensystem, welches bis zur Bestätigung der ersten Planeten außerhalb des Sonnensystems (extrasolare Planeten) im Jahre 1992 das einzige bekannte Planetensystem war. 1992 wurden drei Planeten mit Massen von 0,02, 4,3 und 3,9 Erdmassen entdeckt, die um den Pulsar als zentralen Stern kreisen. Im November 2013 waren über 1000 Planeten in 790 extrasolaren Systemen bekannt, davon 175 Systeme mit 2 bis 7 Planeten.

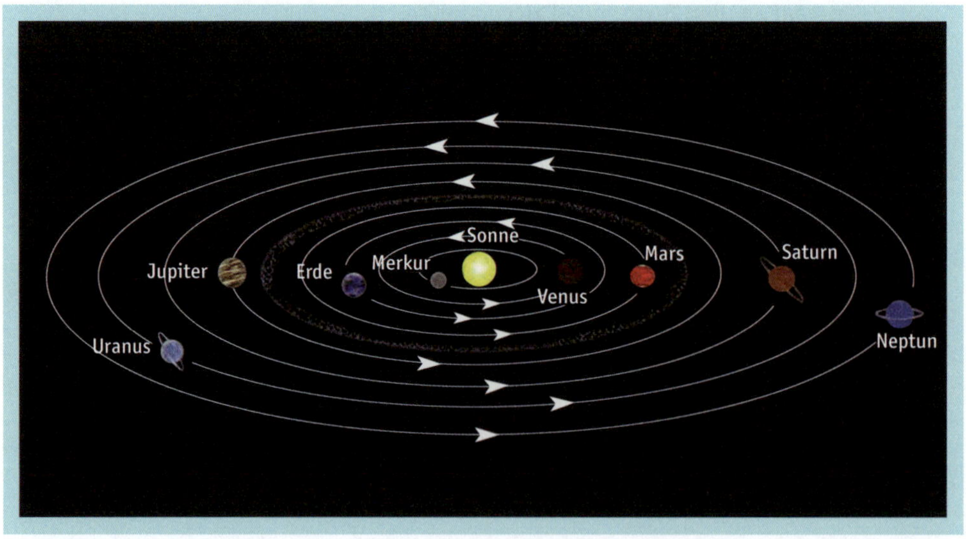

1 Lies die Texte und betrachte die Grafik. Kreuze anschließend an, welche der folgenden Äußerungen richtig, falsch oder nicht in den Texten/der Grafik enthalten sind.

Information	richtig	falsch	nicht enthalten
(1) Jedes Planetensystem hat einen eigenen Zentralstern.			
(2) 175 Planetensysteme haben mehr als 4 Planeten.			
(3) Die Sonne gehört zum selben Planetensystem wie die Erde.			
(4) Der Merkur läuft auf der äußersten Bahn um die Sonne.			
(5) Der Jupiter ist größer als die Sonne.			
(6) Uranus und Neptun wurden erst in den letzten hundert Jahren entdeckt.			
(7) Der Pluto war schon in den alten Kulturen bekannt.			
(8) Im Jahr 2013 entdeckte man den ersten Planeten außerhalb des Sonnensystems.			
(9) Saturn und Uranus sind Nachbarplaneten.			

2 Verbinde die Satzanfänge mit dem passenden Teilsatz, sodass inhaltlich richtige Sätze entstehen. Kreuze die richtige Ergänzung an.

Der Mars wird gerne mit dem Teleskop beobachtet,
- ◯ weil er der letzte der inneren Planeten ist.
- ◯ weil er keine Wolkendecke hat.
- ◯ weil er nur den halben Erddurchmesser hat.

Der Jupiter hat den elffachen Erddurchmesser,
- ◯ weswegen er sich in nur neun Stunden um die eigene Achse dreht.
- ◯ und braucht dennoch nur neun Stunden für eine Achsendrehung.
- ◯ weil er die fünfte Bahn belegt.

Die Erde
- ◯ steht im Zentrum unseres Planetensystems.
- ◯ gehört zum Sonnensystem.
- ◯ ist deutlich kleiner als die übrigen Planeten.

Je weiter die Planeten von der Sonne entfernt sind,
- ◯ desto länger brauchen sie für eine Sonnenumrundung.
- ◯ desto besser sind sie von der Erde aus zu beobachten.
- ◯ desto größer ist ihr Durchmesser.

Uranus, Neptun und Saturn
- ◯ wurden erst in den letzten 250 Jahren entdeckt.
- ◯ haben Reifen.
- ◯ gehören mit dem Mars zu den äußeren Planeten.

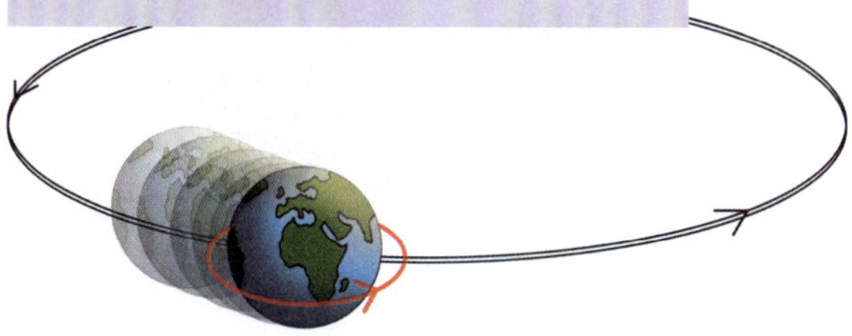

Diagramme lesen und auswerten

1 Im Unterricht haben Samuel und seine Mitschüler verschiedene Grafiken kennengelernt. Ordne jeweils eine Bezeichnung der richtigen Grafik zu: Kreisdiagramm – Balkendiagramm – Säulendiagramm

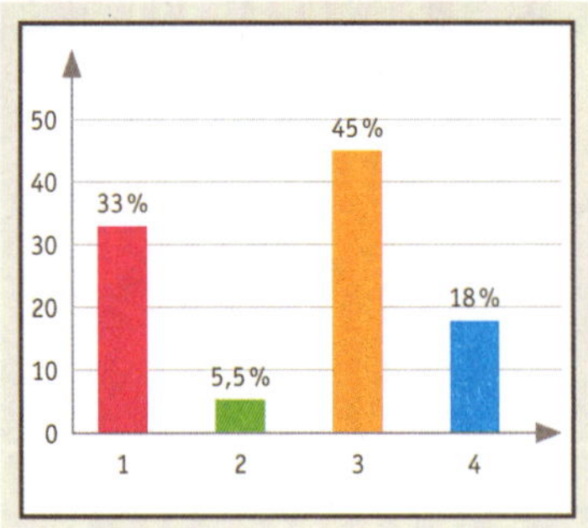

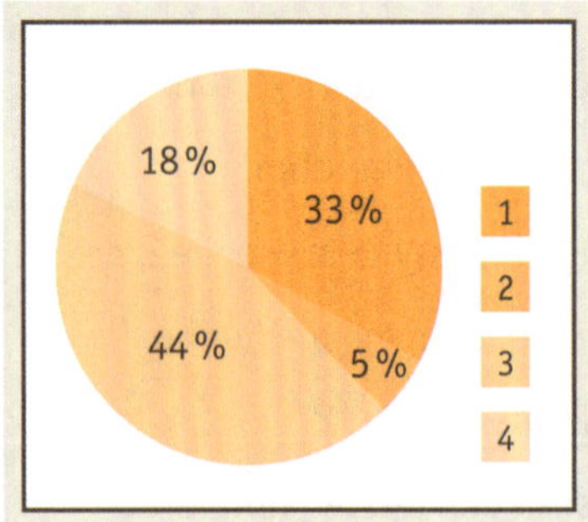

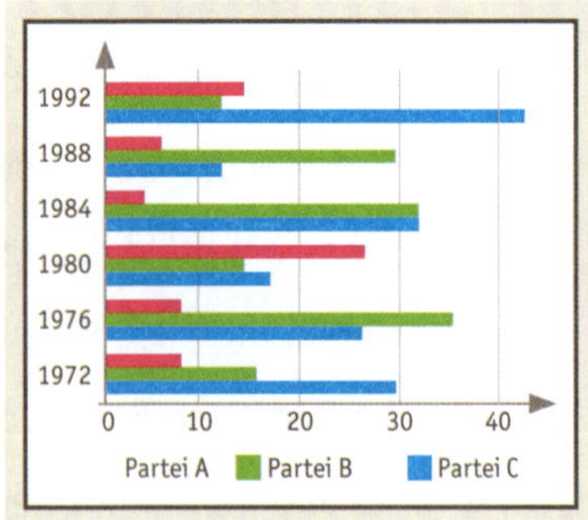

______________________ ______________________ ______________________

2 Beschrifte das Balkendiagramm mit folgenden Begriffen: y-Achse, x-Achse, Legende, Quelle.

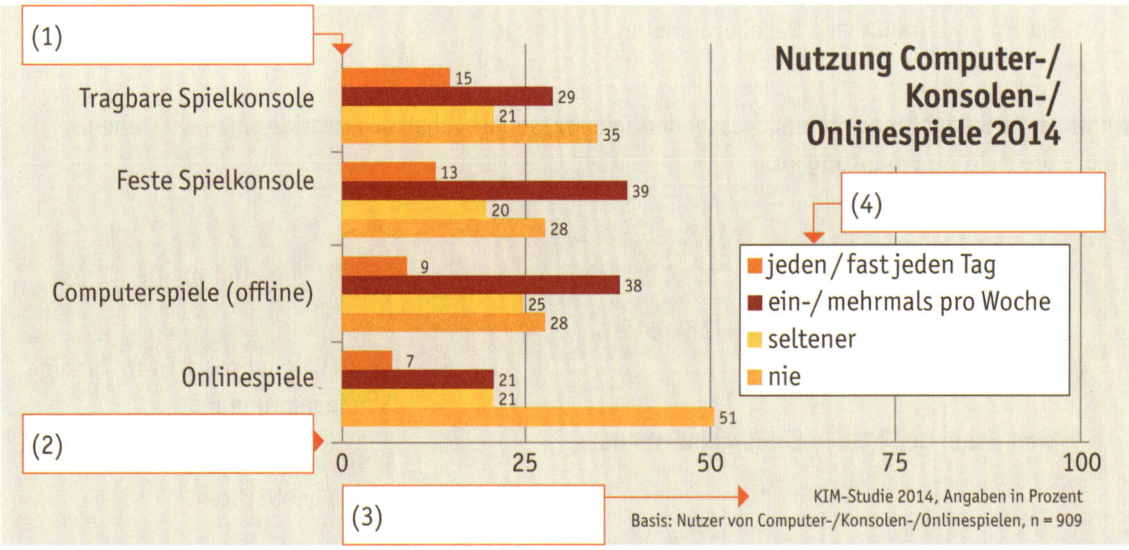

3 Ergänze den folgenden Text mithilfe der Informationen aus der Grafik.

Thema	Das Schaubild zeigt ______________________________.
Quelle (Studie, Jahr)	Die Grafik ist der __________-Studie entnommen und stammt aus dem Jahr __________.
Informationsform	Die Angaben werden in ______________________ gemacht.
Informationsinhalt	Die orangen Balken geben an, wie viele ______________________. Sie zeigen, dass ______________________.
Kommentar, Schlussfolgerung	Aus dem Schaubild geht hervor, dass ______________________ ______________________.

Mithilfe von Sachtexten ein Kurzreferat vorbereiten

1 Paula ist ein Fan des alten Ägypten. Den folgenden Text will sie für ein Kurzreferat auswerten. Überfliege den Text und markiere Schlüsselbegriffe.

Pharao Ramses II

Fast 100 Jahre ist es her, dass der britische Wissenschaftler Sir Grafton E. Smith eine ägyptische Mumie untersuchte, als plötzlich die Mumie den Arm hob. Smith war zu Tode erschrocken. Doch dann erkannte er, dass es kein böser Spuk war: Der Arm war nur seit 3 000 Jahren in einer völlig unnatürlichen Haltung festgebunden gewesen. Als der Forscher ihn jetzt freiwickelte, entspannte sich ein Muskel des Toten und der Arm schnellte nach oben.

Die Mumie war die des berühmtesten und vielleicht mächtigsten Pharao aller Zeiten: Ramses II. Er wurde von seinem Volk wie ein Gott verehrt und strahlt auch heute noch unheimliche Macht aus.

Der Ägypter wurde im Jahr 1303 vor Christus geboren, also vor über 3 300 Jahren. Sein Vater Sethos war „Vorsteher der Pferde“, der Oberbefehlshaber der gefürchteten Streitwagentruppe. Dann wurde Sethos gar Pharao, also Herrscher Ägyptens, und kämpfte gegen Aufständische und Nachbarvölker.

Als Ramses nach dem Tod seines Vaters mit 24 selbst Pharao wurde, rüstete er sich zum Krieg gegen das Hethiterreich, das ungefähr das Gebiet der heutigen Türkei, Syriens und des Libanon beherrschte. Mit über 20 000 Soldaten marschierte er ins Land der Feinde. Doch die Hethiter waren gewarnt und stellten den Angreifern bei der Stadt Kadesch eine Falle. Der Pharao kämpfte verzweifelt und konnte schließlich mit einigen Soldaten zum Rest seiner Armee fliehen. Doch zu Ramses' Glück gab es in der hethitischen Königsfamilie Streit. So erkannten schließlich Ramses und der Hethiterherrscher Hattusilis III., dass keiner den anderen besiegen konnte – und sie schlossen einen Vertrag: Es ist der älteste Friedensvertrag, den wir kennen. Viele Jahrzehnte lebten die Ägypter von nun an reich und ungestört.

Ramses stürzte sich nun ganz auf seine zweite große Leidenschaft, die Architektur. In Theben entstand eine riesige Palast- und Tempelanlage; davor richteten Arbeiter mühsam eine Statue des Pharao auf: Sie besteht aus Granit und ist 1 000 Tonnen schwer – die gewaltigste Steinfigur der Weltgeschichte. Der Pharao baute nicht nur für sich, sondern auch für seine Familie: Er war mit Dutzenden von Frauen verheiratet und hatte mindestens 40 Töchter und 45 Söhne.

Die Menschen damals wurden oft nicht einmal 60 Jahre alt, doch Ramses starb erst mit 90 im Jahr 1213 vor Christus, nach 66 Jahren auf dem Thron. Priester mumifizierten Ramses: Sie schnitten die inneren Organe heraus, behandelten den Körper mit geheimnisvollen Essenzen und umwickelten ihn mit Stoffbahnen. Und dabei spannten sie einen Muskel des toten Pharao an – jenen Armmuskel, dessen Bewegung mehr als 3 000 Jahre später einen Wissenschaftler fast zu Tode erschrak.

2 Erstelle mithilfe der markierten Schlüsselbegriffe in deinem Heft eine Mind-Map, in der du die wichtigsten Informationen über Ramses zusammenfasst.

3 Halte mithilfe deiner Mind-Map einen Kurzvortrag über Ramses vor deinen Eltern.

Die Textwirkungen erfassen und die Sachlichkeit bewerten

1 Enya ist unsicher, welcher der Texte zu Nofretete, der geheimnisvollen ägyptischen Königin, vertrauenswürdiger ist. Lies die beiden Texte und begründe gegenüber deinem Lernpartner, welchen Text du eher zur Vorbereitung eines Vortrags verwenden würdest.

Text A Kennt ihr die Nofretete? So heißt ein Schönheitssalon in Berlin, aber auch eine Königin aus dem alten Ägypten. Sie hatte mandelförmige Augen und war wunderschön. Sicher noch schöner als die heutigen Models. Wahrscheinlich würde sie heute jeden Schönheitswettbewerb gewinnen! Sie lebte in Ägypten und achtete sehr auf ihr Aussehen. Deshalb passt es eigentlich ganz gut, dass ein Schönheitssalon nach ihr benannt ist.

Text B Nofretete gilt als eine der rätselhaftesten Königinnen im alten Ägypten und gleichzeitig als eine der schönsten. Dies belegt die inzwischen weltberühmte Büste der Königin, die der Archäologe Ludwig Borchardt 1912 in Ägypten gefunden hat und die im Ägyptischen Museum in Berlin zu besichtigen ist. Während von Nofretete vor der Entdeckung der Büste nichts bekannt war, hat man im Anschluss aus zahlreichen weiteren Fundstücken und Inschriften vieles über sie und ihr Leben rekonstruieren können.

Sie ist im Jahr 1370 vor Christus in Mitanni, im Gebiet des heutigen Syrien, als Königstochter geboren und trug zunächst noch den Namen Taduschepa. Erst nach ihrer Hochzeit erhält sie den Namen Nofretete („Die Schöne kommt"). Insofern verwundert es nicht, dass heute auch Schönheitssalons den Namen „Nofretete" tragen.

2 Vergleiche die Texte, indem du in der folgenden Tabelle jeweils die Lesbarkeit, die Glaubwürdigkeit und die Brauchbarkeit für deinen Vortrag bewertest. Vergib zwischen einem und zehn Punkten.

	Text A	Text B
Lesbarkeit (einfacher oder komplexer Satzbau? viele Fremdwörter und Fachwortschatz?)		
Glaubwürdigkeit (sachlich – informierender Stil oder lockerer Plauderton?)		
Brauchbarkeit		

3 Schreibe mithilfe der Prüfkriterien im Speicher eine Stellungnahme zur Glaubwürdigkeit der Texte in dein Heft.

Textspeicher

vertrauenswürdiger Sachtext: neutrale Darstellung von Sachverhalten – nachprüfbare Belege – Fachbegriffe werden in Argumentation eingebunden – längere Sätze / Satzgefüge – gleichmäßiges Schriftbild – Ergänzung um Schaubilder / Statistiken etc.

fragwürdiger Sachtext: beeinflussende, gefühlsbetonte Darstellung – unbelegte Behauptungen – Umgangs- und Alltagssprache – Fachbegriffe täuschen Sachkenntnis vor – überwiegend kurze Hauptsätze / unvollständige Sätze / Ausrufe – Auffälligkeiten im Druck – Beigabe von Fotos ohne zusätzlichen Informationswert

Informationen zu einem Thema aus Text- und Bildelementen entnehmen und funktional verwenden

1 Fasse in deinem Heft die wichtigsten Informationen in Stichpunkten aus den Materialien zusammen. Berücksichtige folgende Teilüberschriften: Zeichensystem – historische Bedeutung – Entdeckung.

Material 1: Dass wir heute vieles über die Pharaonen und das alte Ägypten wissen, verdanken wir den Hieroglyphen. So werden die Zeichen des ältesten bekannten ägyptischen Schriftsystems bezeichnet, das von etwa 3200 v. Chr. bis 300 n. Chr. verwendet wurde, um die ägyptische Sprache schriftlich darzustellen. Die antike ägyptische Sprache gehört zu einer Familie von Sprachen in Afrika und dem Nahen Osten, die eine hohe Ähnlichkeit in Grammatik und Vokabular aufweisen. Forscher sprechen von der „afroasiatischen“ Sprachgruppe.

Die Hieroglyphen sollten nach dem Glauben der alten Ägypter ein Geschenk des Gottes Thot gewesen sein und hatten daher für die Ägypter eine große Bedeutung.

Die ägyptischen Hieroglyphen hatten ursprünglich den Charakter einer reinen Bilderschrift, das heißt, die Zeichen waren Bilder, aus denen die entsprechende Bedeutung direkt abgeleitet werden konnte. So wurde z. B. ein Haus einfach als Haus dargestellt: . Bald jedoch setzte sich die Hieroglyphenschrift aus Bildzeichen, Lautzeichen und Deutzeichen, sogenannten Determinativen, zusammen: So stand das Bild 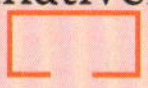 nicht mehr nur für die so dargestellte Sache (also ein Haus), sondern auch für einen bestimmten Laut, nämlich den Laut *pr*. Außerdem konnte einem Zeichen auch ein Determinativ beigefügt werden, das die Bedeutung näher erklärte. Die Hieroglyphe „Haus“ bedeutet ohne Determinativ das Wort „Haus“, mit zwei laufenden Beinen als Determinativ bedeutet es allerdings „herausgehen“.

Aufgrund der Vielzahl an Funktionen und Bedeutungen eines Schriftzeichens verwundert es nicht, dass die Hieroglyphen lange nicht entziffert werden konnten. Nachdem das Wissen um die Bedeutung der Schriftzeichen um 300 n. Chr. verloren gegangen war, gelang es dem Franzosen Jean-François Champollion im Jahre 1822, mithilfe des Steins von Rosetta das Hieroglyphensystem zu entziffern.

Material 3:

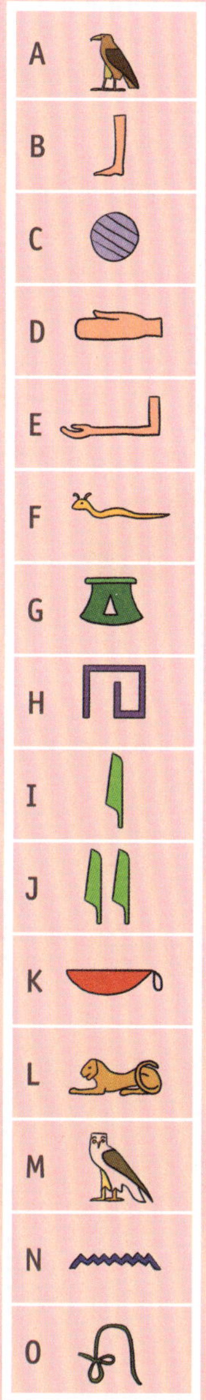

Material 2: **Der Stein von Rosetta**

15. Juli 1799: Offiziere finden den Stein auf einem Feldzug Napoleons in Ägypten

1801: Stein wird von den siegreichen Briten nach London gebracht

September 1822: Champollion findet ein System zur Entzifferung der Hieroglyphen

Oktober 1822: Brief, in dem Champollion seine Ergebnisse erklärt und rechtfertigt

2 Verfasse in deinem Heft einen informierenden Text in einem Online-Forum zu der Frage „Was sind eigentlich Hieroglyphen?“. Nutze dafür die Gliederung und die Informationen aus Aufgabe 1.

Wenn du in diesem Test noch 😐 zeichnen musstest → SB-S. 118–141.

3.3 Sich mit Medien auseinandersetzen

Hier findest du Informationen im Schülerbuch: *S. 142–155*

Diese Kompetenzen trainierst du: *Suchmaschinen nutzen und beurteilen, die eigene Mediennutzung reflektieren, mögliche Gefahren der Mediennutzung einschätzen*

Hier findest du Hilfestellungen: *Lösungsheft im Arbeitsheft S. 32 und Schülerbuch S. 282 f.*

Hältst du dich für einen kompetenten Nutzer des Internets und der neuen Medien?

Teste deinen Lernstand

1 Schätze deine eigene Internetnutzung durch Ankreuzen ein.

- ◯ Ich nutze die Möglichkeiten im Internet nur wenig.
- ◯ Ich nutze die Möglichkeiten im Internet vor allem zum Spielen.
- ◯ Ich bin häufig im Netz und halte mich in den sozialen Netzwerken auf oder nutze Nachrichtendienste.
- ◯ Ich habe noch wenig Erfahrung im Umgang mit dem Suchen von Informationen im Netz.
- ◯ Ich beziehe häufig Informationen aus dem Netz und weiß Bescheid, wie ich die richtigen Informationen erhalte und worauf ich achten muss.

2 Kreuze die Aussagen an, die deiner Meinung nach richtig sind. Setze hinter Aussagen, bei denen du unsicher bist, ein Fragezeichen.

(1) Fotos, die ich auf meinem Facebook-Profil zeige, können schnell von anderen verbreitet werden.
(2) Einträge im Internet kann ich problemlos wieder löschen.
(3) Gespräche im Chat-Raum finden in „Echtzeit" statt.
(4) Meine Adresse und Telefonnummer kann ich bedenkenlos bei einem Profil im Internet angeben.
(5) Im Internet kann ich mit Beleidigungen und falschen Behauptungen andere sehr verletzen, daher trage ich Verantwortung für mein Verhalten.
(6) Wenn ganz viele Leute etwas „liken" oder „disliken", übernehme ich die Meinung der meisten. Denn es muss doch stimmen, was so viele meinen.
(7) Ich muss mindestens 13 Jahre alt sein, um Whatsapp ohne Genehmigung meiner Eltern nutzen zu dürfen.
(8) Kindersuchmaschinen sind für mich ungeeignet, denn sie sind für Grundschulkinder gemacht.
(9) Was im Internet steht, kann man glauben.
(10) Die Suchmaschine Google darf man offiziell erst ab 16 Jahren nutzen.
(11) Was in einem Blog steht, kann ich bedenkenlos für mein Referat benutzen.

3 Formuliere zu drei falschen Aspekten aus Aufgabe 2 eine Berichtigung in deinem Heft.

Suchmaschinen nutzen und deren Qualität beurteilen

1 Enya und Liam diskutieren über verschiedene Suchmaschinen, die es im Internet gibt. Sie überlegen, welche für Kinder und welche für Erwachsene besser geeignet sind, und recherchieren, wo Unterschiede liegen.
Ergänze folgenden Lückentext.

Bei Suchmaschinen für ______________________ werden im Internet geeignete Seiten von einem Team von ______________________ gesucht und in eine Whitelist (Liste von zugelassenen Seiten) eingegeben. Sie bieten einen gesicherten ______________________ und Inhalte, die Kinder interessieren.

Bei einer normalen Suchmaschine durchsucht ein ______________________ das Internet.

Viele gefundene Seiten sind dann für Kinder nicht ______________________ oder nicht ______________________.

2 Finde weitere Suchmaschinen und ergänze die Tabelle.

Kindersuchmaschine	Erwachsenensuchmaschine
Blinde Kuh	Google

3 Enya und Liam wollen mit der Frage „Gab es das Monster von Loch Ness wirklich?" testen, worin der Unterschied zwischen verschiedenen Suchmaschinen besteht. Suche dir jeweils eine Kinder- und eine Erwachsenensuchmaschine aus und schreibe sie auf.

______________________ ______________________

4 Notiere passende Suchbegriffe für die Frage „Gab es das Monster von Loch Ness wirklich?" und gib sie anschließend bei deinen beiden ausgewählten Suchmaschinen immer identisch ein.

____

____

5 Beurteile deine Suchmaschinen, indem du folgende Tabelle ausfüllst.

	Suchmaschine 1		Suchmaschine 2	
	ja	nein	ja	nein
Es erscheint Werbung.				
Es erscheinen sehr viele Ergebnisse.				
Das Suchfeld ist einfach zu finden.				
Die Schrift ist ausreichend groß.				
Die Seitengestaltung ist übersichtlich.				
Die Texte sind gut verständlich.				

6 Betrachte nun jeweils die zwei ersten Ergebnisse bei den beiden Suchmaschinen und analysiere sie mithilfe der folgenden Tabelle. Gib Bewertungen von 1 (eher schlecht) bis 10 (sehr gut).

Webadresse

1) ____________________

◯ Privatperson

◯ Institution

Glaubwürdigkeit	Technische Qualität	Aktualität

2) ____________________

◯ Privatperson

◯ Institution

Glaubwürdigkeit	Technische Qualität	Aktualität

3) ____________________

◯ Privatperson

◯ Institution

Glaubwürdigkeit	Technische Qualität	Aktualität

4) ____________________

◯ Privatperson

◯ Institution

Glaubwürdigkeit	Technische Qualität	Aktualität

7 Entscheide dich nun für deinen persönlichen Sieger zwischen den Suchmaschinen und begründe deine Entscheidung in deinem Heft.

Die eigene Mediennutzung überprüfen und mögliche Gefahren richtig einschätzen

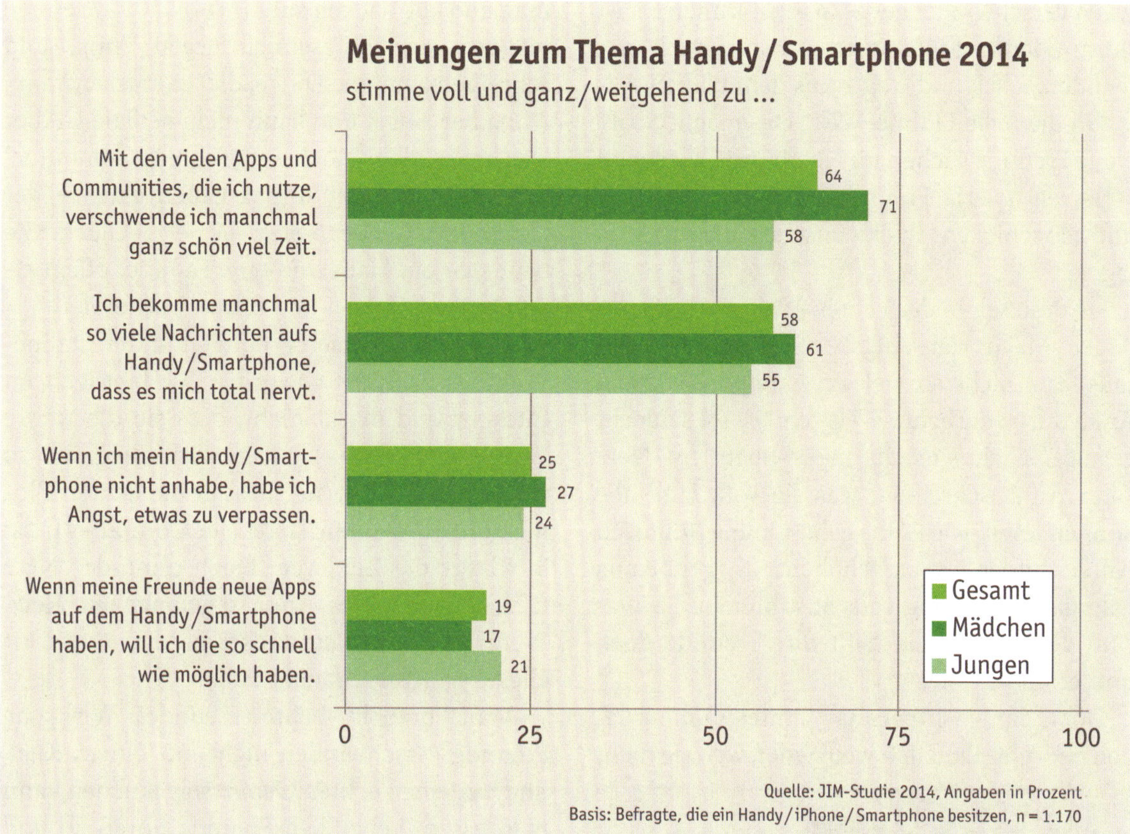

1 Tareks Klasse führt einen Projekttag zum Thema „Mediennutzung" durch. Lies fünf Aussagen aus dem Diagramm heraus, die deiner Meinung nach besonders interessant sind, und notiere sie in deinem Heft.

2 Überlege dir drei mögliche Folgen, die durch FOMO und den dadurch steigenden Medienkonsum eintreten können, und besprich sie mit deinem Lernpartner.

> Seit kurzem gibt es den Begriff **„FOMO – fear of missing out"** (die Angst, etwas zu verpassen). Wissenschaftler gehen davon aus, dass diese Angst auch ein Grund für die stetig zunehmende Mediennutzung bei Jugendlichen ist.

3 Tareks Klassenlehrerin stellt das Projekt „Handyfasten" der Informationsseite „www.handysektor.de" vor. Darin wird dazu aufgerufen, für eine Woche auf die Nutzung seines Smartphones zu verzichten und in dieser Zeit ein Tagebuch zu führen. Stell dir vor, du würdest an diesem Projekt teilnehmen. Verfasse in deinem Heft mindestens drei Tagebucheinträge. Berichte davon, wie es dir ohne dein Smartphone ergeht und wie du dich dabei fühlst.

4 Ihr wollt nun tatsächlich selbst erleben, wie sich ein Tag ohne Handy anfühlt. Besprecht in eurer Klasse oder in eurer Lerngruppe, wer an diesem Experiment teilnehmen möchte, und berichtet anschließend über eure Erfahrungen: Inwiefern war dieser Tag anders? Einigt euch auf eine übersichtliche Darstellung der Erfahrungsergebnisse (Tabelle, Mind-Map, Liste ...?).

Über mögliche Gefahren der Mediennutzung reflektieren

Web-Sucht.oje

Anna verschwindet gerne in ihr Zimmer. Da ist sie stundenlang ungestört und stört auch niemanden. Klick und weg – aus dem trüben Alltag in die helle Online-Welt. Das macht Spaß: Neue Freunde suchen im Netz! Anna hat schon 1000 registrierte Freunde auf ihrer Plattform und alle schicken Glückwünsche zum Geburtstag!

Da draußen in der echten Welt gibt's immer Ärger. Mach Hausaufgaben! Bring den Müll raus! Sitz nicht so viel am Computer! Wenn Anna durch die echte Welt geht, ist sie schlecht gelaunt. Nichts macht mehr Spaß. Im Netz kann Anna schreiben, was sie will. Und alle können lesen, wie es ihr geht. Online fühlt sich Anna stundenlang aufgehoben. Also geht Anna bald gar nicht mehr raus aus ihrer Bude. Warum denn auch? Sie trifft ihre Freunde doch immer im Internet.

Doch dann wird Annas buntes Online-Leben bedroht! Plötzlich weiß jeder, wen sie nicht mag und alle hacken auf ihr rum! 1000 Freunde wenden sich blitzschnell gegen Anna und schreiben gemeine Dinge, die jeder lesen kann. Anna hat Angst und kann nicht schlafen. Aber was hat sie denn noch außer ihrem Computer? Jetzt verschwindet Annas Leben ganz in der Online-Welt. Hier spielt sie jetzt Glück. Sie baut sich ein Haus und eine Familie, pflegt einen bunten Garten und füttert bunte Tiere.

Annas Suche nach Freunden in der Online-Welt ist zur Sucht geworden: Sie lebt jetzt im Internet und merkt nicht, dass sie die wahre Welt verliert. Anna hat keine Zeit mehr, sich zu verabreden. Sie vernachlässigt die echten Blumen und die echten Tiere. Der Computer frisst ihr dafür die Zeit weg. Doch ohne das Netz fühlt sie sich hilflos. Anna ist gefangen im Netz. Wenn jetzt der Netzstecker gezogen wird, ist alles weg! Anna braucht Hilfe!

Anna braucht echte Freunde! Wirkliche Freunde verschwinden nicht mit einem Klick und nur einen echten Geburtstagskuchen kann man essen. Lebendige Freunde hören zu und lachen und erzählen mit ihren Stimmen. Darin schwingt Wärme und Geborgenheit mit. Echte Freunde umarmen dich. Das kann das Internet niemals geben. Zieh selbst den Stecker und befrei dich.

Lass deine wahren Freunde wieder in dein Leben!

© Schule des Hörens e. V.

1 Lies den Text und notiere in deinem Heft Vermutungen, in welchem Medium er veröffentlicht worden sein könnte und für welche Altersgruppe er mit welchem Ziel wohl geschrieben wurde.

2 Welches ist für dich die wichtigste Erkenntnis aus dem Text? Formuliere diese in ein bis zwei Sätzen in deinem Heft.

3 Nutze eine für dich passende Suchmaschine und recherchiere im Internet, welche Wege es aus der Web-Sucht (auch Online-Sucht oder PC-Sucht) gibt. Notiere dir mindestens zwei wichtige Punkte.

4 Mittlerweile gibt es eine Vielzahl von Kampagnen, die versuchen Jugendliche bezüglich ihres Medienkonsums zu sensibilisieren. Was sagst du zum steigenden Medienkonsum bei Jugendlichen? Schreibe darüber einen Forumsbeitrag und begründe deine Meinung.

5 Es geht auch anders! Gestalte ein Lernplakat, auf dem du sinnvolle Arten der Internetnutzung festhältst und diese in Stichpunkten kurz erläuterst.

 Wenn du in diesem Test noch 😐 zeichnen musstest → SB-S. 142–155.

Schreiben

So schreibst du erzählende Texte:

Erzählungen wollen den Leser unterhalten. Das gilt für erlebte, erfundene, fantastische oder an Bildern orientierten Geschichten. Sie können als eigenes Erlebnis (Ich-Erzählung) oder in der dritten Person (Er-Erzählung) geschrieben sein. Beim Schreiben nach einem literarischen Vorbild müssen die Merkmale des Vorbilds (Erzählung, Sage, Märchen ...) beachtet werden.
Beim Um- und Weiterschreiben müssen die Texterweiterungen zum Inhalt und zur Sprache der Vorlage passen. Die Ausführungen schließen an den Handlungsverlauf, also an das Handeln und Verhalten der Figuren, an.

Der Schreibplan:	Aufbau und Gliederung:	Die sprachliche Gestaltung:
Vor der Niederschrift werden Aufbau und Handlungsverlauf in einem Schreibplan festgehalten, in dem der Höhepunkt oder mehrere Höhepunkte gekennzeichnet wird/werden.	• In der Erzählsituation werden die W-Fragen (Wer? Wo? Was? Wann?) beantwortet und das Interesse des Lesers geweckt. • Im Ereignis wird die Spannung schrittweise bis zum Höhepunkt/den Höhepunkten der Geschichte gesteigert. • Im Ausgang werden das Ende der Geschichte und/oder ihre Folgen dargestellt.	• Wörtliche Rede macht die Geschichte lebendiger. • Die Situation wird anschaulich, wenn erzählt wird, was die Personen denken und fühlen („innere Handlung"). • Passende Adjektive machen die Erzählung interessanter, ausdrucksstarke Verben verdeutlichen, was die Figuren tun, sagen und was geschieht („äußere Handlung"). • Die Erzählzeit ist in der schriftlichen Erzählung das Präteritum. Am Höhepunkt kannst du ins szenische Präsens wechseln. • Zeitdehnendes Erzählen am Höhepunkt ermöglicht, Gefühle und Gedanken noch genauer zu schildern.

So äußerst du Meinungen und Wünsche und begründest sie:

Wenn du deine Meinung zu einem Sachverhalt, einer Frage oder einem Problem äußerst, führst du dafür in der Regel Begründungen an. Egal, ob du das mündlich oder z. B. in einem Brief tust, sollten diese Begründungen sachlich und überzeugend sein.

- Wenn du mündlich argumentierst, solltest du darauf achten, dass du die Regeln einer guten Gesprächsführung einhältst, also immer sachlich und höflich bleibst. Gefühlsäußerungen solltest du vermeiden.
- Wenn du ein Anliegen schriftlich begründest – zum Beispiel in einem sachlichen Brief –, solltest du vorher einen Schreibplan anfertigen und die Reihenfolge deiner Gründe nach Wichtigkeit geordnet planen. Beende den Text/deine Äußerung mit deinem wichtigsten Grund.

Versuche immer, auf die Meinung deines Gesprächspartners oder des Adressaten deiner schriftlichen Begründung einzugehen.

So beschreibst du Personen und Vorgänge:

Bei einer Beschreibung ist besonders wichtig, dass die einzelnen Schritte eines Vorgangs in der richtigen zeitlichen Reihenfolge stehen. Bei Gegenständen und Personen muss die räumliche Anordnung genau wiedergegeben werden.

Der Schreibplan:	Aufbau und Gliederung:	Die sprachliche Gestaltung:
• Vor der Niederschrift werden die genauen Inhalte und ihre Reihenfolge in einem Schreibplan festgehalten. • Bei Personenbeschreibungen ist es sinnvoll, vom Allgemeinen zum Besonderen zu beschreiben. • Bei Vorgängen ist die chronologische Reihenfolge sinnvoll.	• In der Einleitung erfolgt eine kurze Information darüber, was oder wer beschrieben wird. Eventuell wird der Zweck der Beschreibung angegeben. • Im Hauptteil werden die Merkmale der Person oder die Einzelheiten des Vorgangs benannt und beschrieben. Dabei ist eine sinnvolle Abfolge der Informationen wichtig. • Im Schluss werden die Informationen und die Besonderheiten noch einmal zusammengefasst und dabei der Anlass der Information oder die Folgen des Geschehens berücksichtigt.	• Eine Beschreibung bleibt sachlich und muss zugleich anschaulich sein, da der Leser eine möglichst genaue Vorstellung der Person/vom Ablauf bekommen soll. • Die Verwendung von Fachbegriffen, passenden Adjektiven und treffenden Überleitungen hilft dabei. • Beschreibungen werden im Präsens verfasst.

So berichtest du über Ereignisse:

Bei einem Bericht kommt es darauf an, Informationen über ein bestimmtes Ereignis möglichst knapp und sachlich wiederzugeben. Geschehen und Abläufe müssen in der richtigen zeitlichen Reihenfolge aufgeführt werden. Persönliche Gefühle oder Bewertungen gehören nicht in einen Bericht.

Der Schreibplan:	Die Informationen und der Aufbau eines Berichts:	Die sprachliche Gestaltung:
• Vor der Niederschrift werden die genauen Inhalte und ihre Reihenfolge in einem Schreibplan festgehalten. • Es ist sinnvoll, in chronologischer Reihenfolge zu berichten.	Die Einleitung beantwortet in der Regel folgende Fragen: • Was ist geschehen? • Wer hat etwas getan und wer hat es gesehen/gehört? • Wann und wo ist es geschehen? Der Hauptteil enthält in der Regel folgende Informationen: • Wie hat es sich genau zugetragen? • Warum ist es geschehen? Der Schluss beantwortet meist die Frage: • Welche Folgen haben sich aus dem Geschehen ergeben?	• Ein Bericht wird knapp und sachlich verfasst. Dennoch muss der Leser eine möglichst genaue Vorstellung vom Ablauf des Geschehens bekommen. • Mithilfe abwechslungsreicher temporaler Ausdrücke stellst du den chronolgischen Ablauf dar *(dann, nach kurzer Zeit, nach einigen Minuten/Augenblicken, wenig später, ohne Pause …)*. • Berichte werden im Präteritum verfasst.

Sprachgebrauch und Sprache untersuchen und reflektieren

Das weißt du über Wortschatz und Wortbedeutung:

Wörter, die zu einem gemeinsamen Oberbegriff gehören, kann man in einem Wortfeld sammeln. Zum Wortfeld *Schule* (= Oberbegriff) gehören z. B. *Schüler, Lehrer, lernen, Pause, Tafel, Klingel, Hausaufgaben, Ferien, lesen* (= Unterbegriffe).

Als Synonyme bezeichnet man unterschiedliche Wörter, die einen ähnlichen Inhalt bezeichnen: z. B. *Geschenk - Mitbringsel.*

Antonyme sind Wörter, die das Gegenteil bedeuten, z. B. *groß - klein*.

Homonyme sind Wörter, die gleich geschrieben und gesprochen werden, aber unterschiedliche Bedeutung haben (*Bank:* Geldinstitut – Sitzgelegenheit).

Zu einer Wortfamilie gehören alle Wörter, die auf einen gemeinsamen Stamm zurückgehen: z. B. *Stamm, abstammen, stämmig*. Wörter werden durch Zusammensetzung und Ableitung neu gebildet. Bei der Ableitung wird an einen Wortstamm eine Vorsilbe (ein Präfix) oder eine Nachsilbe (ein Suffix) angehängt *(verarbeiten, arbeitsam)*. Bei der Zusammensetzung (Kompositum) werden Wörter oder Wortstämme zusammengefügt. Der erste Teil einer Zusammensetzung heißt Bestimmungswort *(Spielfeld)*, der letzte Teil heißt Grundwort *(Spielfeld)*.

Der Wortschatz hat sich im Laufe der Geschichte entwickelt. Zahlreiche **Erbwörter*** stammen bereits aus den germanischen Sprachen. Im Laufe der Zeit wurden viele Begriffe aus anderen Sprachen aufgenommen. Werden ihre Schreibung und ihre grammatischen Formen der deutschen Sprache angepasst, spricht man von **Lehnwörtern**. Bei **Fremdwörtern** (Physik, Alphabet) wurden dagegen die fremdsprachliche Schreibung und Grammatik beibehalten.

Besonders anschaulich wird Sprache durch Verwendung von sprachlichen Bildern:
Vergleiche *(zittern wie Espenlaub)*, bei denen der Vergleichsbegriff immer konkret mit *wie* angeschlossen wird, sind leicht verständlich.
Als Metaphern bezeichnet man Ausdrücke, in denen Gegenstände oder Ereignisse mit Wörtern aus einem anderen Bereich bezeichnet werden *(Der Fluss schlängelt sich in seinem Bett durchs Land.)*.
Redewendungen sind Wortkombinationen mit einer heute bildhaften Bedeutung, die häufig einen bestimmten geschichtlichen Hintergrund haben *(die Spreu vom Weizen trennen = die Guten von den Schlechten trennen)*.
Sprichwörter sind Sätze, die bestimmte Erfahrungen im Sinne eines Merksatzes oder einer Lebensweisheit überliefern *(Der Apfel fällt nicht weit vom Stamm.)*.

In der deutsche Sprache gibt es zahlreiche **Dialekte**; in Bayern zum Beispiel Bairisch, Fränkisch und Schwäbisch. Dialekte werden nur in bestimmten Gegenden gesprochen und verstanden. Sie unterscheiden sich im Wortschatz, in der Aussprache, auch in der Grammatik und im Satzbau.

Das weißt du über Wortarten:

Nomen bezeichnen Lebewesen und Dinge (Konkreta), Gedanken, Gefühle und Zustände (Abstrakta). Oft steht vor Nomen ein Artikel (bestimmt: *der, die, das* – unbestimmt: *ein, eine*), der das grammatische Geschlecht (Genus) – maskulinum (männlich), femininum (weiblich), neutrum (sächlich) – anzeigt. Nomen kommen im Singular (Einzahl) und im Plural (Mehrzahl) vor. Nomen stehen in einem von vier Kasus (Fällen): Nominativ (1. Fall), Genitiv (2. Fall), Dativ (3. Fall) und Akkusativ (4. Fall).

* Die neuen Inhalte der Jahrgangsstufe 6 sind fettgedruckt.

Adjektive beschreiben Dinge, Lebewesen und Gefühle genauer. Adjektive, die direkt bei einem Nomen stehen und dieses näher bestimmen, werden ebenso wie das Nomen dekliniert: *des schönen Kindes.* Darüber hinaus können sie gesteigert werden: *das größere Eis.*

Adjektive können attributiv *(das große Haus)*, prädikativ *(Das Haus ist groß.)* und adverbial *(Sie schreibt zügig.)* verwendet werden.

Adverbien geben Auskunft über die näheren Umstände (lokal: *rechts, dort, hier ...*; temporal: *immer, meistens, vorgestern ...*; modal: *so, gern, leider ...*; kausal: *deshalb, trotzdem ...*), unter denen etwas geschieht. Sie sind nicht flektierbar (veränderbar), also auch nicht steigerbar.

Personalpronomen *(ich, du, er, sie, ihm ...)* stehen stellvertretend für Nomen und werden wie diese gebeugt. Possessivpronomen geben Zugehörigkeit an *(mein, dein, unser ...)*. Demonstrativpronomen weisen auf etwas hin *(dieses, jene, der/die/das)*. Indefinitpronomen drücken ungefähre Mengen aus *(etwas, einige, andere, kein, jeder)*. Interrogativpronomen (Fragepronomen) leiten Frage- und Ausrufesätze ein *(wer, was, welche)*. Relativpronomen leiten Relativsätze ein *(die, der, welcher ... – Den Sänger, der gut singt, mögen wir sehr.)*.

Präpositionen setzen Dinge zueinander in Verhältnis, z. B. räumlich (*in, an, unter ...*) oder zeitlich (*vor, nach ...*). Sie ziehen in der Regel einen bestimmten Fall des nachfolgenden Nomens nach sich.

Konjunktionen verbinden Wörter, Wortgruppen und Hauptsätze (*und, aber, oder ...* = Konjunktionen), Subjunktionen leiten Nebensätze ein (*obwohl, weil, wenn ...* = Subjunktionen).

Mit Numeralien kann man Nomen zählen. Man unterscheidet Kardinalzahlen (Grundzahlen: *eins, zehn, hundert ...*), Ordinalzahlen (Ordnungszahlen: *der zweite Mann*) und unbestimmte Zahlwörter (*viele Fragen, manches Mal, einige Probleme ...*).

Das weißt du über die wichtige Wortart „Verb“:

Verben sind die Träger der „Satzaussage“ (Prädikat). Sie drücken eine Tätigkeit *(stricken)*, einen Zustand *(liegen)* oder einen Vorgang *(abstürzen)* aus. Jeder vollständige Satz enthält ein Verb.

Verben kommen in unterschiedlichen Formen vor: Grundform (Infinitiv): *schreiben* → konjugierte (gebeugte) Form = Personalform: *du schreibst ...*
Mit dem Verb werden verschiedene Zeitformen (Tempora) gebildet:

Plusquamperfekt	Präteritum	Perfekt	Präsens	Futur I	Futur II
war gegangen	*ging*	*ist gegangen*	*geht*	*wird gehen*	*wird gegangen sein*

Man unterscheidet starke und schwache Verben. Starke Verben verändern im Präteritum den Stammvokal *(ich laufe – ich lief, er gibt – er gab)*. Bei schwachen Verben verändert sich dagegen der Stammvokal im Präteritum in der Regel nicht, dafür wird ein -t eingeschoben *(ich sage – ich sagte, er lebt – er lebte)*.

Verben stehen häufig im **Aktiv**: Die Elster hat den Ring gestohlen. Wenn der Schwerpunkt nicht auf den Handelnden, sondern auf den Vorgang gelegt werden soll, wird das Verb im **Passiv** verwendet: Man unterscheidet **Vorgangspassiv** *(Der Ring wurde gestohlen.)* und **Zustandspassiv** *(Die Tür ist geöffnet.)*.

	Vorgangspassiv	Zustandspassiv
Präsens	*Die Tür wird geöffnet.*	*Die Tür ist geöffnet.*
Perfekt	*Die Tür ist geöffnet worden.*	*Die Tür ist geöffnet gewesen.*
Präteritum	*Die Tür wurde geöffnet.*	*Die Tür war geöffnet.*
Plusquamperfekt	*Die Tür war geöffnet worden.*	*Die Tür war geöffnet gewesen.*
Futur I	*Die Tür wird geöffnet werden.*	*Die Tür wird geöffnet sein.*
Futur II	*Die Tür wird geöffnet worden sein.*	*Die Tür wird geöffnet gewesen sein.*

Das weißt du über Satzarten:

Verschiedene Redeabsichten können mit verschiedenen Satzarten ausgedrückt werden.
- Aussagesatz: *Claudia geht ins Kino.*
- Fragesatz: Ergänzungsfrage (immer mit Fragewort eingeleitet) *Wer bist du?* oder Entscheidungsfrage (kann mit *ja* oder *nein* beantwortet werden) *Kommst du heute zu mir?*
- Ausrufe- und Aufforderungssatz: *Komm nicht so spät nach Hause!*

Ein Hauptsatz ist ein eigenständiger Satz und kann alleine stehen. Zwischen Hauptsätzen steht ein Komma, wenn sie nicht durch *und/oder* verbunden sind: *Draußen scheint die Sonne, wir gehen schwimmen. Draußen scheint die Sonne und wir gehen schwimmen.*

Nebensätze sind abhängige Sätze und können nicht alleine stehen. Sie werden meist durch eine Subjunktion eingeleitet. Das Prädikat steht im Nebensatz in der Regel am Ende: *Obwohl die Sonne **scheint**, bleiben wir im Haus. Wir bleiben im Haus, obwohl die Sonne **scheint**.*
Die wichtigsten Arten von Nebensätzen sind: **Adverbialsätze** (**Temporal-**, **Kausal-**, **Modal-** und **Finalsätze**), **Attributsätze** (meist **Relativsätze**) und **Objekt-** und **Subjektsätze** (siehe → Satzglieder)

Das weißt du über Satzglieder:

Die Gliederungseinheiten eines Satzes sind die Satzglieder. Sie können aus einem Wort, aber auch aus einer Wortgruppe bestehen. Man kann sie im Satz verschieben, ohne dass der Satz falsch wird (Umstellprobe): *Anna und ich sitzen im Bus nebeneinander. Im Bus sitzen Anna und ich nebeneinander.*

Die Satzglieder sind also jeweils als ganze Wortgruppe umstellbar und sie sind auch ersetzbar. Durch die Ersatzprobe lässt sich ebenfalls ermitteln, welche Wörter zusammen ein Satzglied bilden:

Mit guter Vorbereitung	*schafft*	*Paula*	*im nächsten Schuljahr*	*bessere Noten.*
So	*schafft*	*sie*	*dann*	*das/dieses.*

Versucht man, einzelne Wörter oder Wortgruppen eines Satzes wegzulassen, stellt man fest, dass das in machen Fällen geht und in anderen nicht, ohne dass der Satz sinnlos wird (Weglassprobe).

Im Satzkern aus Subjekt und Prädikat kann nichts weggelassen werden: ***Paula liest.*** Ein sinnvoller Satz besteht also mindestens aus Subjekt und Prädikat, diese bilden den Satzkern.

Objekte und **Prädikative** zum Subjekt oder zum Akkusativobjekt ergänzen den Satzkern. Adverbiale Bestimmungen sind Satzglieder, die angeben, *wann, wo, wie* oder *warum* etwas geschieht. Grammatisch sind sie in der Regel nicht notwendig.

Überblick über die Satzglieder

Subjekt	Prädikat	Objekte und Prädikative			adverbiale Bestimmungen			
Wer? Was?	Was geschieht?	Wem?	Wen?/Was?	Worauf?	Wann?	Wo?	Wie?	Warum?
		Dativobjekt	Akkusativobjekt	Präpositionalobjekt	temporal	lokal	modal	kausal
Peter	*gibt*	*seiner Mutter*	*das Buch*		*morgen.*			
Susanne	*wartet*					*vor dem Haus.*		
Wir	*kaufen*	*Ben*	*ein Geschenk*				*zusammen.*	
Toni	*mag*		*Petra*					*trotzdem.*
Ich	*hoffe*			*auf einen warmen Tag*				
Ben	*ist*	*ein Aufschneider.* (Prädikativ zum Subjekt)						
Anna	*nennt*		*Claudius*	*einen Aufschneider.* (Prädikativ zum Akkusativobjekt)				

Satzglieder können auch in Form von Nebensätzen vorkommen. Sie heißen dann Gliedsätze: **Subjektsatz** *(Wer es nicht weiß, hat verloren.)* **Objektsatz** *(Ich entscheide, wer gewinnt.)*, Adverbialsatz.

Folgende Arten von Adverbialbestimmungen, die auch alle in Satzform vorkommen können, kennst du:

	Adverbialsbestimmung	Adverbialsatz
temporal	*gestern, am Mittwoch...*	*Er schläft, wenn sie arbeitet.*
lokal	*hier, unter der Brücke ...*	*Karin wohnt, wo andere Urlaub machen.*
kausal	*aus Angst, deshalb ...*	*Sie ist so müde, weil sie krank ist.*
modal	*ohne Netz, mit Sorge...*	*Ben rast mit dem Fahrrad, als ob er auf der Flucht wäre.*
final	*zur Sicherheit, dafür ...*	*Er spricht leise, damit man ihn nicht verstehen kann.*

Attribute sind keine Satzglieder, sondern nur Satzgliedteile. Ein Attribut erläutert ein Bezugswort und kann nur zusammen mit ihm verschoben werden. Attribute können auch als Nebensatz (Attributsatz) auftreten.

Man unterscheidet folgende Arten von Attributen:

Adjektiv	*eine lustige Geschichte*
Partizip I und II	*eine gewinnende Art, ein gekonnter Trick*
Nomen im Genitiv	*das Haus meiner Eltern*
Nomen mit Präposition	*das Kind auf dem Bild*
Numerale	*die fünf Geschwister, die wenigen Kinder*
Apposition	*Tarek, ihr bester Freund*
Attributsatz (in der Regel als **Relativsatz**)	*Moni wünschte sich das Fahrrad, das sie letzte Woche bei der Ausstellung ausprobiert hatte.*

Diese Rechtschreibregeln kennst du:

Großschreibung: Die ersten Wörter in Überschriften *(Das fliegende Klassenzimmer)*, Satzanfänge, Eigennamen *(Erich Kästner)*, Nomen *(die Tasche, der Junge, das Auto)*, Nominalisierungen (nach Artikel: *das Laufen*, unbestimmten Mengenangaben: *etwas Silbernes*, Adjektiven: *leckeres Essen*) und die Höflichkeitsanrede im Brief *(Ich danke Ihnen für Ihr Schreiben.)* schreibt man groß.

Gleich und ähnlich klingende Laute: Bei manchen Wörtern mit Lauten, die gleich klingen, aber unterschiedlich geschrieben werden, hilft es, vom Wortstamm abzuleiten: *Wände/Wand, Bäume/Baum, schnäuzen/Schnauze, aufwändig/Aufwand*. Bei Unklarheiten in der Schreibung des Auslautes kann das Verlängern des Wortes helfen: *Rad/Räder, Rat/raten, stark/stärker, rund/runder, Hieb/Hiebe*.

Kurze und lange Vokale: Vokale können lang oder kurz ausgesprochen werden. Meist werden die Langvokale ohne besonderes Längenkennzeichen geschrieben. Es folgt ein einfacher Konsonant *(tun, Gabel)*. Viele Wörter mit langen Vokalen muss man nachschlagen und sich die Schreibung einprägen: *Vater, Gardine, Trost*. In anderen Fällen wird die Länge eines Vokals (Dehnung) wie folgt angezeigt: 1. durch einen Doppelvokal (nur bei a, e und o): *Paar, Beere, Boot;* 2. häufig durch h: *Reh, fahren;* 3. bei i oft durch das Anhängen von **e** (ie): *Tier*.

Nach einem kurzen, betont gesprochenen Vokal folgen in der Regel zwei Konsonanten oder der darauffolgende Konsonant wird verdoppelt:

- Derselbe Konsonant wird verdoppelt: *Butter, Wille, füllen, nett ... ck* und *tz* sind die Schreibweisen für die Verdopplung von *k* (z. B. in *lecken*) und *z* (z. B. in *Satz*).
- Dem kurzen Vokal folgen zwei (auch drei) unterschiedliche Konsonanten: *Hilfe, Farbe, springen ...*

Schreibung der s-Laute: Der gesummte, stimmhafte s-Laut wird mit einfachem *-s* geschrieben: *Nase, Sonne, Reise*. Den stimmlosen, gezischten s-Laut schreibt man nach einem kurzen Vokal *-ss: Schuss, Nässe, essen, müssen, bisschen ...*, nach einem lang gesprochenen Vokal oder Diphthong (Doppellaut) mit *-ß: Straße, Maß, weißt*. Am Wortende schreibt man *-s*, wenn in der verlängerten Form ein stimmhaftes *-s* erklingt *(Glas → Gläser)*. Wenn du kein stimmhaftes *-s* hörst, musst du diese Wörter lernen.

Das und dass: *Das* kann Artikel *(das Mädchen)*, *Relativpronomen (Das Auto, das ich fahre, ist rot.)* oder Demonstrativpronomen *(Das ist gut!)* sein. Es kann dann durch *dieses, jenes, welches* ersetzt werden. *Dass* ist eine Subjunktion und kann niemals ersetzt werden: *Ich habe dir gesagt, **dass** du früher kommen sollst.*

Trennung eines Wortes am Zeilenende: Man trennt nach Sprechsilben: *Sil-ben-tren-nung, lie-gen.* Nicht immer sind die Sprechsilben deutlich erkennbar. Wenn mehrere Konsonanten im Wort aufeinandertreffen, wird nur der letzte in die neue Zeile genommen *(sin-gen, ras-ten, müs-sen)*. Einzelne Vokale dürfen nicht abgetrennt werden *(~~A-bend~~, ~~ü-bel~~)*.

Zeichensetzung: Ein Komma wird gesetzt,

(1) wenn gleichrangige Satzteile oder Sätze ohne *oder* oder *und* miteinander verbunden werden *(Fußball, Handball, Tennis sind beliebte Sportarten)*.

(2) zur Abtrennung von Haupt- und Nebensatz *(Ob ich morgen komme, hängt vom Wetter ab./ Ich frage ihn, ob er mitkommt.)*

(3) innerhalb der wörtlichen Rede (siehe unten).

Kein Komma steht dagegen bei adverbialen Bestimmungen: *Trotz des schlechten Wetters_ komme ich.*

Wörtliche Rede wird durch Anführungszeichen gekennzeichnet.
Dabei steht nach einleitendem Begleitsatz ein Doppelpunkt: *Er sagte: „Ich gehe jetzt."*

Ist der Begleitsatz eingeschoben oder nachgestellt, wird er durch Kommas abgetrennt: *„Ich muss heute noch", jammerte Ben, „mein Zimmer aufräumen."*

Fragezeichen und Ausrufezeichen bleiben trotz Komma vor dem Begleitsatz erhalten *„Das wird auswendig gelernt!", ordnete der Lehrer an. „Bis wann sollen wir das lernen?", fragten die Schüler.*

Wenn die wörtliche Rede mit einem Aussagesatz endet, wird der Punkt weggelassen. *„Das ist gar nicht so schwierig", dachte ich mir.*

Lesen – mit Texten und Medien umgehen

So unterscheidest du Textarten:

Daran erkennst du Erzähltexte:
- Erzähltexte wollen unterhalten.
- Die Handlung ist zum Teil erlebt oder erdacht (fiktionale Texte).
- Sie wird in einer bestimmten Erzählperspektive (Ich-/ Er-Erzähler, Außen-/ Innenperspektive) erzählt.
- Die Handlung erstreckt sich in einem Spannungsbogen. Der spannendste Teil ist der Höhepunkt.
- Ausdrucksstarke Adjektive und Verben sowie wörtliche Rede machen sie spannend oder lustig.
- Die Erzählzeit ist das Präteritum.

Erzähltext: Sage
- Sagen sind zunächst mündlich überlieferte Texte, die erst später aufgeschrieben wurden.
- Ein oft wahrer Kern wird mit fantastischen Begebenheiten ausgeschmückt.
- Es gibt Götter- und Heldensagen aus verschiedenen Kulturkreisen, außerdem Lokalsagen.

Daran erkennst du Gedichte:
- Gedichte sind in Verse und Strophen gegliedert.
- Sie weisen einen bestimmten Rhythmus auf und haben ein Metrum (z. B. Jambus – XX́ und Trochäus – X́X)
- Gedichte reimen sich häufig. Die Reimwörter können in verschiedener Abfolge auftreten, sie werden mithilfe von Kleinbuchstaben gekennzeichnet: Paarreim: *aabb* / Kreuzreim: *abab* / Umarmender Reim: *abba*.
- Häufig treten Sprachbilder auf: Vergleiche *(Sie ist scheu wie ein Reh)*, Metaphern *(schneeweiß)* und Personifikationen *(Blaue Blumen seufzen)*.

Daran erkennst du dialogische Texte:
- Sie enthalten Regie- und Szenenanweisungen (Hinweise für den Regisseur und die Schauspieler, Erläuterung des Geschehens, Hinweise zur Bühnengestaltung, zu Bewegung oder Aussehen der Figuren und zur Vortragsart o. Ä.).
- Die Handlung wird in Dialogen (zwei oder mehr Personen sprechen miteinander) und Monologen (nur eine Person spricht) entfaltet.

Daran erkennst du Sachtexte:
Im Unterschied zu Erzähltexten dienen Sachtexte der Informationsvermittlung zu einem Thema.
- Sie bedienen sich einer sachlichen, genauen Sprache und enthalten Fachbegriffe.
- Wichtige Informationen werden oft durch Hervorhebungen, Zwischenüberschriften o. Ä. übersichtlich dargestellt.
- Zu den Sachtexten zählen auch Schaubilder, Grafiken oder Diagramme.